当代俄罗斯国家决策机制研究

Research on State Decision-making in Contemporary Russia

初冬梅 著

中国社会科学出版社

图书在版编目（CIP）数据

当代俄罗斯国家决策机制研究 / 初冬梅著. —北京：中国社会科学出版社，2017.10
ISBN 978-7-5161-7184-4

Ⅰ.①当⋯ Ⅱ.①初⋯ Ⅲ.①国家行政机关—决策—研究—俄罗斯 Ⅳ.①D751.23

中国版本图书馆 CIP 数据核字（2015）第 282786 号

出 版 人	赵剑英
责任编辑	陈雅慧
责任校对	季　静
责任印制	李寡寡

出　　版	中国社会科学出版社
社　　址	北京鼓楼西大街甲 158 号
邮　　编	100720
网　　址	http://www.csspw.cn
发 行 部	010-84083685
门 市 部	010-84029450
经　　销	新华书店及其他书店
印　　刷	北京君升印刷有限公司
装　　订	廊坊市广阳区广增装订厂
版　　次	2017 年 10 月第 1 版
印　　次	2017 年 10 月第 1 次印刷
开　　本	710×1000　1/16
印　　张	18
字　　数	317 千字
定　　价	78.00 元

凡购买中国社会科学出版社图书，如有质量问题请与本社营销中心联系调换
电话：010-84083683
版权所有　侵权必究

第四批《中国社会科学博士后文库》编委会及编辑部成员名单

（一）编委会

主　任：张　江

副主任：马　援　张冠梓　俞家栋　夏文峰

秘书长：张国春　邱春雷　刘连军

成　员（按姓氏笔画排序）：

卜宪群　方　勇　王　巍　王利明　王国刚　王建朗　邓纯东
史　丹　刘　伟　刘丹青　孙壮志　朱光磊　吴白乙　吴振武
张车伟　张世贤　张宇燕　张伯里　张星星　张顺洪　李　平
李　林　李　薇　李永全　李汉林　李向阳　李国强　杨　光
杨　忠　陆建德　陈众议　陈泽宪　陈春声　卓新平　房　宁
罗卫东　郑秉文　赵天晓　赵剑英　高培勇　曹卫东　曹宏举
黄　平　朝戈金　谢地坤　谢红星　谢寿光　谢维和　裴长洪
潘家华　冀祥德　魏后凯

（二）编辑部（按姓氏笔画排序）：

主　任：张国春（兼）

副主任：刘丹华　曲建君　李晓琳　陈　颖　薛万里

成　员（按姓氏笔画排序）：

王　芳　王　琪　刘　杰　孙大伟　宋　娜　苑淑娅　姚冬梅
郝　丽　梅　枚　章　瑾

序 言

2015年是我国实施博士后制度30周年,也是我国哲学社会科学领域实施博士后制度的第23个年头。

30年来,在党中央国务院的正确领导下,我国博士后事业在探索中不断开拓前进,取得了非常显著的工作成绩。博士后制度的实施,培养出了一大批精力充沛、思维活跃、问题意识敏锐、学术功底扎实的高层次人才。目前,博士后群体已成为国家创新型人才中的一支骨干力量,为经济社会发展和科学技术进步作出了独特贡献。在哲学社会科学领域实施博士后制度,已成为培养各学科领域高端后备人才的重要途径,对于加强哲学社会科学人才队伍建设、繁荣发展哲学社会科学事业发挥了重要作用。20多年来,一批又一批博士后成为我国哲学社会科学研究和教学单位的骨干人才和领军人物。

中国社会科学院作为党中央直接领导的国家哲学社会科学研究机构,在社会科学博士后工作方面承担着特殊责任,理应走在全国前列。为充分展示我国哲学社会科学领域博士后工作成果,推动中国博士后事业进一步繁荣发展,中国社会科学院和全国博士后管理委员会在2012年推出了《中国社会科学博士后文库》(以下简称《文库》),迄今已出版四批共151部博士后优秀著作。为支持《文库》的出版,中国社会科学院已累计投入资金820余万元,人力资源和社会保障部与中国博士后科学基金会累计投入160万元。实践证明,《文库》已成为集中、系统、全面反映我国哲学社会科学博士后优秀成果的高端学术平台，为调动哲学社会科学博士后的积极性和创造力、扩大哲学社会科学博士后的学术影响力和社会影响力发挥了重要作用。中国社会科学院和全国博士后管理委员会将共同努力，继续编辑出版好《文库》，进一步提高《文库》的学术水准和社会效益，使之成为学术出版界的知名品牌。

哲学社会科学是人类知识体系中不可或缺的重要组成部分，是人们认识世界、改造世界的重要工具，是推动历史发展和社会进步的重要力量。建设中国特色社会主义的伟大事业，离不开以马克思主义为指导的哲学社会科学的繁荣发展。而哲学社会科学的繁荣发展关键在人，在人才，在一批又一批具有深厚知识基础和较强创新能力的高层次人才。广大哲学社会科学博士后要充分认识到自身所肩负的责任和使命，通过自己扎扎实实的创造性工作，努力成为国家创新型人才中名副其实的一支骨干力量。为此，必须做到：

第一，始终坚持正确的政治方向和学术导向。马克思主义是科学的世界观和方法论，是当代中国的主流意识形态，是我们立党立国的根本指导思想，也是我国哲学社会科学的灵魂所在。哲学社会科学博士后要自觉担负起巩固和发展马克思主义指导地位的神圣使命，把马克思主义的立场、观点、方法贯穿到具体的研究工作中，用发展着的马克思主义指导哲学社会科学。要认真学习马克思主义基本原理、中国特色社会主义理论体系和习近平总书记系列重要讲话精神，在思想上、政治上、行动上与党中央保持高度一致。在涉及党的基本理论、基本路线和重大原则、重要方针政策问题上，要立场坚定、观点鲜明、态度坚决，积极传播正面声音，正确引领社会思潮。

第二，始终坚持站在党和人民立场上做学问。为什么人的问题，是马克思主义唯物史观的核心问题，是哲学社会科学研究的根本性、方向性、原则性问题。解决哲学社会科学为什么人的问题，说到底就是要解决哲学社会科学工作者为什么人从事学术研究的问题。哲学社会科学博士后要牢固树立人民至上的价值观、人民是真正英雄的历史观，始终把人民的根本利益放在首位，把拿出让党和人民满意的科研成果放在首位，坚持为人民做学问、做实学问、做好学问、做真学问，为人民拿笔杆子，为人民鼓与呼，为人民谋利益，切实发挥好党和人民事业的思想库作用。这是我国哲学社会科学工作者，包括广大哲学社会科学博士后的神圣职责，也是实现哲学社会科学价值的必然途径。

第三，始终坚持以党和国家关注的重大理论和现实问题为科研主攻方向。哲学社会科学只有在对时代问题、重大理论和现实问题的深入分析和探索中才能不断向前发展。哲学社会科学博士后要根据时代和实践发展要求，运用马克思主义这个望远镜和显微镜，增强辩证思维、创新思维能力，善于发现问题、分析问题，积极推动解决问题。要深入研究党和国家面临的一系列亟待回答和解决的重大理论和现实问题，经济社会发展中的全局性、前瞻性、战略性问题，干部群众普遍关注的热点、焦点、难点问题，以高质量的科学研究成果，更好地为党和国家的决策服务，为全面建成小康社会服务，为实现"两个一百年"奋斗目标和中华民族伟大复兴中国梦服务。

第四，始终坚持弘扬理论联系实际的优良学风。实践是理论研究的不竭源泉，是检验真理和价值的唯一标准。离开了实践，理论研究就成为无源之水、无本之木。哲学社会科学研究只有同经济社会发展的要求、丰富多彩的生活和人民群众的实践紧密结合起来，才能具有强大的生命力，才能实现自身的社会价值。哲学社会科学博士后要大力弘扬理论联系实际的优良学风，立足当代、立足国情，深入基层、深入群众，坚持从人民群众的生产和生活中，从人民群众建设中国特色社会主义的伟大实践中，汲取智慧和营养，把是否符合、是否有利于人民群众根本利益作为衡量和检验哲学社会科学研究工作的第一标准。要经常用人民群众这面镜子照照自己，匡正自己的人生追求和价值选择，校验自己的责任态度，衡量自己的职业精神。

第五，始终坚持推动理论体系和话语体系创新。党的十八届五中全会明确提出不断推进理论创新、制度创新、科技创新、文化创新等各方面创新的艰巨任务。必须充分认识到，推进理论创新、文化创新，哲学社会科学责无旁贷；推进制度创新、科技创新等各方面的创新，同样需要哲学社会科学提供有效的智力支撑。哲学社会科学博士后要努力推动学科体系、学术观点、科研方法创新，为构建中国特色、中国风格、中国气派的哲学社会科学创新体系作出贡献。要积极投身到党和国家创新洪流中去，深入开展探索性创新研究，不断向未知领域进军，勇攀学术高峰。要大力推进学术话语体系创新，力求厚积薄发、深入浅出、语言朴实、文风清新，力戒言之无物、故作高深、食洋不化、食古不化，不断增强我国学术话语体系的说服力、感染力、影响力。

"长风破浪会有时，直挂云帆济沧海。"当前，世界正处于前所未有的激烈变动之中，我国即将进入全面建成小康社会的决胜阶段。这既为哲学社会科学的繁荣发展提供了广阔空间，也为哲学社会科学界提供了大有作为的重要舞台。衷心希望广大哲学社会科学博士后能够自觉把自己的研究工作与党和人民的事业紧密联系在一起，把个人的前途命运与党和国家的前途命运紧密联系在一起，与时代共奋进、与国家共荣辱、与人民共呼吸，努力成为忠诚服务于党和人民事业、值得党和人民信赖的学问家。

是为序。

张江

中国社会科学院副院长

中国社会科学院博士后管理委员会主任

2015 年 12 月 1 日

摘　要

本书的题目"当代俄罗斯国家决策机制研究"已经表明了基本思路及内容。本书以1991年苏联解体以后、俄罗斯作为独立的主权国家为起点，概括并描述俄罗斯国家决策机制的形成与发展的整个过程，在此基础上，总结出俄罗斯国家决策机制的结构特点和功能，最后得出相应结论。国家决策机制要考察的不仅是负担国家决策职能的国家机构的职权，相应的制度法规，以及影响国家决策的政治机构，还要考察国家决策机制运行的具体社会条件和国际环境，以及参与国家决策的人的因素。

本书共分九章。第一章以各派政治势力围绕新宪法展开的激烈争斗、1993年新宪法的制定和通过为主线，重点分析俄罗斯立国和十月事件前前后后的情况。其中包括不同政治集团对苏联决策机制的反思、对新政治制度的要求和不同的利益诉求等。系统地回顾俄决策机制的形成背景和轨迹，并且为下一步的论述奠定基础。第二章分析1993年俄罗斯宪法通过至叶利钦时期结束（1999年底）俄罗斯国家决策机制的演化情况。第三章至第五章分别分析普京时期、梅普组合时期和新普京时期，俄罗斯国家决策机制的演化情况。第六章描述和概括当代俄罗斯国家决策机制的结构。厘清俄罗斯现行宪法对俄罗斯三个权力机关职权的相关规定，并总结俄罗斯国家决策机制的结构特点。第七章根据俄罗斯国家决策机制的结构，评价俄罗斯国家决策机制的实际运作。

第八章分析当代俄罗斯国家决策中社会群体的特点。第九章分析俄罗斯国家决策机制的生成因素,也就是俄罗斯国家决策机制的政治面貌是由哪些因素促成的。

关键词： 俄罗斯　国家决策　政治进程　社会群体

Abstract

This book is about decision-making processes in contemporary Russia. Beginning its analysis in 1991, after the collapse of the Soviet Union, the book describes and summarizes the formation and development of Russian national decision-making mechanisms and outlines their structural and functional characteristics.

In order to complete the analysis, we have analyzed not only the functions of national organs, the legal systemand those parts of political system, which influence the national decision – making process, but also the social conditions and international environment, in which these structures are situated.

The book is divided into nine chapters. The first chapter analyzes the constitutional crisis in October 1993, and reviews the background to the formation of Russian national decision-making mechanisms. The second chapter traces the evolution of Russian national decision-making mechanisms from the adoption of the constitution in 1993 to the resignation of Boris Yeltsin in 1999. The third chapter focuses on the evolution of Russian national decision – making mechanisms during Vladimir Putin's presidency. The fourth chapter focuses on the readjustment of Russian national decision-making mechanisms during Dmitri Medvedev's presidency. The fifth chapter describes the remodeling of national decision-making mechanisms during Vladimir Putin's new presidency. The sixth chapter describes and summarizes the structure of contemporary Russia's national decision-making mechanisms, clarifies the relations of the three power branches of Russia in the national decision-making mechanisms, and provides a summary ofthe mechanisms' structural characteristics. The seventh chapter evaluates the actual operation of the mechanisms. The eighth chapter analyzes the influence of social groups on the decision – making mechanisms. The ninth chapter analyzes the generating factors which contribute to the nature of the Russian national decision-making mechanisms.

Key words: Russia, decision-making, political process, social groups

目 录

导论 ……………………………………………………………… (1)

第一章 当代俄罗斯国家决策机制的初步形成 ……………… (29)
 第一节 当代俄罗斯国家决策机制形成的历史背景 ……… (29)
 第二节 当代俄罗斯国家决策机制的基石
    ——新宪法的制定与通过 ………………………… (41)
 小结 ……………………………………………………… (46)

第二章 叶利钦时期国家决策机制的演变 …………………… (48)
 第一节 总统核心决策地位的巩固 ……………………… (49)
 第二节 中央国家权力机关决策权力的削弱 …………… (61)

第三章 普京时期国家决策机制的发展 ……………………… (69)
 第一节 国家决策机制的改造 …………………………… (69)
 第二节 中央国家权力机关决策主导地位的恢复 ……… (79)

第四章 "梅普组合"时期国家决策机制的调整 …………… (85)
 第一节 总统和总理决策权限的重新划分 ……………… (85)
 第二节 政府决策权限的扩大 …………………………… (89)
 第三节 议会决策地位的提高 …………………………… (90)
 第四节 政党的社会代表职能的改善 …………………… (92)

第五章　新普京时代国家决策机制的重塑 ……………… (96)
第一节　中央国家决策权力机关的重新改造 …………… (97)
第二节　政权与社会关系的改善 ………………………… (111)

第六章　当代俄罗斯国家决策机制的结构 ………………… (117)
第一节　当代俄罗斯国家决策机制的核心——联邦总统 … (117)
第二节　当代俄罗斯国家决策机制中的议会 …………… (122)
第三节　当代俄罗斯国家决策机制中的联邦政府 ……… (127)
第四节　俄罗斯联邦政府各部委的决策权力 …………… (129)
第五节　当代俄罗斯国家决策机制中的司法机关 ……… (153)
第六节　当代俄罗斯国家决策机制的结构特点 ………… (154)
小结 ………………………………………………………… (161)

第七章　当代俄罗斯国家决策机制的运作 ………………… (165)
第一节　当代俄罗斯国家决策机制的运作过程 ………… (165)
第二节　当代俄罗斯国家决策机制的运作模式 ………… (180)
小结 ………………………………………………………… (189)

第八章　当代俄罗斯国家决策机制与社会群体 …………… (191)
第一节　俄罗斯国家决策机制的直接参与者——代理人 … (193)
第二节　当代俄罗斯国家决策机制的影响者——委托人 … (205)
第三节　俄罗斯国家决策的直接受众——普通民众 …… (220)
小结 ………………………………………………………… (223)

第九章　当代俄罗斯国家决策机制的生成因素 …………… (225)
第一节　客观环境因素 …………………………………… (225)
第二节　主观因素 ………………………………………… (229)
小结 ………………………………………………………… (235)

结语 …………………………………………………………… (237)

参考文献 …………………………………………………（242）

索引 ………………………………………………………（259）

后记 ………………………………………………………（265）

Contents

Introduction ··· (1)

Chapter 1　Preliminary formation of national decision-making
　　　　　　mechanisms in contemporary Russia ····················· (29)

Section 1. The background to the formation of national
　　　　　　decision-making mechanisms in
　　　　　　contemporary Russia ··· (29)
Section 2. The formulation and adoption of new Constitution
　　　　　　as the cornerstone of Russian national
　　　　　　decision-making mechanisms ································· (41)
Preliminary Summary ·· (46)

Chapter 2　The evolution of national decision-making mechanisms
　　　　　　during the Yeltsin period ······································ (48)

Section 1. President as the core state dicision-maker ············· (49)
section 2. The weakening position of central power organs ········· (61)

Chapter 3　The evolution of national decision-making mechanisms
　　　　　　during the Putin period ·· (69)

Section 1. Rebuilding of state's decision-making mechanisms ······ (69)
Section 2. Restoration of the leading position of the central
　　　　　　power organs ·· (79)

Chapter 4　The readjustment of state's decision-making mechanisms in period of Medvedev-Putin joint-rule ·············· （85）

Section 1. The redivision of decision-making powers between President and Prime-minister ·············· （85）

Section 2. The expansion of government's decision-making authority ·············· （89）

Section 3. The improvement of the position of the Parliament ·············· （90）

Section 4. The improvement of the political parties' social representative function ·············· （92）

Chapter 5　The remodeling of state's decision-making mechanisms during Vladimir Putin's new presidency ·············· （96）

Section 1. Reforms of central power organs ·············· （97）

Section 2. Recovery of dominent position of central power organs ·············· （111）

Chapter 6　The structure of contemporary Russia's state decision-making mechanisms ·············· （117）

Section 1. President as the core of national decision-making mechanisms in contemporary Russia ·············· （117）

Section 2. The Federal assembly in state's decision-making processes ·············· （122）

Section 3. Government in state's decision-making processes ·············· （127）

Section 4. The federal ministries' decision-making authorities ·············· （129）

Section 5. The Judicial branch in state's decision-making processes ·············· （153）

Section 6. The structural characteristics of state' decision-making mechanisms in contemporary Russia ·············· （154）

Preliminary Summary ·············· （161）

Contents

Chapter 7　The operation of contemporary Russia's national decision-making mechanisms .... (165)

Section 1. The operation processes of contemporary Russia's state decision-making mechanisms .... (165)
Section 2. The operation models of contemporary Russia state decision-making mechanisms .... (180)
Preliminary Summary .... (189)

Chapter 8　Contemporary Russia's national decision-making mechanisms and social groups .... (191)

Section 1. The direct participant of contemporary Russia's nationa decision-making mechanisms—agent .... (193)
Section 2. The client of contemporary Russia's state decision-making mechanisms .... (205)
Section 3. The audience of contemporary Russia's state decision-making mechanisms—social public .... (220)
Preliminary Summary .... (223)

Chapter 9　Generating factors of contemporary Russia's state decision-making mechanisms .... (225)

Section 1. Objective environmental factors .... (225)
Section 2. Subjective factors .... (229)
Preliminary Summary .... (235)

Conclusion .... (237)

Bibliography .... (242)

Index .... (259)

Postscript .... (265)

· 3 ·

导　论

一　当代俄罗斯国家决策机制的概念界定

决策问题是心理学、经济学、政治学、管理学等社会科学研究领域中的一个重要范畴。然而，在研究相关文献时笔者发现，各国学者对决策概念的界定有很大不同，对于某些相关术语的使用也非常不一致。例如，英美学者常常把 policy-making（制定政策）和 decision-making（决策）视作同义词来使用。俄罗斯学者也是如此。如俄罗斯政治学家 А. А. 杰格佳廖夫在其相关著述中，将"制定政策"（формирование политики）和"决策"（принятие решений）视作同义词来使用。此外，很多国外学者还经常将"政治决策"（принятие политического решения）和"国家决策"（принятие государственного решения）的概念等同起来。因而在研究之前，我们首先有必要对以下相关概念予以界定。

（一）"决策"（принятие решений，decision-making）和"制定政策"（формирование политики，policy-making）

很多学者都把"决策"和"制定政策"视作同义词来使用。实际上，这两个概念是有区别的。

一般来说，"决策"的概念包含两层含义，一是指管理者选择行动方案的过程，二是指选择行动方案的结果。按照俄罗斯科学院院士 О. И. 拉里切夫的观点，决策是人类特有的重要活动过程，旨在选择最好的活动方案。[1] 这个过程可以分为两个部分：寻找解决问题的方案，以及从这些方案中精选出能够达到最佳效果的方案。波兰政治学家 Т.

---

[1] О. И. Ларичев, Теория и методы принятия решений, а также Хроника событий в Волшебных странах: учебник. М., Логос, 2002, -С. 23.

克列门杰维奇认为，决策是从（至少）两个行动方案中选择一个。而政治决策是从（至少）两个政治行动方案中选择一个。① 例如，2003年莫斯科地铁恐怖事件发生以后，俄罗斯总统成立专门指挥机构，调动兵力和物资展开救援，打击恐怖分子，发表电视声明等，这一系列行动方案的选择过程和选择结果均属于决策范畴。有的决策能够执行贯彻下去，有的仅停留在思想层面，并未进入实施阶段。

术语"制定政策"被英美学者和俄罗斯学者广泛使用。例如，俄罗斯问题分析和国家管理设计中心的一个核心研究领域就是制定国家政策问题，该机构的主任是俄罗斯铁路公司总裁 В. И. 亚库宁。В. И. 亚库宁提出，"国家政策"是指体现国家管理目标的原则和价值观，以及为实现管理目标所制定的准则和采取的管理措施。而"制定国家政策"是指提出国家在某个领域的管理原则和价值观，明确国家政策的目标，确定为实现目标而采取的管理措施和行动。②

由此可见，"决策"和"制定政策"的内涵和外延是有区别的。"决策"是一种管理行为，"制定政策"是落实决策的一种方式。本质上，两者应是隶属关系，制定政策过程是决策过程的重要组成部分，但决策的过程却不仅仅局限于制定政策，它还包括一系列与选择行动方案有关的其他内容。比如上面提到的莫斯科地铁恐怖事件，在俄罗斯领导人作出的一系列相应决策中，除了制定应对恐怖事件的各项措施，还包括全面调整国家的反恐政策等。

（二）"政治决策"（принятие политического решения）和"国家决策"（принятие государственного решения）

在西方学者和俄罗斯学者的相关文献中，"政治决策"和"国家决策"这两个术语经常被混用。近年来，很多学者认为这两个术语的内涵和外延有很大区别，其中"国家决策"强调决策的主体，而"政治决策"则强调决策的性质，因此应该将它们区分使用。

---

① Т. Клементевич, Процесс принятия политических решений//Элементы теории политики. Р-на-Дону, Изд-во Ростовского университета, 1991, -С. 387.
② В. И. Якунин, С. С. Сулакшин, М. В. Вилисов, И. Р. Ахметзянова, М. Ю. Погорелко, Е. С. Сазонова, А. Н. Тимченко, Политико-правовые источники и основания формирования и реализации государственных политик в России. http://www.rusrand.ru/public/public_87.html.

导 论

关于"政治决策"的概念，俄罗斯学者多从下列三个角度进行界定。第一，一些学者把"政治决策"理解为某种政治行为。如俄罗斯政治学家 А. И. 索洛维约夫认为，"政治决策"是指各个行为主体在国家政权范围内确立和实现某个目标的所有行动之和。[1] 俄罗斯政治学家 К. В. 西蒙诺夫认为，"政治决策"是指为解决某些政治问题而制定的最优的一些行动方案，该方案的实施可以最大限度地解决问题。[2] 第二，把"政治决策"理解为政治行为的结果。如俄罗斯下哥罗德国立大学讲师 Н. В. 克拉斯尼茨基认为，"政治决策"指所有准备实施的决定，它关乎各种政治进程主体（国家、社会组织、公民）的利益。[3] 第三，把"政治决策"理解为政治意志。如俄罗斯权威的《政治百科》将"政治决策"界定为政治主体体现在相应文件中的具体意志。[4] 该定义着重强调了政治主体在"政治决策"中的意志成分，还指出"政治决策"的存在形式，即文件。

使用"国家决策"这个术语的是俄罗斯政治学家 А. И. 索洛维约夫。他在《国家决策》一书中强调，应该区分"国家决策"和"政治决策"这两个术语。虽然二者的决策主体都是国家，但国家作出的决策并非都具有政治性，具有政治属性的决定仅是国家决策的一部分。国家作为决策者，活跃在经济、政治、法律、道德等各个领域。国家在每个领域都具有相应的参与身份，应该遵守相应的游戏规则，解决相应的问题。因此，国家决策并非都具有政治属性。在国家组成多样化和社会结构多样化的今天，政治不可能囊括社会生活的全部。[5]

笔者同意 А. И. 索洛维约夫的观点。由于政治学家们多从政治学的角度研究决策问题，所以客观上造成了这两个术语的使用混乱。应该说，国家这一主体作出的决策并非都具有政治性。例如，在经济层面，国家决策追求的是最大的经济效益，而在行政管理层面，国家决策则追求国家的有

---

[1] А. И. Соловьев, Политология：политическая теория, политические технологии：учебник для студентов вузов. М. , Аспект Пресс, 2001, -С. 481.

[2] К. В. Симонов, Политический анализ：учеб. пособие . М. , Логос, 2002, -С. 395.

[3] Н. В. Красницкий, Принятие политических решений：теория, методология, модели. http：//nauka. vvags. ru/index. php？name = art&a = r_ art&id = 234.

[4] Политическая энциклопедия в 2 - х томах. М. , Мысль, Т. 2. , 1999, -С. 362.

[5] А. И. Соловьёв, Принятие государственных решений：учебное пособие. М. , КНОРУС, 2006.

· 3 ·

效管理，这两种决策都不是政治决策。本书中所讨论的"国家决策"是指国家各权力机关按照相应运作规则，在政治系统其他要素的影响下，有效选择治理国家的行动方案的过程和结果。国家决策的主体是国家权力机关；国家决策的客体可以是下级机关，可以是某一社会群体、政治和社会组织，也可以是某个国家。国家决策不是一个个孤立的行为，而是一条完整的链条，每个国家决策都与前一个相关国家决策有联系，又都会对下一个国家决策产生影响。从这个角度来说，国家发展进程就是由一个个国家决策组成的链条。①

(三) 国家决策机制

在相关文献中，学者们对"国家决策机制"的理解与界定并不完全一致。俄罗斯政治学家 А. И. 索洛维约夫和 А. А. 杰格佳廖夫对国家决策机制的解释相对比较权威。А. И. 索洛维约夫认为，"国家决策机制可以定义为一个钟摆型结构，它具有多层面、多元化和向心集中的结构特点。换句话说，国家决策机制是决策中心（联邦、地区和地方层面）在相关（但相对独立）活动领域的联合摇摆（不稳定和反向的）活动过程的制度性安排"。② 而 А. А. 杰格佳廖夫则认为，"政治决策机制"是指决策体系的结构，它具有多层级的组成部分，每个组成部分具有特定的职能。其中包括：第一，社会目标确定亚综合体，其职能是确定目标，并囊括政治决策主要参与者的利益公式，分析情报信息和主要因素，确定问题和目标；第二，定向协调亚综合体，履行定向和协调的职能，并包含决策中运用的理性知识和超理性概念、评估标准和准则；第三，组织工具亚综合体，履行实现目标的职能，并包含实现目标所必要的决定、组织形式和制度程序，集体资源和个人资源，工具和操作，以及政治决策代理人之间一定类型的相互作用和交流。③

---

① А. П. Цыганков, Современные политические режимы: структура, типология, динамика. М., Интерпракс, 1995, -C. 90.
② Там же. -C. 128.
③ А. А. Дегтярёв, Механизм принятия политических решений: попытка разработки комплексной модели. \\ Российская политическая наука. Т. 5. Под ред. А. Ю. Мельвиль, А. И. Соловьёв. 2008, -C. 230.

导　论

　　此外，一些学者还提出了不同领域决策机制的概念。例如我国政治学者冯玉军在研究外交决策机制时，从系统论的角度出发，提出了有关外交决策机制的概念。他认为，外交决策机制是"以担负对外政策职能的国家政治机构为核心、在政治系统其他重要因素的影响下，按照相应组织结构运作从而将来自外部环境的要求与支持转化为一个国家对外政策的组织体系"①。

　　综合以上学者的观点，结合研究需要，本书将国家决策机制定义为：国家决策机制是以国家最高权力机关为核心，以宪法和相关法律为基础，在政治系统其他要素的相互作用下，按照一定的政权组织结构与权限划分，制定与实施治理国家的行动方案的国家权力组织体系。该定义包含下列几层意思：第一，国家决策机制是由该国的各权力机构组成的。按照现代国家的政权组织结构，国家权力机构一般包括：国家元首、立法机关、行政机关、司法机关。上述权力机构几乎存在于所有现代国家之中，但由于各国政治体制的不同，上述权力机构在国家决策机制中的具体分工也不相同。第二，宪法和相应的法律准则是国家决策机制运行的法律基础。第三，一个国家政治系统②内的其他要素对国家决策机制将会产生重要影响。由于国家决策机制运行于政治系统之中，政治系统的结构和特点必然对国家决策机制产生重要影响。除了权力机构外，政治系统内还包括政党、利益集团、大众传媒等其他政治要素。这些成分均对国家决策机制的结构和特点产生重要影响。每个国家政治系统都不相同，各国政治系统的其他结构成分对其国家决策机制的影响力也不相同。第四，国家决策机制的职责是制定和实施治理国家的行动方案。国家决策机制对国家生活的各个领域都有重大影响，其基本功能是在国家内部实行各种形式的行为管制、组织生产、对社会资源和服务进行分配。图0-1体现了国家决策机制的基本结构和运作过程。

---

① 冯玉军：《俄罗斯外交决策机制》，时事出版社2002年版，第69页。
② "政治系统是一套制度和机构，它关系到一个社会或社会内部诸群体共同目标的制定和实现"。见［美］加布里埃尔·A. 阿尔蒙德、加塞尔·J. 多尔顿、小G. 宾厄姆·鲍威尔、卡雷·斯特罗姆等《当代比较政治学：世界视野》，杨红伟等译，上海人民出版社2010年版，第38页。

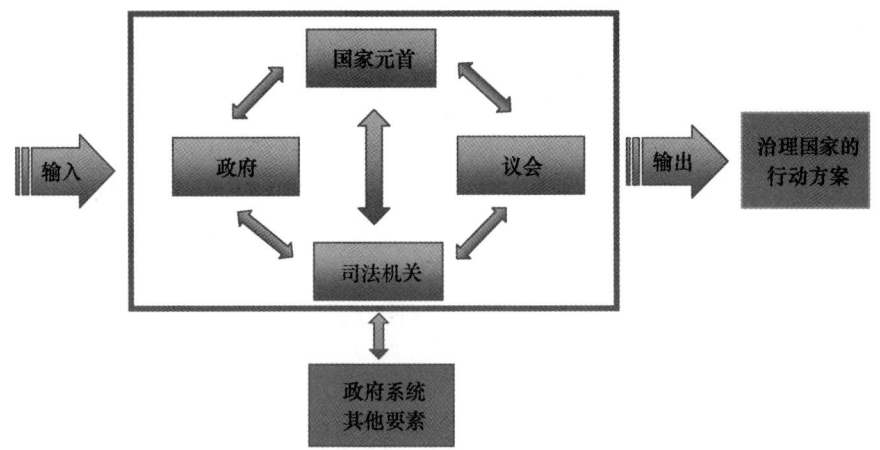

图 0-1　国家决策机制

如图 0-1 所示，国家决策机制由国家权力机构组成。国家决策机制的政治面貌首先取决于政治体制的特征。政治体制的特征决定了国家权力机构的结构设置和职能分配。例如在总统制国家，总统是国家决策机制的核心。而在议会制国家中，由议会多数派组成的内阁拥有实际上的国家决策权。每个国家的议会和司法机关在国家决策中的地位和作用也不相同。司法机关不参与国家日常决策，但它可以对政府权力进行限制和监督。司法机关限制政府权力的能力也取决于该国的政治体制。例如美国高等法院能够有效地制约政府权力，而日本司法机关限制政府权力的能力却相对有限。

国家决策机制并非孤立地运转，一个国家政治系统内的其他要素，如政党、利益集团、大众传媒、智库等，都会对其国家决策机制的实际运行施加影响。尽管国家决策表面上是由国家权力机构通过的，但在一定条件下，政治系统的其他要素对国家决策的影响力也不可小觑。由于各国政治系统的千差万别，政党、利益集团、大众传媒等对其国家决策的影响力和影响途径也都有很大的不同。民主的国家决策机制应该广泛吸纳各种社会群体的参与。而非民主的国家决策机制中，国家决策将主要依靠政权力量来进行，排斥社会参与。

通过以上分析，我们可以将本书研究的客体确定为根据俄罗斯现行宪法和相关法律的规定，直接参与国家决策的联邦总统、联邦政府、联邦会议和司法权力机关。根据行政级别，当代俄罗斯国家决策机制具有联邦、地区和地方三个层面，而本书主要研究联邦层面的国家决策机制。联邦层面的国家决策机制中，国家最高权力机关应该是核心组成部分。此外，本书还将探讨俄罗斯政治系统中其他要素对国家决策机制的影响。

二 研究现状综述

(一) 俄罗斯学者对俄罗斯国家决策机制问题的研究

俄罗斯学者目前尚无关于俄罗斯国家决策机制研究的专著，但他们对国家决策问题的研究成果相当丰富。俄罗斯学者对国家决策问题的研究可以分为不同的研究范畴，其中包括认知心理学、政治学和管理学、外交学等。

1. 认知心理学领域

20世纪70年代左右，俄罗斯学者开始关注决策问题，这一时期西方学界有关决策理论的研究中，理性主义的研究范式正经受着认知心理学范式的质疑。对于政治家如何作出决策的问题，理性主义框架内的理论模型作出的解释是：决策主体通过整合价值观，评估各个方案可能带来的结果，把备选方案分类，然后选择一个能获得最大利益的方案，决策主体可以根据出现的新信息更正选择。然而心理学流派对这种解释产生了怀疑。[1] 心理学家的研究表明，除其他因素外，决策主体的情感、信念和价值观都会使决策者偏离标准理性。[2] 认知心理学揭示了理性选择理论基本假设的弱点，并且认为，由于人的认知能力的局限性，以及信息不充分，外部压力大，决策者往往不是理性的统一体。在这种学术背景下，俄罗斯学者对决策问题的研究深受认知心理学学术范式的影响。俄罗斯学者非常重视个人因素，强调决策主体的心理认知状态对决策的影响。认知心理学范畴内的决策研究还可以划分为几个子变量：操作码、认知图、意象、信息加工和历史对比等。这些子变量又被进一步细化为几个可以操作的具体指标，

---

[1] D. A. Welch, Culture and Emotion as Obstacles to Good Judgment: The Case of Argentina's Invasion of Falklands/Malvinas, N. Y., p. 203.

[2] И. Ю. Киселев, А. Г. Смирнова, Образ государства как фактор принятия внешнеполитических решений//Полис. 2004. №4. -C. 116.

以实现概念的可操作性。

对意象理论进行研究的俄罗斯学者主要是雅拉斯拉夫国立大学社会政治理论教研室主任 И. Ю. 基谢廖夫和他的学生、社会政治心理学助教 А. Г. 斯米尔诺娃。俄罗斯学者的意象研究主要用来分析国际冲突与战争。通常，意象包括对自我的认知和对他人的认知，对自我的认知就是自我意象，对他人的认知就是他人意象。对此，И. Ю. 基谢廖夫和 А. Г. 斯米尔诺娃提出了国家形象理论，并利用该理论对国家的外交决策进行了理论分析。① 国家形象的研究是为了拓宽现实主义讨论、分析和评价国家外交行为的影响因素的范围。在理论应用方面，И. Ю. 基谢廖夫和 А. Г. 斯米尔诺娃提出，国家形象理论可以弥补预期理论分析决策中所表露出的不足。② 国家形象理论为分析外交决策提供了一个新的思路，具有一定的解释力，但解释力的弹性不强。实际上，И. Ю. 基谢廖夫和 А. Г. 斯米尔诺娃的国家形象理论是从认知的角度出发，认为一个国家的外交决策过程就是认识自我和认识他人的过程。该理论站在了理性主义理论（现实主义、新现实主义和新自由主义）的对立面，否定理性假设，但它从理性主义理论中吸取了有用成分。国家形象理论中的三个参数：身份、地位和作用，实际上就是现实主义提出的国家利益的几个参数。

俄罗斯科学院管理问题研究所对认知图理论进行了研究。该研究所的学者在管理学范畴内使用认知法分析复杂系统的决策问题，他们提出：(1) 决策进程是多方面的，各个进程相互间具有关联，因此不能割断和单独分析某个现象：所有现象都该在整体中综合研究；(2) 关于进程动态的

---

① И. Ю. Киселев, Политический истеблишмент: психологические аспекты практики властвования. М., 2000；И. Ю. Киселев, Образ государства в международных отношениях и социальное познание//Вопросы философии. 2003. №5；И. Ю. Киселев, А. Г. Смирнова, Динамика образа государства в международных отношениях. СПб., 2003, -С. 272；И. Ю. Киселев, А. Г. Смирнова, Образ государства и принятие решений в международных отношениях. СПб., 2004；И. Ю. Киселев, А. Г. Смирнова, Образ государства как фактор принятия внешнеполитических решений//Полис. 2004. №4；А. Г. Смирнова, Образ государства как инструмент познания угрозы в международных отношениях//Полис. 2008. №5.

② И. Ю. Киселев, А. Г. Смирнова, Образ государства как фактор принятия внешнеполитических решений//Полис. 2004. №4. -С. 116 – 125.

信息不足，因此，定性分析的方法更适用于分析国家决策问题；（3）决策过程随着时间等因素发生变化。① 此外，俄罗斯科学院、莫斯科国立大学等科研机构还从心理学的角度研究个人或组织的决策问题，并取得了丰硕的研究成果。② 鉴于本书的研究重点是国际政治领域，在这里对俄罗斯学者在心理学领域的研究成果不再赘述。

2. 政治学和管理学领域

（1）国家决策理论。对于国家决策问题，俄罗斯学者多是从政治学和管理学两大范畴进行研究。在政治学范畴内，俄罗斯学者借助政治学、社会学和心理学等社会科学的知识分析政治决策问题；在管理学范畴内，俄罗斯学者研究的是国家管理或政治管理问题。这两个范畴内的研究均受到认知范式的影响。从政治学角度研究国家决策问题的俄罗斯学者有 А. А. 杰格佳廖夫。③ А. А. 杰格佳廖夫从 20 世纪 90 年代开始研究政治决策问题，他不仅总结了西方决策理论的起源和发展脉络，划分了政治决策理论的发展阶段，还提出了自己对政治决策问题的独特观点。他的专著《政治决策》不仅阐释了方法论问题，还确定了政治决策理论的研究客体，提出

---

① В. И. Максимов, Когнитивные технологии для поддержки принятия управленческих решений//Распределенная конференция "Технологии информационного общества 1998 – Россия", 30 ноября – 2 декабря 1998 г. http: //ipu. web-soft. ru/cgi-bin/main_ katalog_ articles. pl? action = viewbody&razdel = brand&id = 4.

② О. И. Ларичев, Наука и искусство принятия решений. М. , Наука, 1979; О. И. Ларичев, Теория и методы принятия решений, М. , Логос, 2002; В. В. Кочетков, И. Г. Скотникова, Индивидуально-психологические проблемы принятия решений. М. , Наука, 1993.

③ А. А. Дегтярев, Основы политической теории: учеб. пособие. М. , Высш. шк. , 1998; Принятие политических решений: учеб. пособие. М. , 2004; Процесс принятия и осуществления решений в публично-государственной политике: динамический цикл и его основные фазы. //Полис. 2004. №4; Теория принятия политических решений в структуре социальных и управленческих дисциплин. //Полис. 2002. №2; Методологические подходы и концептуальные модели в интерпретации политических решений（Ⅰ）. //Полис. 2003. №1; Методологические подходы и концептуальные модели в интерпретации политических решений（Ⅱ）. //Полис. 2003. №2; Методологические подходы и концептуальные модели в интерпретации политических решений（Ⅲ）. //Полис. 2003. №2; Процесс принятия и осуществления решений в публично-государственной политике: динамический цикл и его основные фазы. //Полис. 2004. №4; Механизм принятия политических решений: попытка разработки комплексной модели. //Российская политическая наука（1995—2006 гг.）. Т. 5. , Под. Ред. А. Ю. Мельвиль, А. И. Соловьев. М. , РОССПЭН, 2008. , -С. 230 – 248.

政治决策过程的阶段划分方法，并分析了政治决策过程中关键角色的互动规则，尤其对决策者和国家官僚的地位和利益问题给予了特别关注。需要强调的是，А.А. 杰格佳廖夫提出了政治决策机制的综合结构。他认为政治决策机制包含三个相互内生的亚综合体：社会目标确定亚综合体、定向协调亚综合体、组织工具亚综合体。每个亚综合体内分别包含两个系数。每个系数下面又包含两个子系数。在确定社会目标阶段，发挥作用的两个系数是政治管理网络的性质和外部环境。政治管理网络不仅包括政治角色，还包括社会受众。外部环境既包括环境因素，也包括需要解决的问题。在定向协调亚综合体中，А.А. 杰格佳廖夫认为决策者的认知特点和价值观特点是最基本的影响参数。在组织工具亚综合体方面，А.А. 杰格佳廖夫认为需要考虑组织资源和工具交流两个因素。影响组织资源的两个子系数是制度程序和决策者的资源动员能力。工具交流系数的两个子系数是操作工具和决策参与者之间的相互作用——交流。А.А. 杰格佳廖夫的政治决策机制模型是在结构功能主义的基础上，吸收了认知模型和网络模型的一些成分，考察了决策主体的认知特点和决策参与者之间的关系因素。可以认为，А.А. 杰格佳廖夫的政治决策机制是一个普遍的万能理论模型，体现几乎所有国家政治决策机制的基本原理。从某种程度上说，这个政治决策机制不仅适用于决策主体是国家的情况，还适用于某个社会组织，或者国际组织。但是这个模型无法表达国家这个决策主体所特有的政治决策机制的特点。

　　研究国家决策问题最重要的俄罗斯学者是 А.И. 索洛维约夫。А.И. 索洛维约夫顺应决策理论的发展趋势，综合运用认知模型、国家管理理论和网络模型作为理论基础，以规范法和描述法为方法论基础，从系统到个体，从静态到动态，多角度地考察了国家决策的机制和进程。А.И. 索洛维约夫提出，国家决策过程的本质根源于该机构活动领域的特点。由于国家可以以多种身份在社会生活的各个领域活动，国家机构的行为方式和国家同各个委托人（商业、舆论等）之间的关系具有特殊的准则、模式和组织形式。这些复杂的联系引发了群体和个人相互作用的特殊聚合流，从而也构建了国家特有的问题分析结构、磋商利益的风格、研究方案的方法和执行决定的技术。因此，А.И. 索洛维约夫认为，应该建立专门的国家决策理论。国家决策理论强调国家是决策主体，国家的利益、地位、资源、内部构造，以及同委托人的互动情况都会对决策过程造成影响。不考虑国家决策主体的利益、地位、资源、内部构造的特点，以及同委托人的关系，基本上就不能理解国家决策过程。不把国家作为国家决策的主体进行研究，就会得出理想化的决策模型或抽象理论图景。[1] А. И. 索洛维约夫提出，国家决策理论的研究对象是描述和分析国家特有的目标确定过程的基本参数和二级参数。

一些俄罗斯学者在政治分析的框架内也提到了政治决策理论，如 Г. М. 谢尔盖耶夫、К. В. 西蒙诺夫、Б. В. 切尔内舍夫和 В. С. 科马洛夫斯基等。其中，Г. М. 谢尔盖耶夫 1998 年发表的报告《制定和通过国家安全决策的国际经验》，分析了国家安全领域制定、修改和评价决定的经验。历史学家 Б. В. 切尔内舍夫从历史学的角度分析了俄罗斯国家决策的历史传统和特点。[2]

此外，俄罗斯很多高校都开设有国家管理、公共政策、政策分析、俄联邦对外决策过程等课程。在很多政治学教科书中，政治决策虽然没有作为单独的内容来讲述，但在某些章节中都有涉及，如政治决策、政治决策的主体、政治决策的理性和效率标准、各类型国家决策机制等。

（2）代表集团理论。俄罗斯学者对于代表集团理论很有研究。代表集团理论是从利益集团的角度研究社会政治进程，分析各利益集团在国家决策中的互动。该理论认为利益集团是政治管理活动的主要参与者，利益是社会活动的主要推动力量。根据利益集团同国家的关系，政治体制可划分为法团主义、多元主义和网络主义。此外，精英理论也属于代表集团理论范畴，该理论强调政治管理活动的主体是精英集团。

俄罗斯学者对多元主义的研究多集中于研究苏联时期各种政治势力之间的关系。持多元主义观点的俄罗斯学者认为，苏联政治互动的基础是官僚冲突，主要参与者是相关集团或综合体，首先是各个部委、部门、军工综合体、苏共中央委员会分支机构。在互动中，这些集团大部分独立行事，经常产生内部竞争，使得他们的互动可以定性为多元主义。俄罗斯学者布达科夫认为，斯大林时期盛行部门多元主义和官僚多元主义，但多元

---

[1] А. И. Соловьев, Колебательно-маятниковый механизм принятия государственных решений: к обоснованию когнитивной модели (I) //Полис. 2005. №5. -С. 6 – 22.

[2] Б. В. Чернышев, Разработка и принятие государственных решений в России: уроки истории (XVIII-XX вв.). Саратов, СЮИ МВД России, 2003, -С. 256.

主义的上述两种表现形式是特殊和隐蔽的，没有破坏20世纪30年代建立的行政队伍的整体体系。С. 别列古多夫指出，斯大林时期的多元主义同希特勒德国和法西斯意大利时期存在的多元主义具有很多共同点。С. 别列古多夫还提出，苏联时期的多元主义具有边缘性特征，它并没有破坏当时的体制。

与多元主义不同，法团主义的逻辑起点是经济主体同国家之间的关系具有独立和竞争的特性，法团主义在本质上倡导商业和国家的紧密整合。在互动中，各方磋商，制定双方必须执行的决议。在这里磋商是关键的，磋商的形式和互动的特点决定着法团主义模型的多样性。至于法团主义是否能够解释俄罗斯利益代表方式的问题，一些俄罗斯学者认为，利益代表的法团主义模型完全能够体现当代俄罗斯国家政策的特点。А. 祖津指出，苏联时期的俄罗斯社会就存在着法团。苏联解体后，一些大法团得以保留，并以政党、运动、集团、联盟等形式在当代俄罗斯获得了政治代表地位。20世纪90年代后半期，寡头型法团占据主导地位，同大金融工业综合体的政治和经济活动紧密相连。① А. В. 巴拉诺夫指出，国家机关最重要的伙伴是商业法团，它们在俄罗斯全国或某个地区垄断某个商业部门。按照 Т. И. 扎斯拉夫斯卡娅的研究结果，至1999年，占俄罗斯人口总数1.5%的居民掌握了俄罗斯1/2以上的国家财富。② 商业法团在利益集团中占有明显的控制地位。官僚法团主义确立了国家机关在政治进程的参与者体系中的主导地位，而商业法团虽然拥有丰富的资源，却没有获得相应的政治影响。但也有学者认为，俄罗斯当前的代表体系不完全等于法团模型，至少不同于自由主义样式的法团主义。不过，这个说法同第一种观点也有关联，因为认为法团主义模型适用于俄罗斯的学者也指出，俄罗斯的法团主义具有官僚主义和寡头的形式。③

至于网络主义，网络这个术语是国家管理理论和政治学中的一个重

---

① А. Ю. Зудин, Неокорпоративизм в России?（Государство и бизнес при Владимире Путине）// Внешняя политика России：1991-2000. М., 2001. -С. 181.
② О. В. Гаман-Голутвина, Современная политическая элита России：факторы неэффективности//Куда идёт Россия? М., 1999, -С. 250.
③ С. П. Перегудов, Н. Ю. Лапина, И. -С. Семененко, Группы интересов и российское государство. М., УРСС, 1999.

要术语。网络理论的基本假定是，今天的政治和管理秩序正从层级/组织（市场/无政府）模式向网络模式转变。政治网络理论研究广泛的政治问题，包括决策问题。在政治网络中，政治家、机关和公民之间正在建立水平的联系和关系。所有委托人的地位是平等的，国家机关并不占据主导地位，政府完全对社会开放。国家和社会的互动原则是共同参与。网络理论的主要特点是强调交流、互动和联系的概念。政治网络不是为自身存在，而是为代理人①建立政治舞台和交流信息的通道。② 所有代理人通过网络进行交流合作，进行有秩序的活动。决策参与者们最重要的互动基础是资源，交换资源是决策的主要技术和程序基础。互动是推动和磋商利益的主要渠道。代理人之间的联系分正式和非正式两种。俄罗斯对网络主义的研究还处于初级阶段。А. А. 杰格佳廖夫③在分析西方决策理论研究方向和样式时曾提到了网络主义。Н. В. 伊万楚克从方法论和实践潜力的角度研究了网络理论。④ А. И. 索洛维约夫涉及了一些方面，他主要论证网络主义作为研究现代国家制度和决策理论的方法范式问题。专门研究网络主义，把网络作为社会组织成分加以研究的俄罗斯学者有А. Е. 沙德林、В. М. 谢尔盖耶夫、К. В. 谢尔盖耶夫。⑤ 俄罗斯政治学家

---

① 在俄罗斯学者关于代表利益集团理论的论述中，代理人指决策的直接参与者和影响者。本书第八章也使用代理人的概念，但指的是以国家权力所有者（全体公民）的名义行使国家决策权力的人，包括选举和任命产生的所有国家决策参与者。本书将决策的影响者定义为委托人。

② К. Шуберт, Логика структуры, логика субъектов и логика инновации: Концепции сетей и анализ сфер политики//Методические подходы политологического исследования и метатеоретические основы политической теории. Комментированное введение. М., РОССПЭН, 2004, -С. 209.

③ А. А. Дегтярев, Принятие политических решений: Учебное пособие. М., КДУ, 2004.

④ Н. В. Иванчук, Governance-парадигма: методологический и практический потенциал//Чиновникъ, 2005, №5 (39).

⑤ А. Е. Шадрин, Трансформация экономических и социально-политических институтов в условиях перехода к информационному обществу//Информационное общество, 1999, №2; А. Е. Шадрин Перспективы развития сетевых организаций//Технологии информационного общества – Интернет и современное общество: труды VII Всероссийской объединенной конференции. СПб, Издательство Филологического факультета СПбГУ, 2004; А. Е. Шадрин, Конструирование сетевой организации: Информационно-коммуникативное обеспечение в исследовательских проектах и деятельности профессиональных сообществ//Вестник НАУФОР, 1999, №11; В. М. Сергеев, К. В. Сергеев Механизмы эволюции политической структуры общества: социальные иерархии и социальные сети//Полис. 2003. №3.

Л. В.斯莫尔古诺夫在《政策和管理的网络方法》一文中利用政治网络模型分析政治决策过程。Л. В. 斯莫尔古诺夫对政治网络的定义是："总体上来说，政治网络是国家和非国家组织在一定政治范围内构成的体系，它们在资源相互依赖的情况下互动，以便根据政治和非政治准则，就所有参与方关心的政治问题达成一致。"① 他还分析了政治网络的特点和网络法的特点。由于俄罗斯的管理秩序是层级模式的，网络理论关于代理人地位平等的观念不适合分析俄罗斯的决策体系，但网络理论关于代理人之间的交流、互动和联系的概念可以借用，有助于理解俄罗斯非正式决策机制。

俄罗斯研究精英理论的最著名学者是 О. В. 加曼-戈卢特维娜和 О. В. 克雷什坦诺夫斯卡娅。② О. В. 加曼-戈卢特维娜不仅对俄罗斯政治精英的历史形成和演化过程有着深入研究，还提出了精英学的一系列研究方法。О. В. 克雷什坦诺夫斯卡娅领导的俄罗斯科学院社会学研究所精英研究中心则从精英理论的角度分析了俄罗斯20—21世纪的转型过程。此外，莫斯科大学政治学系社会学和政治心理学教研室与俄罗斯政治学协会的联合项目"俄罗斯政治精英的人力资本"，从政治心理学的角度深入研究了当代俄罗斯精英的特点。

3. 外交学领域

在外交学领域，同西方国家一样，俄罗斯学者的分析焦点集中在外交决策和安全决策方面。研究外交决策过程的学者主要有 Е. В. 叶戈罗夫、В. В. 科切特科夫、И. Г. 斯科特尼科夫、О. А. 科洛博夫、А. А. 科尔尼洛夫、А. С. 马卡雷切夫、А. А. 谢尔古宁、В. Н. 柯内舍夫、С. В. 科尔图诺

---

① Л. В. Сморгунов, Современная сравнительная политология: учебник. М., РОССПЭН, 2002, -С. 104.
② О. В. Гаман-Голутвина, Современная политическая элита России: факторы неэффективности// Куда идёт Россия? М., 1999; Политические элиты России: Вехи исторической эволюции. М., РОССПЭН, 2006; Российский парламентаризм: история и современность//Вестник Российского университета дружбы народов. Серия: Политология. 2007. № 1. -С. 5 – 21; Процессы современного элитогенеза: мировой и отечественный опыт. //Полис. 2008. №6.

夫、И. Ю. 基谢廖夫、Д. В. 特列宁等学者。① С. В. 科尔图诺夫指出了俄罗斯外交决策机制的几个缺点。第一，外交部被排除在外交决策进程之外；第二，联邦会议没能发挥应有的作用；第三，总统办公厅没有能力承担基本的外交工作；第四，专家无法参与外交决策进程；第五，普京时期的外交决策机制比叶利钦时期还缺乏透明度；第六，外交决策的执行纪律松散。

近年来，俄罗斯还出现了很多关于决策问题的学位论文，这些研究从不同的角度涉及决策问题的相关理论和实践。②

综上所述，俄罗斯学者对决策问题的研究晚于西方。同西方一样，俄罗斯决策的研究也具有多学科背景的特点，主要分为（1）政治学和管理

---

① Е. В. Егоров, США в международных кризисах（политико-психологические аспекты）. М., 1988; В. В. Кочетков, И. Г. Скотников, Индивидуально-психологические проблемы принятия решения. М., 1993; О. А. Колобов, А. А. Корнилов, А. С. Макарычев, А. А. Сергунин, Процесс принятия внешнеполитических решений: исторический опыт США, государства Израиль и стран Западной Европы. Нижний Новгород, 1992; В. Н. Конышев, Принятие решений о военных интервенциях: отношения президента и конгресса США（1982 – 1991）. СПб., 1999; С. В. Кортунов, Механизм принятия внешнеполитических решений//Новая внешняя политика России: от слов к делу. М., 2006; И. Ю. Кисилев, Принятие решений в политике: теоретические аспекты психологии выбора. Ярославль, 2002; Д. Тренин, Принятие внешнеполитических решений в России.（http://www.carnegie.ru/ru/pubs/books/9211doklad_fin.pdf）.

② О. В. Лагутин, Влияние политического корпоративизма на принятие государственных решений в условиях советской и постсоветской России: Автореферат дис. ... канд. полит. наук, СПб., 2003; В. А. Липатов, Механизм согласования интересов государства и предпринимателей при разработке и реализации промышленной политики: Автореферат дис. канд. полит. наук, М., 2006; А. Г. Жирнов, Механизмы согласования интересов в политике: теория и российский опыт: Автореферат дис. канд. полит. наук, Тамбов, 2008; М. В. Юргелас, Региональные аспекты формирования и реализации социально-экономической политики в Российской Федерации: Автореферат дис. канд. полит. наук, М., 2007; Е. Е. Крохина, Политические риски в механизме формирования государственной политики: Автореферат дис. канд. полит. наук, СПб., 2006; А. В. Баврин, Пути совершенствования механизма государственного управления в современной России: политико-правовой аспект: Автореферат дис. канд. полит. наук, М., 2007; Е. А. Плешакова, Информационное и PR-сопровождение политических решений в системе государственного управления, Автореферат дис. канд. полит. наук, Саратов, 2009; В. И. Якунин, процессы и механизмы формирования государственной политики в современном обществе России: Автореферат дис. докт. полит. наук, М., 2007.

学（政治学、社会学、经济学、国家行政、组织理论、普通管理学）；（2）认知心理学；（3）外交学。目前，俄罗斯学者致力于构建综合的国家决策模型，希望能够全面综合地考察国家决策过程。

（二）西方学者对国家决策问题的研究

人类对国家决策问题的探索可以追溯到古希腊时期。在启蒙运动时期，大批思想家从不同方面对国家决策问题进行了理论思考。但现代国家决策理论发源于20世纪中期。两次世界大战的爆发，引发了学者们研究国家决策问题的兴趣，他们认为两次世界大战的爆发在很大程度上是由于不正确的国家决策造成的。时至今日，国家决策理论已经形成了十余个模型，从不同角度研究决策问题。如果给这些模型分类，可以根据下列几个标准。以方法论为标准，可以把决策理论分为规范法和描述法两种。属于规范法阵营的理论模型有有限理性理论（H. Simon）、网络结构理论（D. Nouk、P. Richardson、H. Heclo 等）、动态循环理论（J. Anderson、B. Jenkins 等）、组织制度主义（J. March、J. Olsen 等）。描述性理论有行为主义模型（G. Lasswell、D. Lerner 等）、万能理性模型（K. Errou、E. Daunc 等）、递增模型（Q. Lindblom、I. Dror 等）、群体代表理论（R. Dahl、F. Shcmitter 等）等①。两类理论的逻辑起点是对人类理性的不同认识，两类理论对人类影响和控制外部进程的能力持不同态度。描述性理论认为人与人之间的互动无法用理性和数量的方法解释和描述。这类理论的研究对象不仅包括正式的标准和程序，还包括影子机制和非正式的游戏规则。描述性理论非常受心理学家、政治学家和社会学家的欢迎。描述性理论主要遵循经验研究的原则，根据政治主体在具体环境中的互动，对决策者的政治行为进行分析。描述性理论的明显优点是经验分析和理论模型相结合。规范性决策理论认为，人有足够的能力适应外部世界，相应地，也能够客观认识外部世界，理性地分析问题、诊断问题和解决问题。规范性理论借助各种数学模型、行为研究和其他一些工具手段，构建理想的决策模型，优化决策规则和程序。该方法的优点是优化决策过程，让决策富有理性。规范性理论的缺点是夸大理想模型的作用，忽视一些无法用理性精确衡量也无法用模型准确描述的因素，如社会文化，群体和个人的利益和价值

---

① A. A. Дегтярев, Принятие политических решений: проблемы теории и практики. М., 2004. – c. 85–86.

观。根据本体论划分,即研究的客体是整体还是个人,决策理论可以分为整体理论和个体理论两种。整体理论包括有限理性模型、网络结构理论、动态周期理论、组织制度主义。整体理论考察的是整体结构对决策的影响。个体理论包括行为主义模型、全面理性模型、递增模型和群体代表模型。个体理论的研究对象是决策过程中的群体或个人。当然,还存在一些过渡模型,但阐释国家决策过程的上述两条线索清晰地贯穿于半个世纪的研究历史之中。决策理论还可以分为静态和动态两种。静态理论研究决策的机制和组成结构、动态理论研究决策的程序和过程。在过去的半个世纪中建立的理论模型,是从不同的角度在不同的条件下研究决策问题,现在,不同方法论基础的理论和思想具有整合发展的趋势,以期综合反映决策体系的基本方面。

下面以方法论为划分依据,厘清国家决策理论的发展情况。可以认为,西方决策理论的发展过程就是规范性理论和描述性理论相互借鉴,取长补短,不断提高自身解释力的过程。随着西方学术范式的变化发展,现在两种理论之间的界限已经相当模糊,并出现了一些复合理论。下面以时间为线索,介绍两种理论在争鸣中不断发展的情况。

首先是规范性理论框架内的制度主义和行为主义之争。制度学派出来已久,在20世纪30年代之前,制度主义一直是英美学术界的主流范式。制度主义经历了从旧制度主义到新制度主义的发展。旧制度主义强调"制度决定论",重视研究宏观静态的制度。旧制度主义的不足是忽视了决策的社会和心理因素,因此受到行为主义者的挑战。行为主义从人的行为角度分析决策过程。芝加哥学派创始人 Harold D. 拉斯韦尔在研究政治决策行为时,借用了心理学和社会学的内容。Harold D. 拉斯韦尔对政治模型进行心理分析,提出了行为主义决策研究的经典模型。他认为,政治角色的行为,是某些外部影响的结果。Harold D. 拉斯韦尔的模型分析了社会机构及社会机构的利益,也分析了决策参与者的行为动机,并特别强调了行为动机在政治管理中的作用。新制度主义对旧制度主义和行为主义进行了合理的扬弃,开创了制度研究的新范式。新制度学派的关注点是政治制度的非正式结构,代表人是 J. March。他和同行1972年在《组织选择中的垃圾桶模型》[①] 一文中提出了

---

① Kingdon, J. W., *Agendas, Alternatives, and Public Policies*, New York: Harper Collins, 1984, pp. 212–232.

垃圾桶模型。该模型的理论假设是组织决策过程处于无政府状态。无政府状态具有三个特征：目标模糊，达到目标的手段和方法不确定，流动性参与。J. March 认为，决策的过程是无序混乱的互动过程。待解决问题的出现不过是参与者提出自己早已选定的解决方案的契机。该模型虽然有些极端，但可以用来分析决策者处于紧急和不确定的状况下，立刻对政治局势的快速变化作出反应的紧急情况。在同行为主义抗衡的过程中，新制度主义框架内出现了理性选择理论。理性主义决策理论是理性选择理论的应用和发展。理性主义决策理论假设决策者是理性的，其决策行为是从理性人的立场做出的理性行为。理性主义决策理论的缺陷同理性选择理论一样，决策都是在具体的时空条件中作出的，而在具体的时空条件中，决策者是否属于完全理性人，各个决策参与者是否具有理性主义所强调的抽象利益，都是需要考虑的。在理性主义框架内，塞蒙提出有限理性模型。尽管属于规范性理论，但有限理性模型怀疑人类行为的理性。有限理性模型的理论假定是，政治决策不是一个理性的过程，它不仅受到信息量的限制，还受到认知的限制。政治决策取决于决策者有限的认识能力、理解力、关注点和智力水平，以及不确定的外部环境，所以，持理性选择理论的经济学家所构建的最优决定在现实中是不可能出现的。有限理性模型认为，决定不可能是最优的，而应该是满足一些关键的标准。国家是决策的关键行为者。决策者的主要任务是把问题划分为几个基本组成部分，再逐步解决。该模型的缺点是，塞蒙认为国家是一个统一的整体，该模型未考虑复杂的社会经济联系和国家机构间的层级关系。制度主义和行为主义在决策方面的观点至今仍有相当大的影响力。

塞蒙的有限理性模型遭到了林德布洛姆的批评，林德布洛姆在《决策过程》中提出了渐进的决策战略和多元的决策结构。林德布洛姆的渐进模型的理论是依据西方民主政体中的决策过程建构的。林德布洛姆认为，政治决策是公民、投票人、政党、利益集团领袖和直接决策者在权力运行中行使各自的权力，互相作用和影响的过程。在决策的各种影响力量中，公众的意愿是通过政党斗争来表达的。利益集团领袖是决策过程的积极参与者，而直接决策者是权力运用的主要角色。决策过程是一个循环过程。林德布洛姆的递增决策模型提出政治变化的逐步性。递增主义者从小步子思想出发，认为决策过程只是决策者基于过去的经验，对现行政策稍加修改而已，这样可以降低通过不合适的政治决策的风

导 论

险,避免严重的后果。

由于规范性理论和描述性理论在实际运用中各有各的优点,有着不同程度的解释力,一些学者试图综合两种理论,建立所谓的整合模型或妥协模型。这里要讲一下 A. Etzioni 的混合扫描模型。该方法的优点是,第一,它允许混合上述两种方法的优点,适用于快速变化的环境,保障决策灵活性。第二,该方法的有效性取决于决策人的能力。还有一个整合模型——德罗尔(I. Dror)的理论,该理论试图把规范性理论和描述性理论联合为统一的标准优化模型,在分析过程中需要考虑社会主导价值观、政治传统和制度。此外,必须引进信息技术,以完善政治管理。德罗尔强调政治家、专家和官僚在决策中发挥关键作用。但这些整合模型,无法解释该进程的结构和内部机制是如何影响决策结果的。

组织过程模型和官僚政治模型试图从决策的参与方和影响因素的角度来分析问题。组织过程模型分析的是"一种分权式政府,其间的关键角色是各种行政组织"[1]。罗塞提(J. Rosati)在《美国对外政策的政治学》中考察了决策的组织过程。在分析了美国分权式政府决策过程后,罗塞提指出,决策实际上是"基于组织内常规运作程序的一种机械的或半机械的过程的产物"[2]。最高决策者在这条生产线一样的决策流程中的作用是消极的,仅仅是在必要时调整各个机构之间的关系,或对逐级提交上来的决策方案予以认可。这种模型比较有效地解释了官僚机关的日常性事务处理。官僚政治模型发源于 G. Allison 对古巴导弹危机过程中美国外交决策过程的分析。G. Allison 在《决策的本质:解释古巴危机》[3] 中分析了影响国家决策的两个相互联系的因素:组织和官僚。在组织方面,G. Allison 发现,对决策过程产生巨大影响的是该组织一贯持有的价值观、观点和行为模式。换句话说,一些决策的制定不是依据理性的局势分析,不是依据既定目标,而是相应政府机关的内部文化。在官僚方面,他认为最终决策是各个参与者的交易结果。政府在这个模型中不是具有某个共同目标的统一体,而是一些相互竞争的势力的混合体,不同势力的关系平衡不断发生变化。[4]

---

[1] J. Rosati, *The politics of United States Foreign Policy*, Holt, Rinehart and Winston Inc., 1993.
[2] Ibid..
[3] Graham T. Allison, *Essence of Decision: Explaining the Cuban Missile Crisis*, Philip Zelikow, 1999.
[4] Хейвуд Э. Политология: учебник для студентов вузов//пер. С. Англ. Под ред. Г. Г. Водолазова, В. Ю. Бельского. М.: ЮНИТИ-ДАНА, 2005. - с. 492.

官僚政治模型的另一个贡献是考察了助手机构。P. Hillsmen 在《战略侦察和政治决策》一书中说："只有小范围政府领导拥有独立通过所有最重要的政治决策的权力。但他们极少使用这种权力，因为他们没有时间来研究相应问题。大多数决定实际是他们的助手制定的。领导人自己进行决策的情况不多，这些决定的起草筹备工作通常是他们的助手做的。"① 当然，翻阅一些官方文件就会发现，其中有大量分析现实情况的文字，该工作不可能没有专家、咨询人员、谋士的参与。因此，国家活动者应认真挑选自己的团队。助手和专家在决策中发挥重要作用，很多其他有关政治主体对该进程也产生响。运用组织官僚模型，就需要讨论几个问题：首先，各个官僚组织在决策机制中的关系和地位；其次，决策参与者在某个日程议题上存在的利害关系；最后，决策参与者们各自的利益关系在决策过程中如何进行调整，如何在最终决策中表现出来。

多元主义和新社团主义（新法团主义）把观察的视角转移到利益集团的身上。达尔（R. Dahl）是多元主义理论的代表人物，他的《谁统治：美国城市的民主和权力》（1961）在研究纽黑文市的基础上，指出了国家决策机制中权力的分配特点。达尔的多元主义理论逻辑起点是对权力概念的界定。达尔认为，影响国家决策过程的不仅是国家、政府、官僚机构，还包括利益集团，这些力量的联系纽带就是权力关系。达尔从各种力量在国家决策中发挥的作用来考察国家的权力分配情况。测试权力分配的主要依据是某个集团提出政治决策倡议的频率，封杀他人倡议的频率，或提出不同于反对派的政策的频率。达尔对纽黑文市的公共教育、城市发展和政治任命权问题进行了市政考察，并指出，这里的权力不是掌握在一个集团手中，而是高度分化的。统治国家所有生活领域的执政精英是不存在的：每个领域都有独特的一群拥有最大影响力的领导。关于谁统治的问题，在很大程度上等于谁实际上拥有最终决策权，这个问题的答案应该是：人员范围随着政治问题的性质变化的少数掌握资源的领导。居民通过参与这个城市的选举发挥间接影响。② 多元主义的理论假设是各种利益集团在决策过程中的地位是平等的，它们对决策拥有同样的影响力。政府仅扮演消极的

---

① Р. Хилсмэн, стратегическая разведка и политические решения: пер. с. англ. – М.: Изд-во иностр. лит-ры, 1957. – с. 36.
② В. Г. Ледяев. Кто правит? Дискуссия вокруг концепции власти Роберта Дали//Социологический журнал. – 2002. – No3.

权威性分配社会资源的角色，决策实际上是利益集团之间利益均衡的结果。20世纪60年代西欧和美国遭受了严重的社会危机，社会背景对多元主义提出了挑战。多元主义的分析框架无法说明西方发达国家和发展中国家的决策过程。20世纪70年代，社团主义（法团主义）在欧洲大陆国家兴起。由于石油危机和福利国家模式的衰败，欧洲大陆遇到的经济困难加剧了各种社会问题。人们要求政府加强对各个领域的调控，协调规范各种利益集团，重整政治经济秩序。社团主义应运而生。德国学者施密特（F. Schmitter）对社团主义的定义是："一种利益代表体系，在这个体系中，其组成单位被组织成数量有限的组织，这些组织是一种单一的、强制性的、非竞争性的层级有序的组织，实现了层级的分化和功能的分化，由国家认可或颁发执照，并获得授权在它们各自的领域的交换过程中垄断性地代表有关国家决策代理人的利益，控制着利益集团领导人的选择以及表达。"[①] 显然，不同于多元主义，社团主义认为国家在社会生活中拥有集中的权力，各个利益集团在国家建立的层级有序的社会政治秩序中活动。在这个体系中，利益明确的利益集团对具体决定拥有影响力。这些利益集团通过直接的，经常是非正式的渠道对国家决策施加影响。[②] 在通过政治决策时，新社团主义的理论特点主要以下几点：第一，社团主义模型的特点是维持组织性强的几个利益集团之间资源分配的平衡，并至少保证形式上准入决策的平衡；第二，该模型在很大程度上具有谈判政治风格，典型例子是奥地利的三党制，这种风格的特征是政党体系中包括实力强大的社民党、稳定的选民、文化种族相对统一、中性外交政策；第三，国家机关不仅扮演消极角色，还积极协调各个社会组织和政治协会的关系。国家和社会之间建立利益集团代表处，这样，很多利益集团可以参与到决策过程中，行使协商咨询的职能。[③] 多元主义强调各利益团体在开放的环境下通过竞争和相互制衡来约束强大的国家和利益集团；新社团主义则强调国家在制度和决策中吸纳各利益团体，来实现广泛的利益代表的调和。这两种

[①] Ф. Шмиттер, Увязка интересов и управляемость политических режимов в современной Западной Европе и Северной Америки//Теория и практика демократии. Избранные тексты: пер. с англ. под. ред. В. Л. Иноземцева, Б. Г. Капустина. - М,: Ладомир, 2006. - с. 342.

[②] А. А. Галкин, Корпоративизм как форма отношений между государством и обществом: пределы и опасности//Политические исследования. - 2000. №6. - с. 151.

[③] Ф. Шмиттер, Неокорпоративизм и консолидация неодемократии: пер. с англ.

模式的基本假设中关于利益团体在主张各自利益时是否产生相互制衡的观点是对立的，但两种模式都有各自的理论缺陷和局限性。

新社团主义和多元主义的碰撞刺激生成了新的理论——网络理论。网络这个术语是现代国家管理和政治学中的一个重要术语。网络理论的基本假定是，今天的政治和管理秩序正从层级/组织（和市场/无政府）模式向网络模式转变。① 政治网络理论研究广泛的政治问题，包括决策问题。在政治网络中，政治家、机关和公民之间正在建立水平的联系和关系。所有代理人的地位是平等的，国家机关并不占据主导地位，政府完全对社会开放。国家和社会是本着共同参与的原则互动的。网络理论的主要特点是强调交流、互动和联系的概念。政治网络不是为自身存在的，而是为代理人建立政治舞台和交流信息的通道。② 所有代理人通过网络进行交流合作，进行有秩序的活动。决策参与者们最重要的互动基础是资源，交换资源是决策的主要技术和程序基础。交往和联络是推动和磋商利益的主要渠道。代理人之间的联系分正式和非正式两种。由于俄罗斯的管理秩序是层级模式的，网络理论关于代理人地位平等的观念不适合分析俄罗斯的决策体系，但网络理论强调了代理人之间的交流、互动和联系，可以借用。但是运用网络理论分析俄罗斯的决策体系需要注意几个问题：首先，在俄罗斯决策代理人之间的交流渠道和特点；其次，代理人的互动程序；最后，代理人之间有什么联系。

心理认知模式是分析国家决策问题的重要模式之一，它把分析的重点放在决策人的思想和心理活动方面，强调决策是人的认识过程或心理过程，是决策者自身价值观和其他心理倾向的反应。决策过程就是决策人对外界环境的认知和做出反应的过程。决策体现决策人固有的信念体系，反映他们长期以来形成的价值观和信仰，以及对外界的认识。这种心理环境与现实环境是不一致的。

通过上面对西方决策理论发展的简单梳理可以发现，决策问题受到西方学者相当的重视。自20世纪50年代以来，随着社会环境的变迁和大学

---

① А. В. Курочкин, Институционализация сетей в управлении российской системой образования.
② К. Шуберт, Логика структуры, логика субъектов и логика инновации: Концепции сетей и анализ сфер политики//Методические подходы политологического исследования и метатеоретические основы политической теории. Комментированное введение. – М.: 《Российская политоическая энциклопедия》（РОССПЭН）, 2004. – с. 209.

术范式的变化，决策理论也在发展壮大。虽然西方决策理论通常是在分析西方国家的基础上得出的，不能生搬硬套到俄罗斯，但各种决策理论观察问题的角度和某些观点对于分析俄罗斯的情况是非常有借鉴意义的。

西方目前也没有系统分析俄罗斯国家决策机制问题的专著，但从不同角度分析俄罗斯国家决策问题的研究成果非常丰富。

西方学者运用决策理论，对俄罗斯外交和安全领域的决策问题进行了大量研究。这方面的成果主要包括以下两类：一是重点讨论各国家机关在对外决策中的地位和作用。例如美国学者 Glenn E. Curtis 为美国国会图书馆网络资料库主编的《俄罗斯：国别研究》一书，其中涉及了俄罗斯外交决策机制。该书对俄罗斯总统、安全会议、议会、外交部和国防部在俄罗斯外交决策中的作用做出了简要的分析。二是分析国家领导人、政治精英、利益集团等因素对俄罗斯对外和安全政策的影响。这些研究为笔者提供了有益的分析思路。其中，俄罗斯精英集团是美国学者的一个重要研究方向，美国学者认为，精英集团的思想和行为对俄罗斯政府决策具有决定性影响。[1] 随着梅普组合的出现，西方学者开始关注梅普组合内部的决策机制，尤其是梅普组合中谁是决策中心的问题。美国政治学家布热津斯基认为，梅普组合时期俄罗斯的现实决定是由普京总理确定的。梅德韦杰夫总统当然也发挥重要作用，但在决策过程中没有最终决定权。[2]

西方学者和俄罗斯学者对俄罗斯国家决策问题的研究观点并不一致，这主要是由于研究人员所持的意识形态不同。西方学者通常从自由主义价值观和政治思想出发，对俄罗斯国家决策问题多持批评态度。

（三）中国学者对俄罗斯国家决策机制问题的研究

中国目前还没有关于当代俄罗斯国家决策机制问题的专门著述。中国学者对俄罗斯国家决策问题的专门研究也不多，而且一般是对苏联时期国家决策的研究，或对俄罗斯某一领域内的国家决策研究。在这些研究中，邢广程先生的《苏联高层决策70年》一书，从苏联高层决策的角度分析

---

[1] В. Соболев, Если не знать своей истории, лучше не браться за реформы \ \ Кто есть кто. 2002. № 2. -С. 38.

[2] Реальные решения в России принимает Путин. Бжезинский прокомментировал для "Ъ" итоги саммита Медведев-Обама. \ \ Газета "Коммерсантъ". №123（4178）.10.07.2009. http：//www. kommersant. ru/doc/1200658.

了苏联兴亡的历史。① 冯玉军先生的《俄罗斯外交决策机制》一书，以俄罗斯政治转轨为背景，对俄罗斯外交决策机制和国家安全决策机制进行了系统的研究。② 在《俄罗斯外交决策机制》中，作者深入研究了俄罗斯关于外交与安全问题的法律法规，总结出了在俄罗斯政治体制和社会结构的影响下，俄罗斯对外决策机制的结构特点和运行模式特点，并着重分析了俄罗斯利益集团、对外政策智囊库和大众传媒等社会因素，以及俄罗斯中央与地方关系对俄罗斯对外决策机制的影响，同时探讨了俄罗斯对外决策机制的未来发展趋势。他提出，俄罗斯外交决策机制的特点是"以总统为核心，以联邦委员会和国家杜马为立法保障，以安全会议为主要协调机构，以外交部和其他联邦执行权力机关为执行机构"。③

另外，一些学术论文也涉及俄罗斯国家决策问题。④ 例如姜毅先生在合著的论文《美、俄、日、印之外交决策机制》中，简要分析了俄罗斯国家决策机制。他认为，俄罗斯外交决策的参与者大致有"总统及其身边顾问机构、掌握实际权力的精英集团和社会精英等三类集团"。俄罗斯总统掌握外交最终决定权，并直接领导外交决策部门和机构。掌握实际权力的精英集团主要包括政府机构、军队和情报安全机构等，它们在外交决策中发挥不同的作用，"俄罗斯多元化政治制度确立后，各个阶层、利益集团对外交政策都努力发挥自己的影响"。蒋莉博士的论文《俄罗斯的决策中枢机构简介》一文，分析评介了俄罗斯总统办公厅和政府办公厅的基本职能、组织机构、人员构成和主要特点，总结了两个办公厅在俄罗斯国家决策中的作用，认为"总统办公厅和政府办公厅汇聚了梅普联合执政团队的核心精英，它们之间既默契配合，也相互制衡，是并驾齐驱的两套车"。

此外，很多中国学者在对俄罗斯政治体制、政治制度、权力运行体系、三权关系、政治精英、利益集团、政治转型的大量研究中，也都不同

---

① 邢广程：《苏联高层决策70年》，世界知识出版社1998年版。
② 冯玉军：《俄罗斯外交决策机制》，时事出版社2002年版；《俄罗斯国家安全决策机制》，时事出版社2007年版。
③ 冯玉军：《俄罗斯外交决策机制》，时事出版社2002年版，第177页。
④ 这方面的论文有：姜毅、伊嘉宇：《美、俄、日、印之外交决策机制》，《当代世界》2007年第7期，第22—23页；蒋莉：《俄罗斯的决策中枢机构简介》，《国际资料信息》2009年第4期，第11—13页；孟文海、谢俏洁：《俄罗斯转轨过程中的政策选择与制度变迁互动模式》，《俄罗斯研究》2006年第4期，第11—15页；邵峰：《国外国家决策咨询机制及启示》，《管理和社会科学前沿》2005年第1期，第88—96页，等等。

程度地涉及俄罗斯国家决策问题。

三 研究意义和创新点

（一）文献学价值

本书以俄罗斯宪法、俄罗斯国家决策的相关法律和战略规划性文件，如各领域的发展战略、总统年度国情咨文、军事学说等大量第一手资料为基本素材，并广泛参阅了俄罗斯重要政治活动家的各类讲话、文章与回忆录等，详细查阅了俄罗斯国家权力机关的各种相关出版物，并借鉴了部分俄罗斯重要智库和相关学者的研究材料，其中不乏对当代俄罗斯国家决策产生重要影响的学术成果。以上研究文献的使用使本书不仅具有了丰厚的文献基础，也具备了文献整理的学术价值。

（二）学术价值

长期以来，俄罗斯国家决策问题一直是政治家和政治学家共同关注的焦点问题，但大多数俄罗斯学者的研究仅仅集中在国家政治生活的某一领域，如外交决策领域，对于国家决策机制的整体研究非常不足。本书在查阅了大量第一手材料，并借鉴了俄罗斯、欧美和中国学者现有研究成果的基础上，试图从历史学、政治学和管理学的角度，对俄罗斯的国家决策机制进行一次全面而系统的研究，不仅具有重要的学术意义，也丰富了俄罗斯政治领域的研究内容。

（三）现实意义

俄罗斯这个被丘吉尔称作"谜中之谜"的国家对我国非常重要。曾几何时，俄罗斯的前身——苏联曾经是我们建设祖国的榜样和模板，冷战中后期又一度成为威胁我国安全的最危险战略对手。今天，作为苏联继承国的俄罗斯，依然深深地影响着我们。无论如何，俄罗斯仍然是维持世界格局稳定的重要力量，而且，俄罗斯是我国最大的掌握着核武器的邻国。更为重要的是，当代俄罗斯和我国一样，都处于转轨过渡阶段，走在"去苏联化"的路上，面临许多相似的问题。因此，俄罗斯的改革过程对我国具有更现实的启示意义。俄罗斯社会改革中积累的经验和教训无疑是我国可以借鉴的。当代俄罗斯国家决策机制的改革过程值得我们深入思考，例如俄罗斯匆忙引进西方政治社会制度，对国家决策机制进行了改革，这些改革是否提高了国家决策机制的绩效。随着俄罗斯政治体制的变化，俄罗斯国家决策机制的内容也在不断发生着变化，并逐渐形成了自己的特点。因而，全面而系统地研究俄罗斯国家决策机制的内部结构及职能，深入了解和认识影响俄罗斯国家决策机制实际运行的各种因素，对于提高我国国家决策机制的效率，推进我国的政治体制改革，同样具有很大的实践意义。并且，深入研究俄罗斯国家决策机制的运作模式，也为我国相关政府机关和企业制定有效的对俄政策提供有益借鉴。

（四）创新点

第一，选取新的研究题目。根据笔者的检索，至2011年5月，国内尚未发现专门论述当代俄罗斯国家决策机制问题的著作。本书首次在大量搜集和使用俄文史料，并充分借鉴中国学者现有研究的情况下，对当代俄罗斯国家决策机制问题进行了专题研究和分析。

第二，史料丰富。笔者不仅较为全面地掌握了俄罗斯当前对国家决策问题研究的代表性成果，同时也搜集了大量的一手材料，包括俄罗斯宪法、相关法律法规、战略规划性文件、国情咨文、国家杜马会议记录、安全会议记录、领导人讲话、重要官员回忆录，以及左中右派重要媒体报道，等等。

第三，选择新的论述角度。本书在论述中除了选取决策机制的角度外，还尝试从参与和影响俄罗斯国家决策的社会群体的角度展开研究，以期增强本书的立论基础。

第四，部分观点创新。本书尝试对国家决策领域的某些概念进行重新界定，例如国家决策、国家决策机制、代理人、委托人等概念。本书也尝试对俄罗斯国家决策机制的运作过程和运作模式进行归纳总结。本书在最新资料的支持下对俄罗斯国家决策机制的发展进行了梳理，对该机制的绩效进行了重新评价，并且评估了各种社会群体对俄罗斯国家决策机制的影响。

四 本书的研究思路和基本结构

（一）研究思路

本书以1991年苏联解体以后、俄罗斯作为独立的主权国家为起点，以独立后俄罗斯国家决策机制的演变、结构特点和运作特点为线索，概括并描述俄罗斯国家决策机制的形成与发展的整个过程。由于俄罗斯国家决策机制的建立和发展是以社会剧烈变迁为背景的，因此，应该把俄罗斯国家决策机制放到俄罗斯国家发展的宏观背景中来研究。鉴于制度结构并不是国家决策机制的唯一组成要素，仅考察负担国家决策职能的国家权力机关和相应法规制度无法真正了解俄罗斯国家决策机制的全貌。俄罗斯国家决策机制运行的具体社会环境和国际环境，以及参与和影响国家决策的人，都会对俄罗斯国家决策机制产生影响。因此，笔者计划以辩证唯物主义和历史唯物主义为指导，借鉴系统论和结构功能理论的研究思想，运用实证分析和比较分析的方法，系统地考察制度、环境和人对俄罗斯国家决策机制的影响。在这方面，笔者尝试借鉴政治学、历史学、管理学和社会学的研究成果，在此基础上总结出俄罗斯国家决策机制的一般特点与主要内容，最后对俄罗斯国家决策机制作出评价。

(二) 基本结构

除导论和结语外，本书共分为三个部分共九章。第一部分阐述俄罗斯国家决策机制的形成背景和演变轨迹，并分析俄罗斯国家决策机制从形成至今不断变化的原因，分五个阶段论述：俄罗斯独立至1993年俄罗斯宪法通过、1993年俄罗斯宪法通过至叶利钦执政结束、普京时期、梅普组合时期和新普京时期（第一章至第五章）。第二部分梳理俄罗斯国家决策机制的结构和运作特点（第六章和第七章）。第三部分分析不同社会群体对俄罗斯国家决策机制的影响，总结俄罗斯国家决策机制的生成因素（第八章和第九章）。具体章节设置如下：

第一章以各派政治势力围绕新宪法展开的激烈争斗、1993年新宪法的制定和通过为主线，重点分析俄罗斯立国和十月事件前前后后的情况。其中包括不同政治集团对苏联决策机制的反思、对新政治制度的要求和不同的利益诉求等。本章系统地回顾俄决策机制的形成背景和轨迹。

第二章分析1993年俄罗斯宪法通过至叶利钦执政结束（1999年底）这段时期俄罗斯国家决策机制的演变情况。1993年宪法为俄罗斯国家决策机制确立了制度框架，但在实际运行中，这时期的国家决策机制虽然遵守了宪法规定的制度框架，但实际内容却有所变化。

第三章至第五章分析普京时期、梅普组合时期和新普京时期俄罗斯国家决策机制的演变情况。在这三个时期，俄罗斯国家决策机制发生了新的演变。这三章均用两节分析俄罗斯国家决策机制的变化情况，并分析俄罗斯国家决策机制自建立起的演变轨迹特征。

第六章描述和概括当代俄罗斯国家决策机制的结构，厘清俄罗斯现行宪法和相关法律法规对俄罗斯三个国家权力机关职权的相关规定，并在此基础上总结俄罗斯国家决策机制的结构特点。

第七章评价俄罗斯国家决策机制的运作。本章首先从俄罗斯国家决策机制的运作过程出发，具体分析俄罗斯国家决策机制的各组成结构的决策作用。然后从俄罗斯国家决策机制的运作模式出发，分析不同决策模式的运作特点，以及各权力机关在不同模式中的具体作用。

第八章在俄罗斯国家决策机制结构特点影响下，分析不同社会群体在俄罗斯国家决策过程中的地位和作用。根据在国家决策中的作用，笔者将社会群体分为代理人、委托人和普通民众三类。然后分三节探讨三类社会群体的具体作用。

第九章分析俄罗斯国家决策机制的生成因素，也就是俄罗斯国家决策机制的政治面貌是由哪些因素作用形成的。本章主要探讨客观环境因素和人的主观因素对俄罗斯国家决策机制的影响。客观环境因素指俄罗斯国家决策机制运行的国内外环境；根据主体不同，人的主观因素分为政治精英的执政理念、俄罗斯社会文化和政治传统。

最后对全书作出结论。

第一章 当代俄罗斯国家决策机制的初步形成

俄罗斯现行宪法是国家决策机制的法律基石。本章以1993年俄罗斯宪法的制定和通过,以及围绕新宪法展开的激烈争斗为主线,重点分析俄罗斯独立和十月事件前后的情况,包括不同政治集团对苏联决策机制的反思、对新政治制度的要求,以及不同的利益诉求等,以期比较系统地整理和分析当代俄罗斯国家决策机制形成的背景。

第一节 当代俄罗斯国家决策机制形成的历史背景

苏联后期,戈尔巴乔夫在自由化和民主化的口号下推行政治体制改革,其中包括对苏联国家决策机制的改革。在联盟中央进行决策机制改革的同时,包括俄罗斯联邦在内的苏联各加盟共和国却掀起了一场同联盟中央争夺决策权力的运动,联盟中央的决策权力被极大地削弱,最终导致苏联的解体。当代俄罗斯国家决策机制中的国家权力机关产生于苏联解体的过程中,并且经历了俄罗斯独立初期双重政权时期的试运行阶段。

一 俄罗斯独立与新国家权力结构的建立

俄罗斯独立与新国家权力结构的建立始于戈尔巴乔夫的政治体制改革。苏联后期,戈尔巴乔夫在政治体制改革的框架内对苏联国家决策机制进行了改革：实行多党制，取消苏联共产党的领导地位，后来又把国家决策中心从共产党的系统转移到苏维埃系统，并且改革苏维埃制度，设立总统职务，把国家决策中心从苏维埃系统再次转移到总统机构。在联盟中央的倡导下，同其他加盟共和国一样，俄罗斯苏维埃联邦也启动了建立和改革权力机构的进程，并逐步走上了独立的道路。

苏联共产党决策系统的瓦解是俄罗斯独立和新国家权力机构重建的重要前提。苏联政治体系由三个分系统组成：国家组织管理系统、共产党系统和群众团体系统。苏联官方法律意义上的权力中心是以苏维埃制度为核心的国家组织管理系统。而实际的权力中心是党的系统，党的系统才是苏联主体决策系统。[①] 党的领导人主抓国家发展的大政方针，最高苏维埃只负责批准和执行党的政策。苏联共产党是各级政权的领导力量，它不仅在各自的级别上发挥相应的决策中心作用，还负责贯彻上级党机关的决定。在苏联国家决策体系中，俄罗斯联邦的各级权力机关通过党的组织系统，从下至上接受苏共中央的领导，又从上至下传达贯彻苏共中央的决策。苏联共产党系统的瓦解，导致联盟中央失去了领导和干预俄罗斯联邦地区事务的主要途径。

（一）俄罗斯联邦苏维埃系统的重建

俄罗斯联邦苏维埃系统的重建是俄罗斯独立的第一步，也是新国家决策权力机构重建的重要内容。俄罗斯联邦苏维埃原本是地方政治机关，在苏联国家决策机制中属于次要地位，对联盟中央决策几乎没有影响力。为什么需要重建俄罗斯联邦的苏维埃机构？因为苏共总书记戈尔巴乔夫执政初期倡导的经济改革没有取得预期的效果，戈尔巴乔夫认为，经济改革的失败是由于政治体制的弊端引起的。从1988年至1989年，戈尔巴乔夫把政治体制改革提上日程。戈尔巴乔夫政治体制的改革思路是，在一党制的条件下实行"民主化"和"公开性"，实行党政分开的原则，还权于苏维埃，将国家决策中心由党的系统转向最高苏维埃系统。并且从客观来看，苏联苏维埃制度自成立以来，形同虚设，并没有发挥真正的立法和监督作用，一度是权力机构中的"橡皮图章"，重建苏维埃制度符合消除原有体制弊端的客观诉求。在这种形势下，随着苏联联邦层面权力机关的改革，俄罗斯联邦苏维埃机构的重建工作也顺势而起。苏共第十九次全国代表会

[①] 邢广程：《苏联高层决策70年》（第五分册），世界知识出版社1998年版，第584页。

议提出了重建苏维埃制度，以及把决策中心从党的系统转移到苏维埃系统的政治体制改革目标，1989年5月25日苏联举行了苏维埃制度重建后的第一次人民代表大会，紧接着俄罗斯联邦人民代表大会经选举成立了。1990年5月底，叶利钦当选为俄罗斯联邦最高苏维埃主席。至此，俄罗斯联邦苏维埃机构的重建工作正式完成。

为什么说俄罗斯联邦苏维埃机构的重建开启了俄罗斯独立的第一步，并成为新国家决策权力机构重建的重要内容？因为根据苏联联盟中央的政治体制改革目标，重建后的俄罗斯人民代表大会在法律和现实意义上都是该共和国的最高决策权力机关，俄罗斯联邦范围内的所有重要问题都将提交俄罗斯人民代表大会解决。由于俄罗斯人民代表大会政治地位提高，其人员构成将决定俄罗斯联邦未来的政治发展趋势。在首届俄罗斯人民代表的选举中，虽然苏联共产党员占代表总数的86%，但许多代表是"民主纲领派"成员或政治上倾向于该派的党员。支持叶利钦的"民主俄罗斯"运动获得了1/3左右的席位。这样的人员构成决定了俄罗斯联邦同联盟中央斗争的基调。叶利钦当选俄罗斯最高苏维埃主席，使苏共失去了对苏联最大加盟共和国的领导权。俄罗斯联邦实际上产生了两个决策中心：苏联最高苏维埃和俄罗斯联邦最高苏维埃。俄罗斯联邦最高苏维埃在以叶利钦为核心的民主派的带领下，同联盟中央展开了决策权力的激烈争夺，联盟中央决策机制被逐步架空。随着权力斗争愈演愈烈，俄罗斯联邦逐步走上了摆脱联盟中央，寻求国家独立的道路。1990年6月12日俄罗斯联邦第一次人民代表大会通过的"国家主权宣言"提出，立法、执法和司法三权分立是俄罗斯法制国家建设最重要的原则。这样，俄罗斯国家决策机制的框架被确立下来。

（二）设立总统职务

设立总统职务是建立俄罗斯联邦决策权力机构的另一个重要内容，也是行政权同立法权相分离的第一步。俄罗斯联邦为什么会设立总统职务？这也要从苏联联邦中央的政治改革谈起。从1990年至1991年，苏联又进行了重大的决策机制改革，由一党制变为多党制，将决策中心从最高苏维埃转移至总统机构。戈尔巴乔夫的改革，引起决策机制的运行混乱，地方逐渐拥有了可以同联盟中央相抗衡的自主权。在俄罗斯联邦第一次人民代表大会期间，建立俄罗斯国家机制的新模式被提上日程。当时已经成立了专门的宪法委员会，负责起草新的俄罗斯宪法草案。这样，选择什么样的政治制度问题正式浮出水面。叶利钦总统助理 Г. А. 萨塔罗夫认为，总统制是摆脱联盟中央苏维埃权力机构的最好选择。① 基于对抗联盟中央的需要，叶利钦班子积极鼓动设立总统职位。叶利钦在当选俄罗斯联邦最高苏维埃主席团主席后表示，要立即制定关于俄罗斯向总统治理方式过渡的法律，举行全民直接无记名选举，从俄罗斯人代会上确定的若干名候选人中选出俄罗斯联邦总统。在涉及联盟共和国总统和联邦总统的关系时，叶利钦认为，"不要分大总统和小总统，他们都是平等的"。在叶利钦的鼓动下，俄罗斯苏维埃联邦于 1991 年效仿联盟中央，设立了总统职位。在同年 5 月 24 日俄罗斯第四次人民代表大会上审议通过了《俄罗斯联邦总统法》，并对 1978 年通过的《俄罗斯宪法（基本法）》进行了相应的修改和补充。1991 年 6 月 12 日，俄罗斯联邦举行总统大选，叶利钦以 57.3% 的选票当选为俄联邦第一任总统。总统和总统机构是即将独立的俄罗斯国家决策机制的重要组成部分。总统机构是巩固和实现叶利钦总统权力的重要工具。

（三）设立副总统职位

1991 年 5 月 24 日通过的《俄罗斯苏维埃社会主义共和国宪法修正案》，还规定设立副总统职务，并对副总统的权力和义务进行了规定。根据《俄罗斯苏维埃联邦社会主义共和国宪法》（也称《俄罗斯宪法（基本法）》）② 第 9 章第 121（7）条，俄罗斯苏维埃社会主义共和国副总统与总统同时进行选举，副总统的人选由总统候选人推荐。这样，叶利钦班子意识到，能否在总统大选中获胜，副总统的人选非常重要。叶利钦最终选择了亚·鲁茨科伊作为自己的副总统候选人。1991 年 8 月 3 日，在苏共范围内成立的"俄罗斯共产党人民主党"选举鲁茨科伊担任临时委员会主席。1991 年 10 月 27 日，该党更名为"自由俄罗斯人民党"，鲁茨科伊当选主席。此外，鲁茨科伊分管军队改革、军转民等 5 个委员会的工作。

---

① ［俄］格·萨塔罗夫等：《叶利钦时代》，高增训等译，东方出版社 2002 年版，第 101 页。
② Конституция (основной закон) Российской советской федеративной социалистической республики, принята на внеочередной седьмой сессии верховного совета РСФСР девятого созыва 12 апреля 1978 года с изменениями и дополнениями, внесенными законами РСФСР от 27 октября 1989 года, от 31 мая, 16 июня и 15 декабря 1990 года, от 24 мая 1991 года.

（四）俄罗斯新政府的组建

随着俄罗斯新政府的组建完毕，俄罗斯联邦决策机制的主要组成部分已经基本形成。俄罗斯联邦原来并没有独立的政府，1990年6月，俄罗斯才开始建立独立的执行权力体系。在俄罗斯第一次人代会召开期间，当选的俄罗斯联邦最高苏维埃代表举行第一次会议，商议俄罗斯政府的组成问题。总理选举的程序是这样的：首先由协商委员会提出总理人选。每位候选人阐述自己的纲领，代表们向他们提出问题，讨论候选人，然后投票。根据投票结果，政府总理由伊·西拉耶夫担任，格·亚夫林斯基担任第一副总理，鲍·费奥多罗夫担任财政部长。叶利钦亲自指导政府工作，因而掌握了重要的执行权力。当时一些最重要的领域（国防、安全、外交等领域）或者没有独立的执行机构，或者处于萌芽状态，叶利钦通过人事任命权控制了关键的金融、外交、国防和安全部门，实际上掌握了上述重要领域的决策权。

1991年6月12日，俄罗斯人民代表大会通过了《俄罗斯联邦国家主权宣言》，标志着俄罗斯联邦作为主权国家存在。随着1991年底苏联解体，俄罗斯联邦彻底摆脱了联盟中央的束缚，作为国际法意义上的苏联继承人出现。新独立俄罗斯的国家决策机制中既保留了旧制度成分，又有新制度萌芽。原有苏维埃体系经改革后在国家决策机制中以国家决策中心的身份运行，而建立在分权基础上的新制度元素——总统机构又提出了划分行政权和立法权的现实诉求。苏联解体和俄罗斯独立的过程非常迅速，导致这些权力机关之间尚未来得及明确划分决策权限。在俄罗斯联邦的敌人——联盟中央被消灭后，隐藏在俄罗斯联邦各国家权力机关之间的深刻矛盾开始浮出水面——决策权限的明确划分问题。这也是俄罗斯独立初期出现"双重政权"局面的逻辑起点。

二 "双重政权"时期新国家权力机关的决策权限划分

（一）"双重政权"形成的原因

俄罗斯独立初期为什么会出现"双重政权"的局面？正如一些学者所言，其直接原因在于新独立的俄罗斯没有通过一部新宪法，明确划分各国家权力机关的决策权限。俄罗斯虽然独立了，但国家制度建设却远远落后于社会变革的速度。俄罗斯国家决策机制的根本法律基础依然是经过多次修改的1978年《俄罗斯苏维埃联邦社会主义共和国宪法》（也称《俄罗斯宪法（基本法）》）。① 另外，1991年4月通过的《总统法》也对总统权力作出了规定。《俄罗斯宪法（基本法）》规定："俄罗斯联邦人民代表大会是俄罗斯联邦最高国家权力机关。"同时，1991年5月24日通过的宪法修正案第121条规定俄罗斯联邦总统是国家"最高公职人员和俄罗斯联邦执行权力机关领导人"。两个国家权力机关都有宪法基础。在实际运行过程之中，以总统为首的国家执行权力机关由于掌握管理国家的现实权力而迅速强大起来，总统已经具有国家元首的特权。从组织行政角度看，总统不隶属于人民代表大会或最高苏维埃。而宪法却给予立法机关最高国家权力机关的地位和权力。总统和人民代表大会之间的关系实际上已经不是国家权力机关的分支，而是"两个独立的政治体系"②。俄罗斯政治生活中由此

---

① 从1990年至1993年10月俄罗斯现行宪法通过期间，俄罗斯苏维埃联邦1978年宪法共通过了11项宪法修正案。分别是：Закон РСФСР от 27 октября 1989 г. " Об изменениях и дополнениях Конституции (Основного Закона) РСФСР" (принят одиннадцатой сессией Верховного Совета РСФСР одиннадцатого созыва); Закон РСФСР от 31 мая 1990 г. " О внесении изменений в статью 104 Конституции (Основного Закона) РСФСР"; Закон РСФСР от 16 июня 1990 г. N 38 – I "Об изменениях и дополнениях Конституции (Основного Закона) РСФСР"; Закон РСФСР от 15 декабря 1990 г. " Об изменениях и дополнениях Конституции (Основного Закона) РСФСР"; Закон РСФСР от 24 мая 1991 г. " Об изменениях и дополнениях Конституции (Основного Закона) РСФСР"; Закон РСФСР от 24 мая 1991 г. " Об изменениях и дополнениях Конституции (Основного Закона) РСФСР в связи с реформой местного самоуправления"; Закон РСФСР от 3 июля 1991 г. "Об изменениях и дополнениях Конституции (Основного Закона) РСФСР в связи с преобразованием автономных областей в Советские Социалистические Республики в составе РСФСР"; Закон РСФСР от 1 ноября 1991 г. " Об изменениях и дополнениях Конституции (Основного Закона) РСФСР" (принят пятым (внеочередным) Съездом народных депутатов РСФСР); Закон РФ от 21 апреля 1992 г. N 2708 – I " Об изменениях и дополнениях Конституции (Основного Закона) Российской Советской Федеративной Социалистической Республики"; Закон РФ от 9 декабря 1992 г. N 4061 – I " Об изменениях и дополнениях Конституции (Основного Закона) Российской Федерации -России" (принят седьмым Съездом народных депутатов РФ); Закон РФ от 10 декабря 1992 г. N 4071 – I " О внесении изменений в статью 71 Конституции (Основного Закона) Российской Федерации -России". http: //constitution.garant.ru/history/ussr-rsfsr/1978/zakony/.

② Конституционное совещание. Стенограммы, материалы, документы. Т. 2. М., 1995. -С. 7.

出现了"两个政权并立"的现象。旧决策机制中的苏维埃系统和新决策机制中的总统制度混合存在。"两个政权并立"现象的深层原因在于，无论是政治精英，还是普通民众，对建立什么样的国家决策机制模式缺乏共识，人民代表大会和执行权力机关对国家决策机制的选择存在分歧，并且这两个政治集团势均力敌，任何一方都没有在政治精英集团和普通民众中争取到绝对的支持。

（二）新国家权力机关的决策权限

对于俄罗斯独立后国家权力机关之间的决策权限划分问题，笔者将从法律和实践两个方面分析。

在法律方面，俄罗斯独立初期实行的《俄罗斯宪法（基本法）》对国家权力机关的决策权限和它们在国家决策机制中的相互关系作了相应的规定。根据《俄罗斯宪法（基本法）》的相关规定，立法权力机关的地位高于执行权力机关，总统对立法权力机关负责。作为国家最高权力机关，人民代表大会享有全部国家权力。1989年10月27日通过的宪法修正案规定，人民代表大会有权审议和解决俄罗斯联邦管辖的任何问题，具有全联邦意义的重大问题应该由人民代表大会和最高苏维埃来决定。从法律意义讲，人民代表大会拥有最高国家决策权。首先，人民代表大会有权通过宪法，并有权以简单多数原则修改国家根本大法——宪法。在实践之中，人民代表大会也积极行使这项权力，通过了很多项宪法修正案。其次，人民代表大会拥有广泛的执行权力。人民代表大会确定俄罗斯的内外政策，批准国家的远景计划和重要的全国经济和社会发展纲要；选举最高苏维埃；选举最高苏维埃主席和最高苏维埃第一副主席；批准俄罗斯联邦部长会议主席、俄罗斯联邦最高法院院长、俄罗斯联邦总检察长的任命；选举俄罗斯联邦宪法监督委员会；必要时撤销最高苏维埃通过的法令；通过关于进行全民公决的决定。[①] 更为重要的是，人民代表大会有权罢免俄罗斯联邦总统的职务，有权停止俄罗斯总统的命令。[②]

1991年5月24日通过的宪法修正案对总统权力进行了很多限制：总

[①] Закон РСФСР от 27 октября 1989 г. "Об изменениях и дополнениях Конституции（Основного Закона）РСФСР"（принят одиннадцатой сессией Верховного Совета РСФСР одиннадцатого созыва）. http://constitution.garant.ru/history/ussr-rsfsr/1978/zakony/183129/.

[②] Закон РСФСР от 24 мая 1991 г. "Об изменениях и дополнениях Конституции（Основного Закона）РСФСР"（прекратил действие）. Глава 13. Статья 104. Пункт 13–14.

统是"国家最高公职人员"和执行权力机关首脑；总统领导的执行权力机关的行动应该同人民代表大会及其常设机关最高苏维埃全权原则相结合；俄罗斯总统每年至少一次向俄罗斯联邦人民代表大会提交关于执行人代会和最高苏维埃通过的社会经济和其他纲要的报告，提交国情咨文；俄罗斯总统没有权力解散俄罗斯联邦人民代表大会和最高苏维埃，或者停止它们的活动；总统没有制衡立法机关的权力；总统权力主要集中在执行权力方面；人民代表大会和俄罗斯最高苏维埃都可以出面干涉总统工作，而总统却没有任何干预和抵制的权力；总统没有权力推翻俄罗斯联邦最高苏维埃通过的任何法律（最多也只是退回复议）；如果每个院以简单的全票多数再次通过原来文本的法律，总统就必须签署，并在三日之内公布。可以看出，从法律意义讲，新独立俄罗斯的人民代表大会是国家决策机制的核心机构。此外，国家权力机关之间尚未形成权力分立和制衡关系，人民代表大会不仅具有立法权，还具有广泛的执行权。执行权力机关的决策权力主要集中在执行人民代表大会的决定。司法机关限制政府权力的能力比较弱。

《俄罗斯宪法（基本法）》[①] 第9章第121（7）条，对副总统的权利和义务做出了规定：俄罗斯苏维埃联邦社会主义共和国副总统与总统同时进行选举；总统候选人推荐副总统人选；副总统可以由不小于35周岁，不大于65周岁且具有选举权的俄罗斯苏维埃联邦社会主义共和国公民选举；副总统不能担任人大代表；副总统根据总统的委托履行单独的职权；在总统位置空缺时，副总统补充总统职务。第121（9）条规定，总统和副总统不受侵犯，并受法律保护。第121（10）条规定，副总统在违反俄罗斯苏维埃社会主义共和国宪法和法律的情况下，可以根据本条被解除职务。第121（11）条规定，在总统被解除职务、总统辞职和不能继续履行职权的情况下，甚至在总统去世的情况下，副总统将履行总统职权。根据宪法规定，俄罗斯副总统是至关重要的决策方。

根据《俄罗斯宪法（基本法）》规定，副总统是根据总统的委托履行单独的职权。副总统和总统之间的决策职权划分在很大程度上取决于两者

---

① Конституция (основной закон) Российской советской федеративной социалистической республики, принята на внеочередной седьмой сессии верховного совета РСФСР девятого созыва 12 апреля 1978 года с изменениями и дополнениями, внесенными законами РСФСР от 27 октября 1989 года, от 31 мая, 16 июня и 15 декабря 1990 года, от 24 мая 1991 года.

的私人关系和实际掌握的权力资源。由于副总统鲁茨科伊与总统叶利钦的政见不合,且鲁茨科伊实际掌握的权力资源远不如叶利钦,鲁茨科伊一直被排斥在叶利钦的核心决策圈子之外。俄罗斯政府的一些重要会议也不邀请鲁茨科伊出席,鲁茨科伊甚至很难进入叶利钦的办公室。鲁茨科伊对"休克疗法"的激进经济改革政策一直持否认态度,对西方援助的态度也不同于叶利钦和盖达尔。为避免鲁茨科伊进入敌对阵营,1992年2月12日,叶利钦在克里姆林宫与鲁茨科伊秘密交谈2小时并宣布彼此取得了谅解。随后,叶利钦宣布由鲁茨科伊主管全国的农业改革,每两周汇报一次工作进展情况。由于没有明确的职权划分,总统与副总统之间政见不合,这为后来二者的敌对埋下了伏笔。

尽管《俄罗斯宪法(基本法)》对俄罗斯国家权力机关的权限和相互关系作出了相关的规定,但由于宪法基础与政治现实不相符合,两个国家权力机关之间的相互关系发生了变化,两者的决策权限也发生了变化。人民代表大会自身的结构功能缺陷限制了它发挥国家最高决策机关的作用。与此相反,总统则在政治实践中逐渐掌握更多的决策权力。

我们先分析人民代表大会作为最高国家权力机关的限制。人民代表大会发挥最高国家决策机关作用的最大限制因素在于,俄罗斯当时没有形成成熟的政党体系。首先,由于当时的俄罗斯没有成熟的政党,人民代表大会的议员成分复杂,在社会思想严重分裂、国民生活政治化的变革时期,人民代表大会很难及时地作出决断。人民代表大会的议员派别众多,包括二十多个议员团。1992年底—1993年初,人民代表大会中基本形成这样的政治格局:"俄罗斯统一"联盟(300多名议员,由农业联盟、俄罗斯共产党人、祖国、俄罗斯四个议员团组成)是叶利钦政府的反对派;"改革同盟"集团(由民主俄罗斯、左翼中心、"激进民主派"三个议员团组成)虽然支持叶利钦政府,却处于分裂状态;"自由俄罗斯"为首的"民主中心"集团(200多名议员)和"创造力量"(150多名议员)集团是中间派力量。另外,还有200多名不属于任何派别的人民代表。[①]这些力量各有各的主张,对国家发展道路的观点各有不同。

其次,由于缺少成熟的政党政治,议会中的政党与人民脱离联系,在派别林立的情况下容易形成个人专政。人民代表大会召开次数非常少,最

---

① 海运、李静杰:《叶利钦时代的俄罗斯》(政治卷),人民出版社2001年版,第36—37页。

高苏维埃全权行使整个人民代表大会的职能，它负责为俄罗斯联邦所有国家权力机关制定规则。人民代表大会中的原共产党人占86%的席位。在同联盟中央斗争胜利后，一些民主派人士开始从人民代表大会转移到政府机关，降低了民主派对人民代表大会的控制力。"最高国家权力机关中以哈斯布拉托夫为首的多数派顺利形成了议会独裁。"[1] 议长成为最高苏维埃的主要决策者。人民代表大会沿袭了苏联时期的做法，决策经常在小范围内由领导人事先作出，然后由人民代表大会形式上通过。大部分议员对国家决策没有影响力。

此外，人民代表大会也存在功能上的缺陷。戈尔巴乔夫把决策中心从党的系统转移到苏维埃系统之后，苏维埃系统才开始真正的国家决策实践。在此之前，议会在国家政治生活中仅仅发挥"橡皮图章"的作用。从某种意义上讲，苏维埃系统的决策职能是从执行机关和下属机关"借"来的。同样，脱胎于苏联苏维埃系统的俄罗斯人民代表大会的决策功能不完备。人民代表大会同时具有政治权力机关和管理机关的特点。它的政治职能是临时性的，对很多重要问题没有任何实际影响手段。并且，随着苏联设立总统职务，戈尔巴乔夫试图摆脱最高苏维埃的束缚，把国家决策中心向总统机构转移，苏联国家决策权力也发生了位移。从社会情绪来看，人民对从苏联时期开始的议会争吵感到厌倦，人民也不习惯国家元首是一个群体。

与人民代表大会相反，总统决策权力在政治实践中却逐步扩大。虽然1991年5月24日宪法修正案对总统权力进行了种种限制，但是，随着戈尔巴乔夫的政治改革，国家决策权力已经开始向总统机构转移。

在苏联政治变革的大背景下，俄联邦总统叶利钦的决策权力在政治实践中迅速扩大：第一，俄联邦总统叶利钦的权力来自1991年4月24日颁布的《俄罗斯苏维埃联邦社会主义共和国总统法》的相关规定。俄罗斯苏维埃联邦当时设立总统职务时受到的阻力远小于联盟中央。俄罗斯人民代表大会和社会各界甚至认为设立总统职务是民主的表现。[2] 该法律赋予总统立法倡议权，签署和颁布法律权，经议会同意任命总理权，任免部长、

---

[1] В. Никонов, Конституционный дизайн. //Современная российская политика. Под ред. В. Никонова. М., ОЛМА-ПРЕСС, 2003, -С. 19.

[2] Л. А. Окуньков, Президент Российской Федерации: конституция и политическая практика. М., Издательская гурппа ИНФРА М—НОРМА, 1996, -С. 11.

任免外交代表、宣布紧急状态、解决国籍问题、提供政治避难等权力。这实际上已经赋予总统国家元首的特权。并且，在对抗联盟中央之时，叶利钦总统和俄罗斯苏维埃社会主义加盟共和国人民代表大会结成了联盟，这种联盟关系在俄罗斯独立之初依然维持，人民代表大会赋予总统重要的执行权力。1991年10月，第五次人民代表大会赋予叶利钦总统在经济改革领域发布命令的特别权力。总统有权担任政府首脑，有权改变最高执行权力机关的结构，并拥有对这些机关干部的任免权。第二，叶利钦总统直接领导政府，这赋予叶利钦总统国家关键领域的直接决策权。第三，叶利钦的个人魅力和威望，以及总统由全民直接选举产生所带来的权力合法性，为总统赢得社会支持提供道义基础。

很多学者提出，在苏联解体到俄罗斯1993年现行宪法通过的这段时间里，《俄罗斯宪法（基本法）》对国家决策权力的分配是不平衡的。人民代表大会显然在法律上占据优势。但在政治实践中，执行权力机关拥有干预国家决策的实际杠杆。立法权力机关和执行权力机关在实际运行中产生了矛盾，主要反映在对国家决策权力的争夺之中。可以说这一时期的国家决策机制还处于一种无序的混乱状态。

（三）国家权力机关之间的权力斗争引起国家决策机制的运行混乱

俄罗斯国家权力机关对国家决策主导权的争夺，引起国家决策机制的运行混乱。这次权力争夺战的两派是，以叶利钦为核心的执行权力机关，以议长哈斯布拉托夫和副总统鲁茨科伊为核心的立法权力机关。两大权力机关之间的矛盾日益激化，这成了俄罗斯国内政治动荡的催化剂。国家决策机制的混乱影响了经济改革的成效，经济改革成为权力斗争的"人质"。例如，对于经济改革问题，两个国家权力机关分别提出自己的改革方案。人民代表大会提出的经济改革方案试图封锁价格自由化，反对总统班子制定和奉行的经济改革方针，要求提高对总统权力的监督和限制力度。由于政策主张的不同和缺乏相互信任，叶利钦总统和鲁茨科伊副总统的同盟关系也日渐紧张。副总统鲁茨科伊公开指责叶利钦用人不当，政府成员能力差，无领导工作经验。议长哈斯布拉托夫认为经济改革必须兼顾社会保护，他也同副总统一道，批评叶利钦政府的政策。1992年4月6日，哈斯布拉托夫称，最高苏维埃在某种意义上是改革的反对派，他提出了另一种经济改革的概念。哈斯布拉托夫扬言要在第六次人民代表大会上改变政权不平衡的状况，加强对政府的监督。为了缓和同人民代表大会之间的矛盾，在1992年4月6日人代会召开前夕，叶利钦做了一些人员变动：解除布尔布利斯在政府中的职务，解除尤·彼得罗夫总统办公厅主任的职务，解除盖达尔的财政部长职务，但这没能化解执行权力机关和立法权力机关之间的矛盾。

1992年下半年，两大权力机关之间的矛盾持续激化。最高苏维埃和人民代表大会的其他机构增强了对盖达尔政府的攻势。1992年7月，他们成立了公民联盟，联合了自由俄罗斯人民党、全俄更新联盟、俄罗斯民主党、俄罗斯工业企业家联盟，以及议会党团"更替——新政策"、俄罗斯青年联盟的代表。公民联盟希望成为核心的反对派，主张解散盖达尔政府。实际上，这个联盟代表的是厂长集团和地方官僚的利益，他们害怕接下来的私有制改革会夺走自己的利益和职位。这个联盟的成立表明，围绕权力分配的斗争日渐激烈。1992年12月召开的第七次人民代表大会上，人民代表大会方面提出，政府的政策不符合多数俄罗斯公民的利益。此次会议试图采取措施，以限制总统的权力，扩大最高苏维埃的权力，赋予最高苏维埃组建和解散政府的权力。经过两周的斗争后，双方达成妥协，颁布了《关于稳定俄罗斯联邦宪法制度的法令》。该法令恢复了各种政治势力在人民代表大会召开前夕的力量平衡。根据该法令，最高苏维埃在1992年4月11日前将新宪法的基本条款文本草案提交全民公决。这个草案应该同总统措施一起在1993年3月31日前公布。但人民代表大会召开后，权力分支的斗争更加激烈，矛盾全面爆发，且不可调和。在随后召开的第八次和第九次人民代表大会上，双方的斗争虽然以妥协性的协定结束，但这种妥协已经是不具有建设性的相互让步，因为每一方都试图将权力危机向对自己有利的方向化解。1993年3月，在人民代表大会非例行会议上，有人提出弹劾总统的问题，但没有征得必要的三分之二的选票。3月20日，叶利钦总统采取措施扭转局势，发布总统令，在1993年4月25日就是否信任总统和副总统，以及新宪法草案和选举法草案问题进行居民调查，在此之前实行国家特别治理状态。这意味着，如果俄罗斯人支持总统和总统提出的宪法草案，人民代表大会和最高苏维埃将被挤出权力中心，俄罗斯将实行直接总统治理。3月26日第九次人民代表大会提出弹劾总统的问题，并启动弹劾程序，但这次行动没有成功。

为什么立法机关和执行权力机关之间会发生激烈的权力斗争？潘德礼先生认为，立法机关和执行权力机关对立的根源是发展道路的选择不同，对立的起因是经济政策的分歧，矛盾的加深是对建立新国家权力体制的不同立场。[1] 笔者同意潘德礼先生的看法。在法制不健全、国家权力机关之间权限划分不明的情况下，影响国家决策机制运行的一个重要因素是精英集团的观念和意识形态是否一致。人民代表大会和执行权力机关争夺国家决策主导权的一个重要原因是两个阵营的精英集团对建立国家决策机制问题有着不同的观点。俄罗斯国家决策机制的运行混乱，让各个政治势力集团意识到必须制定一部新宪法，明确划分各国家权力机关之间的决策权限，以保障国家生活的正常运转。

第二节　当代俄罗斯国家决策机制的基石
——新宪法的制定与通过

由于俄罗斯人民代表大会和以总统为核心的执行权力机关在国家决策实践中产生了不可调和的矛盾和冲突，它们之间的决策权限划分又缺乏明晰的法律基础，俄罗斯面临着重新选择政治制度和国家决策机制的根本性问题，即需要通过制定新宪法，重新选择俄罗斯国家决策机制的模式，重新划分国家权力机关的决策权限。

一　各派政治势力对新宪法和新国家决策机制的立场

（一）各派政治势力对新宪法和新国家决策机制的主张

在选择哪种国家决策机制模式，并把这种选择以根本大法的形式固定下来的问题上，不同政治势力有着不同的政治诉求和主张。就当时的法律基础和政治实践看，有两种国家决策机制模式可供选择——以总统制为核心的国家决策机制和以议会制为核心的国家决策机制。以总统为核心的执行权力机关和人民代表大会也是围绕上述两种选择展开斗争的。有趣的是，这两派政治势力均由昔日的民主阵营分化而来，以叶利钦总统和第一副总理布尔布利斯为一方，以副总统鲁茨科伊和最高苏维埃主席哈斯布拉

---

[1] 薛君度、陆南泉：《新俄罗斯》，中国社会科学出版社1997年版，第26—54页。

托夫为另一方。

总统方面对新宪法和国家决策权力机制的立场非常明确,即现有国家决策机制中,议会的决策权力过大,牵制了经济改革的顺利进行。在改革时期,俄罗斯需要建立以总统制为核心的国家决策机制,并制定相应的宪法,以便集中国家资源,通过扩大行政权力来推动改革的顺利进行。他们认为,属于旧制度残余的苏维埃系统是国家决策效率低下的主要原因。俄罗斯国家决策机制应该以三权分立的原则划分国家权力,其中执行权力机关应该占据关键地位,而议会不应该作为最高国家权力机关,而应是仅拥有立法权的职业议会。

而人民代表大会方面则提出不同观点,以哈斯布拉托夫为首的反对总统的议员们主张通过一部议会制的宪法,并建立以议会制为核心的国家决策机制。他们认为,在国家决策机制中,国家决策权力应该集中于人民代表大会,执行权力机关应该向人民代表大会负责,接受人民代表大会的监督,防止权力滥用和违反民主的现象。

(二) 双方围绕着新宪法的文本制定展开争斗

1990年10月12日,还是叶利钦担任最高苏维埃主席的时候,就制定了《俄罗斯联邦宪法草案》,主张建立三权分立的总统制国家权力体系。该草案的核心是改变俄罗斯社会经济制度,建立总统制共和国。由于当时苏联共产党仍然是最强大的政治力量,因此,这个文本被人民代表大会否决了。1991年11月,俄罗斯宪法委员会制定了宪法草案,提出建立"高效率议会和高效率总统"的体制,叶利钦最初同意,但是在1992年4月18日原则上通过宪法草案后,他又对"高效率议会和高效率总统"的体制表示不满。1993年4月25日全民公决后,4月29日,叶利钦提出总统制宪法草案,而5月8日,最高苏维埃则再次公布1991年11月的宪法草案。在僵持不下的情况下,1993年6月5日,制宪会议经过38天的讨论制定了新宪法文本。叶利钦在制宪会议上提出,目前的人民代表大会是在苏维埃选举法基础上产生的,不具有合法性。对此,哈斯布拉托夫以退场表示抗议。在哈斯布拉托夫缺席的情况下,1993年7月12日,制宪会议以433票赞成、63票弃权、62票反对通过了这一宪法。1993年7月16日,俄罗斯制宪会议的宪法草案供全民讨论,这是第三个新宪法草案文本,最后还是无果而终。宪法文本引起的争斗,体现出各政治势力在建立国家决策机制问题上的分歧,即对立法权力机关和执行权力机关之间决策权限划分的分歧。

二 "十月事件"与新宪法的通过

(一)"十月事件"的过程

"十月事件"是俄罗斯独立初期选择国家决策机制过程的最后阶段发生的,是执行权力机关和立法权力机关对国家决策主导权的争夺到了不可调和阶段引发的冲突。1993年4月全民公决后,执行权力机关和立法权力机关均把公决结果向着对自己有利的方向解释。实际上,双方均没有达到消灭另一方的目的。叶利钦的团队开始紧张地制定宪法草案。叶利钦辞退了副总统鲁茨科伊,盖达尔回到政府工作,狠抓强力部门的工作。最高苏维埃的领导人更加公开地反对总统,指责叶利钦试图建立专制政权。最高苏维埃认为自己处于有利的地位,因为它得到人民广泛的支持,而且宪法草案必须经过最高苏维埃审批,这样最高苏维埃就有机会驳回总统的方案,提出自己的宪法方案。但最高苏维埃失算了。他们没有想到,叶利钦总统敢于采取极端的措施。这里要提到1993年9月21日第1400号关于俄罗斯联邦分阶段宪法改革总统令的意义。该总统令的实质在于,根据第一款,人民代表大会和最高苏维埃不再履行立法、命令和监督职能,并定于1993年12月11—12日举行国家杜马选举。宪法法院被建议在联邦会议开始运行前不召开会议。在这期间,立宪会议批准的关于过渡时期联邦权力机关的命令和关于国家杜马议员选举的命令生效。由联邦主体代表组成的联邦委员会执行联邦会议上院权力。这样,在国家杜马选举前,第1400号总统令建立了总统的直接治理。这不是当时的宪法规定的,但它有了宪法依据:"俄罗斯及其人民的安全是更高的价值,而不是遵行立法机关建立的矛盾的准则。"这样,俄罗斯总统及其班子的行动依靠的是实力,而不是法律。因而,事件的发展就毋庸置疑地具有了暴力的特征。[1]

1993年9月,双方的斗争进一步升级。9月21日,叶利钦发布命令,终止俄罗斯人民代表大会和最高苏维埃的全部权力,宣布俄罗斯联邦新的

---

[1] Н. М. Никулин, Сщвременной политический истории россии (1985—2004). М. МГИМО—университет, 2006, -С. 79.

立法权力机关的选举将在12月11—12日举行。这些措施旨在摧毁哈斯布拉托夫和鲁茨科伊的权力基础。哈斯布拉托夫和鲁茨科伊采取了反击措施。9月3日,人民代表大会通过了否决总统关于解除副总统鲁茨科伊职务的命令。9月21日,最高苏维埃通过致俄罗斯公民书,废止叶利钦中止议会权力的命令,停止叶利钦的总统职务,并宣布由副总统鲁茨科伊代任总统。同日,鲁茨科伊宣布接任俄罗斯总统。哈斯布拉托夫号召全国总罢工。从9月24日开始,议会大厦就被政府军警包围了,武装冲突一触即发。10月3日,数千名支持议会的莫斯科市民冲破了军警设置的防线,双方发生激烈冲突。在谈判破裂、局势恶化的情况下,叶利钦下令政府军进攻议会大厦。叶利钦最后以武力解散人民代表大会。

当代俄罗斯国家决策机制的选择之争为什么会以武力的形式结束?俄罗斯学者Н. А. 奥梅里琴科的观点比较客观:一是由于新独立的俄罗斯尚未建成民主的法治国家,以法律武器来解决社会冲突的意识淡薄;二是由于俄罗斯历史和政治文化中缺少和平解决冲突的传统;三是由于新独立的俄罗斯没有形成成熟的公民社会和政党,无法依靠和平的议会途径捍卫各社会阶层的利益。① 一些学者批评叶利钦的做法违反民主原则。笔者认为,从历史主义的角度出发,第三版新宪法草案虽然得到了立宪会议的通过,但是不可能得到反对派居多数的人民代表大会的通过,因此,解散人民代表大会,以全民公决的方式通过新宪法,成为总统方面结束宪法危机最现实的方法。并且,叶利钦动用武力的方式在当时得到了多数莫斯科市民的认可。俄罗斯列瓦达中心1993年的民调表明,78%的莫斯科受访市民认为叶利钦动武是合理的。

(二) 新宪法的通过及新国家决策机制的确立

"十月事件"后,由总统、政府、各联邦主体、宪法法院、最高法院、最高仲裁法院、总检察院的代表组成的立宪会议国家院成立,负责对7月12日通过的宪法草案进行修改。总统责成立宪会议国家院和9月24日成立的立宪会议社会院,在短期内完成宪法的修改工作。在总统办公厅领导人菲拉托夫的总协调下,宪法的修改工作完成了。1993年11月10日执行权力机关公布了俄罗斯第四个宪法草案,1993年12月12

---

① Н. А. Омельченко, История государственного управления в России. М., ТК Велби, Изд-во Проспект, 2008, -С. 418.

日，全民公决通过了新宪法，俄罗斯正式确立了以总统制为核心的国家决策机制。

俄罗斯新宪法具有巨大的潜力，它仅是建立起了新政权和新国家决策机制的框架，而没有规定具体内容和途径方法。宪法确定了总统、执行权力机关、立法权力机关和司法权力机关的职责和相互之间的复杂关系。这些我们将在下一章详细论述。

苏维埃制度在俄罗斯最终被消灭了，取而代之的是新的立法权力机关——联邦会议，它由上院联邦委员会和下院国家杜马组成。1993年10月1日的第1557号命令，对未来国家杜马的面貌做了实质性的变动，国家杜马议员的数量从400名增加至450名，代表席位也按照选举人制和比例选举制选出的代表进行平均分配。总统法律问题顾问助理尤·巴图林等人提议在国内尽快建立合乎规范的多党制和按党的登记名录增加代表名额。这个观点获得支持，并在过渡时期联邦权力机关条例中明确规定下来。1993年10月11日《关于俄罗斯联邦联邦会议联邦委员会选举的命令》也做出了一系列的实质性改变。叶利钦对议会上院的法律地位做出原则性的改变，在其组建过程中引入选举原则：在双选区（一个选区2名代表）的多数选举制的基础上，每个联邦主体选出2名代表。

关于俄罗斯联邦宪法法院的新法律在1994年夏季通过，并具有宪法法律地位。几个月后，法院的工作得以恢复。新宪法取消了副总统的职务。

（三）对"十月事件"和武力方式确定国家决策机制的评价

学者们对"十月事件"和武力方式确定国家决策机制的评价至今不一。叶利钦的支持者认为，叶利钦动用武力是为了反击具有亲共情绪的议会。而反对者认为，叶利钦用武力推翻了合法的议会，使俄罗斯失去了实行议会民主的历史机遇。不论如何，应该看到，"十月事件"结束了两个国家决策权力中心并存的混乱局面，使俄罗斯恢复了有效的国家治理，并且，新宪法的通过使得俄罗斯避免了国家分裂。俄罗斯新宪法划分了各国家权力机关的决策权限，使得俄罗斯国家决策机制的运行有法可依。

1993年俄罗斯宪法是经全民公决通过的，这表明俄罗斯以总统制为核心的国家决策机制是俄罗斯全民选择的结果。但是，参与全民公决的俄罗斯公民仅占54.8%，而投赞成票的人数也仅占参选选民的58.4%，刚刚达到法定有效人数。这些数据体现出俄罗斯人当年在选择国家决策机制模式问题上的意见分歧程度是何等之深,这也决定了俄罗斯国家决策机制形成初期的运行不会一帆风顺。第一届国家杜马的人员构成情况更加印证了这一点。①

小　结

当代俄罗斯国家决策机制的形成具有复杂的历史背景,俄罗斯国家决策机制的主要组成机构是在苏联解体和俄罗斯独立的过程中改革和建立起来的。俄罗斯独立初期,由于俄罗斯国家决策机制的运行缺乏有效的法律保障,出现了两个决策中心并存的局面。在对国家决策机制问题的主张严重分歧的情况下,双方最后兵戎相见,叶利钦总统以武力解散人民代表大会,确立了以总统制为核心的国家决策机制。经过"十月事件"和通过新宪法后,俄罗斯国家决策机制初步形成。

在当代俄罗斯国家决策机制的形成过程中,我们发现几点启示:

第一,苏联时期的国家决策机制以及戈尔巴乔夫的政治改革对当代俄罗斯国家决策机制的形成产生了重要影响。戈尔巴乔夫对苏维埃制度的改造,引进总统职位并且实施决策中心转移,实行多党制,这些举措引起的裂变反应在俄罗斯独立初期依然持续。戈尔巴乔夫的政治改革造成了国家权力机关之间关系的混乱,也为俄罗斯独立初期的双重政权埋下了伏笔。新独立的俄罗斯从苏联继承了苏维埃制度、总统职位和二元执行长官的实践——总统和总理,以及不合时宜的宪法。

第二,制度建设应该是社会变革的重头戏,而制度建设却是一个长期的过程,因为任何国家的新制度都是建立在旧制度的废墟之上,而新旧制

---

① 第一届国家杜马中的政党格局是:政权党"俄罗斯选择"联盟96席,俄罗斯自由民主党70席,俄罗斯共产党65席,俄罗斯农业党47席,"亚博卢"集团33席,俄罗斯统一和谐党27席,"俄罗斯妇女"运动25席,俄罗斯民主党21席,"稳定、正义、进步公民联盟"18席,"俄罗斯民主改革运动"8席,尊严和慈善3席,俄罗斯未来1席,独立人士30席。第二届国家杜马中的政党格局是:俄罗斯共产党157席,"我们的家园——俄罗斯"联盟55席,自民党51席,"亚博卢"集团45席。数据来自俄联邦中央选举委员会。

度的较量是一个长期复杂的过程。当代俄罗斯国家决策机制的形成过程也是新旧制度的较量过程。俄罗斯联邦决策机制的改革和建立是俄罗斯走上独立的开端,但俄罗斯国家的独立并不意味着国家决策机制建设的完成。独立初期,俄罗斯国家决策机制中同时容纳了新旧制度成分。在苏联解体和俄罗斯独立过程中,新的以分权原则为基础的国家机关建立起来,而旧的苏维埃制度经改革后又以国家决策中心的角色运行。两个决策权力中心并存的局面也是新旧决策机关势均力敌的结果,最后代表新制度的执行权力机关以武力的方式摧毁了旧制度,建立起以分权原则为基础,以总统制为核心的国家决策机制。正是由于改革者们忽略了制度建设的重要性,对旧制度的卷土重来估计不足,才引发了再次选择俄罗斯国家决策机制的危机。

第三,一部职权明晰的宪法是保障国家决策机制顺利运行的首要条件。俄罗斯独立初期出现两个决策中心并存的局面,以及后来两者之间矛盾升级,最后兵戎相见的直接原因是,新独立的俄罗斯缺乏一部完善的宪法,未能对俄罗斯国家决策机制中各国家机关的权限作出明晰的规定。俄罗斯独立初期实行的仍然是经反复修改的《俄罗斯宪法(基本法)》。该宪法对参与国家决策的国家权力机关之间的权限划分与俄罗斯的政治现实不相符。早在戈尔巴乔夫改革后期,随着总统职位的设置,苏联国家决策中心已经逐步由最高苏维埃转移到总统机构。各个加盟共和国也紧随这一发展趋势。而1978年宪法依然把人民代表大会及其常设机构最高苏维埃作为国家最高权力机关,行使广泛的决策权力。在政治实践中,人民代表大会和最高苏维埃有着严重的结构功能缺陷,难以发挥最高国家权力机关的作用。如果宪法不能反映一个国家的政治现实,它的权威性自然会受到挑战。

第二章 叶利钦时期国家决策机制的演变

1993年俄罗斯宪法奠定了当代俄罗斯国家决策机制的法律基础。俄罗斯现行宪法引进了西方民主制度，确立了三权分立的原则。但在政治实践中，俄罗斯国家决策机制的表面形式与实际内容之间存在着差异。这一章和下一章我们将进一步分析俄罗斯国家决策机制从1993年宪法通过至今的演化情况，其中包括各国家权力机关在政治实践中的决策权力配置，以及各权力机关之间关系的变化过程，从而厘清当代俄罗斯国家决策机制的演化轨迹。任何一个国家的决策机制都是在具体的政治体系中运行，政治体系中的其他因素会对国家决策机制的运行产生不同程度的影响，因而深入分析俄罗斯政治体系其他因素对国家决策的影响也将是本章和下一章的一个主要内容。

1993年宪法的核心是确立了总统制的制度基础。在随后的政治实践中，叶利钦总统认识到，尽管总统手中握有巨大的权力，但议会对总统权力的制约依然存在，而一个反对派占多数的议会无疑会给改革带来阻力，因此叶利钦一直努力建设政权党，希望政权党在国家杜马选举中赢得议会多数，从而实现对国家杜马的控制。但是，由于左派势力在叶利钦时期的国家杜马中实力一直很强，叶利钦总统的愿望一直没能实现。为降低以俄共为首的反对派对国家决策的影响，保住政权，顺利实现自己的政治意愿，叶利钦充分利用宪法赋予的权力，扩大总统的决策权力，限制其他国家权力机关的权力，并努力把"不听话"的国家杜马排挤到国家决策圈的外围。

第二章　叶利钦时期国家决策机制的演变

第一节　总统核心决策地位的巩固

叶利钦采取了下列措施，以巩固总统的核心决策地位。首先，巩固总统机构；其次，加强总统对政府决策权力的制约；再次，减小议会在决策圈中的作用；最后，削弱司法机关的独立地位。通过上述四个措施，叶利钦巩固了总统在国家决策圈中的核心地位。

一　总统机构的巩固

虽然总统是俄罗斯国家决策机制中的核心机构，拥有广泛的决策权力，但是在政治实践中，总统无法单独行使这些权力。因此，俄罗斯总统机构在俄罗斯国家决策机制中发挥着重要作用。对于总统来说，信息至关重要。总统机构是总统最重要的信息来源，总统机构的工作效率也直接影响到国家决策机制的工作效率。根据《俄罗斯宪法（基本法）》及其他相关法律的规定，俄罗斯联邦总统有权建立总统机构。俄罗斯联邦总统机构由总统行政机构、总统咨询机构、总统全权代表机构，以及总统直属国家机关四个分支体系组成。这四大分支机构是在俄罗斯政治实践中逐步发展完善起来的。在不同的历史时期，各个总统机构在国家决策机制中的地位是不同的。

叶利钦总统努力建设总统机构的根本目的是，建立一个可以绕开其他国家权力机关进行决策的平台，以提高国家决策的合法性。叶利钦通过设置双重机构和干部轮换，建立起了一个以抑制和平衡为原则的总统机构，保证信息来源的多样性和总统至高无上的决策权力。叶利钦时期建立的总统机构，经常发生机构职能重叠的现象，根据叶利钦对部门领导的信任程度，各个总统机构的地位也相应发生变化，有的甚至消失了。在整个叶利钦时期，作用显著的总统机构主要有两个：总统办公厅和安全会议，它们是叶利钦时期国家决策的重要平台。

(一) 国务委员会

国务委员会曾经是叶利钦总统班子的关键部门，它负责为总统制定重要发展方向的战略。国务委员会的负责人是布尔布利斯，当时担任国家顾问的有著名政治家：斯坦科维奇、斯塔罗沃伊托娃等。他们的任务包括为总统办公厅准备分析材料和建议。国家顾问们可以直接与总统见面。国务委员会从一开始就出现了问题。首先，没有解决好人员编制和办公地点问题。国务委员会的组织工作由时任办公室主任的彼得罗夫负责，而彼得罗夫和布尔布利斯之间存在着工作思想方面的矛盾。其次是国务委员会的工作性质问题。国务委员会的地位非常微妙，许多成员坚持把该部门建成在一定程度上能限制叶利钦、政府和其他权力机关所做出的决策的集体式总统机构。叶利钦察觉到这一动向后，开始疏远国务委员会。随着布尔布利斯被任命为政府第一副主席，该部门便停止了运作。

(二) 总统办公厅

总统办公厅成立于1991年7月19日，是协助总统行使宪法权力的重要机构。总统办公厅建立之初的设想是："办公厅应该成为总统垂直机构的顶端，它既要制定总统未来活动的计划，又要确保总统在宪法权力范围内日常生活的完成。总统办公厅的另一个重要职能是起草由总统签署的决定，并监督决定的执行情况。总统办公厅主任定期与总统会面。1993年宪法规定，总统办公厅由总统负责组建，但宪法没有明确总统办公厅的职能。总统办公厅下设相应的分支机构——政治的、情报分析的、组织的，还有地区、公文处理以及各种辅助部门。这些机构合并成为几大部门，工作由副主任分别主持。"[①]

1994年，总统办公厅总编制约1700人，下设28个独立分支机构，分别是：俄罗斯联邦安全会议机关、俄罗斯联邦国防会议机关、总统国家法律总局、总统监察总局、总统国内政策局、总统干部政策局、总统对外政策局、总统信息和文件保障局、总统国家军事监察局、总统经济局、总统地方自治政策局、总统国籍政策局、总统国家奖赏局、总统领土局、总统文秘局、总统信访工作局、总统办公厅行政和经济事务局、总统办公厅组织局、总统办公厅干部局、总统办公厅保障总统直属咨询机构工作局、总统驻联邦国家权力机关全权代表工作协调局、总统办公厅保障总统直属司

---

① [俄] 格·萨塔罗夫等：《叶利钦时代》，高增训等译，东方出版社2002年版，第228页。

法建设委员会工作局、总统办公厅特赦政策局、总统办公厅主任秘书处、总统办公室等。后来，总统办公厅的机构设置几经调整。

在叶利钦时期，总统办公厅实际上剥夺了执行权力机关的一个基本职能：为总统制定国家基本内政外交方针提供保障。总统办公厅具有收集信息、提出建议、协调立场、交流回馈和监督的广泛职能。曾任莫斯科市长的Ю. М. 卢日科夫指出，总统办公厅在20世纪90年代"实际上变成了协调总统下属机构活动的机关，某种第二政府。总统办公厅的作用同世界普遍实践相矛盾，不完全符合宪法的分权体系。世界上其他国家的总统办公厅仅是总统的辅助性技术机关"[1]。曾任总统办公厅副主任的М. В. 科米萨尔也承认："我们（指总统办公厅）是政府的政治指南。特别重要的是，总统办公厅决定很多关键岗位的干部任命。总统办公厅向总统推荐副总理和部长，尽管宪法第112条规定该权力归政府总理所有。并且，政府发布的所有官方文件必须经总统办公厅签字。"[2]

（三）安全会议

总统实施国家决策权的另一个重要机构是安全会议。叶利钦经常通过安全会议做出决策，架空其他国家权力机关。根据《安全会议章程》（1996年）规定，安全会议是磋商机构，没有指挥职能。从1993年俄罗斯宪法通过至叶利钦时代结束，安全会议一直没有明确的宪法和法律地位。[3] 它在国家决策机制中的地位和作用很大程度上取决于总统的意志。

自1992年成立以来，尽管安全会议历经数次改组，人员构成、职能任务以及工作程序都发生了很大的变化，但总体来看，安全会议在国家决策机制中的地位和作用在不断增强。为了有效控制总统机构，叶利钦通过

---

[1] Ю. М. Лужков, Путь к эффективному государству: План преобразования системы государственной власти и управления в Российской Федерации. М., 2002, -С. 14.

[2] Yuri Pivovarov, Power institutions in Post-communist Russia: official forms and hidden transcripts. p. 3. http://www.nato.int/acad/fellow/97-99/pivovarov.pdf.

[3] 安全会议的地位曾经由1992年3月通过的《俄罗斯安全法》确定。由于1993年通过新宪法，叶利钦总统同年12月24日颁布总统令，宣布1992年《俄罗斯安全法》关于安全会议地位的条款失效。1993年俄罗斯宪法规定，安全会议的地位由联邦法律确定。这样，关于安全会议的地位问题出现了法律真空。按照现行宪法规定，俄罗斯应该通过一部联邦法律，规定安全会议的地位问题。1997年9月12日国家杜马一读通过了《俄联邦安全会议地位法》草案，而在2000年，该法案被国家杜马驳回。因此，安全会议一直没有获得明确的法律地位。在这段时期，确定安全会议地位的主要文件是叶利钦总统分别于1992年6月3日、1996年7月10日和1999年8月2日以总统令形式颁布的《安全会议章程》。

任命权和组建权控制总统机构。另外，叶利钦还充分利用制衡原则，确保总统对重要决策机关的控制。1996年俄罗斯举行总统大选，叶利钦争取到了列别德将军的支持，作为回报，叶利钦再次当选总统后任命列别德将军为安全会议秘书。但叶利钦并不信任列别德将军，为制衡安全会议，限制列别德的影响力，叶利钦总统于1996年7月25日签署《关于俄罗斯联邦国防会议》的命令，成立以联邦总统为主席的国防会议。国防会议是总统控制权力部门（国防、内务、安全、反间谍）的机制。它的职能在很大程度上同安全会议重复。1998年3月，鉴于列别德的政治影响力已经大大下降，国防会议被撤销，它的机构同国家军事检察院合并，成为安全会议的一个组成部分。叶利钦是根据对自己的忠诚程度决定各个机构的作用的。因此，总统机构的设置难免职能重复，俄罗斯国家决策的效率也受到了影响。

（四）总统助理办公室

总统助理办公室是叶利钦时期另一个关键性的总统机构，1992年夏季以前称总统秘书处。助理办公室的领导——第一助理，由维·伊柳辛担任。助理办公室人数不多，结构相对单一。至1996年，助理办公室从3—4人增至10人，每位助理有一个由2—3人组成的机构。总统助理办公室确保总统的活动，保持日常与总统一起处理工作的制度。从这种意义上说，它就像处在权力的最顶端。每个助理以及演讲稿起草者与总统都可以直接通话，可以直接接触总统。各部门和其他权力分支机构给总统的所有材料和文件都先送到助理手里，然后由助理附上相应的结论再交给叶利钦。叶利钦阅后附上自己的批示和委托，交由总统办公厅、政府、其他联邦和地方权力部门的具体人员。[1]

总统助理们在提交给总统的分析报告中，可以广泛地发表自己的看法和建议——从采取各种措施和行动到某种领域战略的制定。如果总统同意，总统助理们就着手进行必需的准备工作，并在必要时动用其他机构和部门的力量。显然，谁经常接近叶利钦，谁就能成功地铺设对国家元首施加影响的渠道。通常，总统助理们做出的计划和提出的建议都能得到总统的支持。归根到底，烦琐的工作，如保障总统活动、提出战略性任务等，随着时间的推移转由总统助理办公室负责。总统助理办公室第一助理的一项职责是制定叶利钦下月的工作日程表，日程表是具有强大影响力的杠

---

[1] ［俄］鲍·叶利钦：《总统笔记》，李垂发等译，东方出版社1995年版。

杆，因为日程表规定哪些人可以晋见总统。除了在克里姆林宫办公室会见各方人员外，总统工作日程表上还列入了许多其他活动：巡视国内各地区和出国访问，国际会晤，在某些正式活动上的演讲，会见专家、代表团，参加政府会议或安全委员会会议等。总统工作日程表每月都预先制定。第一助理先收集并汇总同事们的建议，然后征求总统的意见。①

（五）总统咨询委员会

由于总统工作日程表不仅要考虑当前的问题，还得考虑战略方面的问题，所以需要制定多种预测方案。因此，叶利钦设立了总统咨询委员会，它属于总统直属咨询机构。总统咨询委员会是一个协商机关，人员有雅科夫列夫、阿法纳西耶夫、斯塔拉沃伊托娃、波波夫、博格莫洛夫、扎斯拉夫斯卡娅等。该机构的工作宗旨是，委员会的成员定期与总统聚会，讨论最重要的问题，表达自己的愿望，并提出建议，及商讨解决问题和采取行动的方式。1993年1月该委员会进行了改组。新总统咨询委员会成员的招纳工作由伊柳辛负责，成员包括盖达尔、科瓦廖夫、卢日科夫、索布恰克等。总统委员会的新成员还包括一些权威专家，虽然他们对解决社会重大问题的观点不一样，但总体上支持民主改革思想，他们是叶·安巴尔楚莫夫、尤·巴图林、波·沃尔科夫、鲍·格鲁中、阿·叶梅里亚诺夫、阿·卡赞尼克、索·卡拉加诺夫、奥·拉齐斯、阿·米格拉尼扬、尼·莫伊谢耶夫、埃·派因、格·萨塔罗夫、拉·斯米尔尼亚金、彼·菲利波夫、阿·亚波罗科夫、安·雅罗申斯卡娅等。②

总统咨询委员会的会议对叶利钦意义重大，即使该机构完全是支持总统决策的一个信息渠道。据叶利钦总统回忆录记载，助理们开诚布公地向叶利钦总统提出批评性建议，或者把不愉快的信息告诉叶利钦总统。总统咨询委员会会议中，助理们提出并讨论了许多有意义的建议，其中一些建议在后来得到了实施，其中包括就对总统的信任问题在1993年初举行全民公决的打算，以及叶利钦在1996年初去车臣视察的想法等。③

后来，总统咨询委员会中又出现了一个非正式班子，与助理办公室建立了极为密切的联系。该班子中有尤·巴图林、阿·米格拉尼扬、谢·卡

---

① ［俄］鲍·叶利钦：《总统笔记》，李垂发等译，东方出版社1995年版。
② 同上。
③ 同上。

拉加诺夫、埃·派因、格·萨塔罗夫、拉·斯米尔尼亚金，后来米·丘达科娃、阿·萨尔明也加入了该圈子，影响叶利钦做出决策。一些专家，如谢·罗格夫、阿·科尔图诺夫、瓦·尼科诺夫、伊·沙布林斯基等也被邀请来协助工作。该非正式班子主要负责为总统准备分析材料，向总统提交带有详细措施和决定的建议书。①

（六）总统安全局

保卫总统安全实际上是在社会基础上实施的。鲍·马马金主要负责组建叶利钦总统的安全保卫机构。1990年9月，一个负责保卫最高苏维埃主席安全的处级单位成立。在以后的多次重组后，该处变成一个局，科尔扎科夫担任局长，该局也被外界称作"小克格勃"。

为扩大影响，总统安全局不知不觉开始逾越保卫总统个人安全的职责范围，并追求权力体系中完全不同的另一种角色。其扩张方式很简单——扩大对安全理念的解释，安全局成员自己就经常这样强调："我们保卫的不仅是总统的人身安全，还有总统的事业。"1993年底，总统安全局参与了争夺对总统影响力的斗争中。总统安全局的加强在很大程度上与局长科尔扎科夫个人性格有关。在捍卫自己权力的斗争中，总统并不总是指望强力机构的无条件支持，总统知道这一点，科尔扎科夫也知道，同时他还大胆利用这一局面。科尔扎科夫成为拥有无限权力的保卫者和叶利钦重要命令的执行者。逐渐地，总统助理办公室同总统安全局之间发生了对峙，直至发生剧烈冲突。②

可以说，叶利钦在与自己部门中的双头机构（总统办公厅和总统助理办公室）的长期共事还是和谐的，但后来出现了弊端，总统开始难以掌握平衡。总统助理办公室这个机构被取消了。同时取消的还有总统办公厅分析中心，国务委员会也停止了工作。这样，在丘拜斯的领导下，总统办公厅和安全会议建立起了对总统施加影响的专权。

二　总统对政府决策权力的制约

俄罗斯现行宪法对总统和政府关系进行了框架性的规定。根据宪法规定，总统对政府工作拥有重要的权力。这一方面有利于保障总统和执

---

① ［俄］鲍·叶利钦：《总统笔记》，李垂发等译，东方出版社1995年版。
② 同上。

行权力机关之间意见统一，减少它们的矛盾，另一方面也为总统和政府权限划分不清埋下了伏笔。《俄罗斯政府法》（1997年）①试图解决这个问题，它提出了总统进行宏观指导，而政府具体操作实施的工作原则。

由于1993年宪法赋予总统决定联邦政府命运的大权，联邦政府虽然行政上不隶属于总统，但实际上要对总统负责。而且，总统有权任免总理、副总理、部长以及能够解散整个政府。这样的权力使总统具有了决定政府命运的权力。总统有权主持政府会议，废除其决议和暂停联邦主体各执行权力机关非法决定的执行。此外，按照宪法，总统还领导执行权力机关的一些独立机构，并把某些活动列入总统的职责范围。这样一来，在叶利钦时代，强力机构和外交部首先被置于总统的控制之下。需要补充的是，宪法没有对总统可能发布命令的范围做出详尽的规定。在实践中，总统发布的这些命令可能针对形形色色的问题，其中也包括经济问题，政府的独立性和重要性被大大地降低了。

在政治实践中，叶利钦总统使用总统令的方式进一步蚕食联邦政府的权力，把政府关键部门列为总统直属机构。1994年1月10日，叶利钦签署了《关于联邦执行权力机构结构》的第66号总统令。根据这一总统令，总统直接领导国防部、外交部、对外情报总局、联邦安全总局、联邦警卫总局、总统直属联邦政府通信和信息局、联邦广播电视局、联邦反间谍组织部和国家档案局。②《俄罗斯联邦政府法》（1997年）明确规定，"总统根据俄罗斯联邦宪法、俄罗斯联邦宪法性法律和联邦法律领导负责国防、安全、内务、外交、预防和消除紧急状态危害等事务的联邦执行权力机关的活动，作为俄罗斯联邦武装力量最高统帅和俄罗斯联邦安全会议主席行使权力"，而"俄罗斯联邦政府根据俄罗斯联邦宪法、俄罗斯联邦宪法性法律、联邦法律和俄罗斯联邦总统的命令和指示协调上述联邦国家执行权力机关的活动"。③1998年，叶利钦又以总统令的形式将更多的联邦执行

---

① Федеральный конституционный закон от 17 декабря 1997 г. №2 – ФКЗ 《О правительстве РФ》. http：//constitution.garant.ru/act/government/12106440/.

② Указ Президента Российской Федерации от 10 января 1994 г. №66 《О структуре федеральных органов исполнительной власти》//Собрание актов Президента и Правительства Российской Федерации, 17 января 1994г. №3. -С. 190.

③ Федеральный конституционный закон от 17 декабря 1997 г. N3 – ФКЗ 《О Правительстве РФ》.

·55·

权力机关列入总统直属机关范围内。① 由于政府中很多重要部门直接由总统领导，总理失去了很多影响国家决策的筹码，总统的执行权力相对扩大。总统直属执行权力机构的确立意味着总统不仅可以从宏观上领导政府工作，而且掌握着一些关键部门的决策权力。这些部门是维护政权的有力保障，也是总统的重要决策工具。

纵观叶利钦执政时期，总统负责制定国家内外政策的基本方向，而政府被称作技术型政府，负责执行总统的决定和提出具体建议。② 出于政治斗争的需要，为缓和国家权力机关之间的矛盾，或者为了更有力地落实自己的构想，叶利钦总统通过多次改组政府，换车保帅，确保自己政治意志的落实。

三 议会决策地位的变化

1993年的宪法原则上巩固了联邦立法机构的新结构，实质上，俄罗斯议会在很多方面与一些民主国家的议会相似。俄罗斯宪法第94条规定，"俄罗斯联邦会议是俄罗斯议会，它是俄罗斯联邦的代表与立法机关"，宪法第95条第1款规定，"联邦会议由联邦委员会和国家杜马两院组成"。俄罗斯宪法和各自的章程是确定国家杜马和联邦委员会各自的组成和权限的主要文件。同时应当承认，联邦会议作为权力机构的潜力尚未充分展现出来。俄罗斯现行宪法的相关规定限制了联邦会议在国家决策中的作用。在政治实践中，叶利钦总统对联邦会议采取分而治之的办法。

在1993年和1995年国家杜马选举中，由于俄共等中左势力在国家杜马中占相当比例，这些势力对总统和政府经常采取不合作的态度。俄共等中左势力与叶利钦的治国理念不同，对叶利钦政府的很多政策持相左的意见，而本来支持叶利钦的民主派又处于不断分裂之中，叶利钦的权力受到

---

① 根据1998年《关于联邦执行权力机构结构》总统令，总统直接领导的部门有：内务部、民防、紧急情况和消除自然灾害后果部、外交部、国防部、联邦对外情报总局、联邦安全总局、联邦警卫总局、联邦边防总局、总统直属联邦政府通信和信息局、总统专项计划总局、总统直属国家技术委员会、总统直属生化武器公约问题委员会。见：Указ Президента Российской Федерации от 30 апреля 1998 г. № 483 " О структуре федеральных органов исполнительной власти"。
② 当然也有例外。例如 Е. 普里马科夫出任政府总理时期，总理和政府的决策权力有所提高。

第二章 叶利钦时期国家决策机制的演变

较大牵制。为与不大合作的国家杜马相抗衡，叶利钦采取了联合联邦委员会对抗国家杜马的手段。这样，联邦委员会在叶利钦时期（特别是叶利钦第一任期）的国家决策机制中几乎发挥了橡皮图章的作用。联邦委员会是地方精英云集之地，为换取地方精英的支持，叶利钦对地方精英作出了一系列让步。叶利钦总统首先在人事方面下功夫。为劝说议员们选举亲叶利钦的第一副总理 B. 舒梅科担任联邦委员会主席，叶利钦的助手们和总理切尔诺梅尔金亲自游说联邦委员会。[1] 在叶利钦执政时期，联邦委员会基本支持总统的决策。联邦委员会以支持总统决策的方式，换取地方精英在地方事务上的更多自主权。联邦委员会多次"盖章"批准总统推荐的总检察长候选人，以及宪法法院成员。[2]

而叶利钦时期的国家杜马则没有在国家决策中发挥出应有的作用。前总理 E. 盖达尔当选国家杜马议员后，曾公开评价道："毫无疑问，与其他总统制国家相比，俄罗斯立法机关（联邦委员会和国家杜马）的作用相当有限。"[3] 这一方面是基于宪法的相关规定，另一方面是政治现实产生的结果。现行宪法赋予联邦会议立法和监督的权力，但同总统相比，联邦会议的权力相对较小，总统可以解散国家杜马，而国家杜马要弹劾总统却很难。政治现实更是加剧了这种状况。首先，由于俄罗斯缺少成熟的政党，叶利钦时期国家杜马党派林立，俄共等中左势力虽然在国家杜马中占据相当比例的席位，但无论是政权党还是反对派，都未能占据可以修改宪法的 2/3 的绝对优势席位。并且反对派的联盟也不牢固。所以，国家杜马内部的政党分裂局面限制了它发挥应有的职能。[4] 例如，1998 年亚洲金融危机也波及了俄罗斯，俄罗斯经济体系临近崩溃边缘。国家杜马中的总统反对派呼吁政府辞职，但由于议会党团之间意见分歧，国家杜马投票结果未能达到提出不信任案的法定票数。[5] 只有在批准总统对总理提名的时候，国

---

[1] Л. Шевцова，Режим Бориса Ельцина. М.，РОССПЭН，1999. -C. 159.
[2] Л. Шевцова，Режим Бориса Ельцина. М.，РОССПЭН，1999. -C. 162.
[3] 《Независимая газета》．－ 30.09.1994.
[4] 叶利钦时期国家杜马议员之间的立场分歧很大。例如，在第一届国家杜马中，448 名议员中有 256 名对叶利钦政府的政策经常投反对票，其中有 200 名议员是政府的坚决反对派，只有 188 名议员对政府表示支持。见：Л. Шевцова，Режим Бориса Ельцина，М.，РОССПЭН，1999，-C. 162。
[5] 根据俄罗斯宪法第117条规定，关于不信任俄罗斯联邦政府的决议由国家杜马议员总数的多数票予以通过。

家杜马的意见才会受到关注，而在批准总理提名之后，国家杜马将必然回归观察员的传统角色。① 第一次车臣战争中，叶利钦总统依靠总统班子进行决策，绕开联邦会议。联邦会议对此非常不满。出于不同的政治目的，国家杜马中多数党团都表示反对政府出兵车臣。于是，1995年4月12日，国家杜马以压倒性多数通过了禁止在车臣动用军队的决议。第二天，联邦委员会通过决议，就总统和政府在车臣动武的决定是否符合宪法向宪法法院提出质询。国家杜马还多次派出代表团，与车臣反政府武装进行和谈，试图发挥自己的政治作用，但这些都没有对总统的决定产生影响。其次，叶利钦对"不合作"的国家杜马采取排挤政策，利用上院排挤国家杜马。1997年秋，国家杜马审批国家预算的同时，还要审核政府提交的税收法典和社会改革纲要。为保证上述草案能够通过，叶利钦竟然绕开国家杜马，直接向联邦委员会寻求帮助，借助联邦委员会的力量迫使国家杜马通过政府提交的草案。此外，叶利钦总统对国家杜马经常采取"大棒"政策。布琼诺夫斯克人质事件②（1995年6月14日）后，国家杜马三个月内对政府连续提出了两次不信任案。根据俄罗斯宪法，叶利钦要么解散议会，要么宣布政府辞职。但是总统警告杜马，他不会宣布政府辞职。"我信任切尔诺梅尔金政府"，如果杜马坚持自己的立场，叶利钦将"有其他的办法保住当前内阁"。③ 在叶利钦以解散国家杜马相威胁的情况下，国家杜马在这件事情上只得向总统寻求妥协。再次，由于很多重要媒体掌握在亲叶利钦的寡头手里，国家杜马的声音无法为社会知晓。比如在第一次车臣战争时期，很多重要媒体都不愿意发表国家杜马的意见，国家杜马批评私有化政策的声音也很难借助媒体的渠道传达给社会。由于国家杜马在国家决策中发挥的作用不大，国家杜马议员产生了对抗和惰性情绪，工作效率不高。俄罗斯第一和第二届国家杜马中没有一个政党形成多数派，杜马中小党林立，争吵不断，工作效率很低，一读通过的议案不足50%。

总统和国家杜马之间的关系不协调，影响了国家决策效率和质量。叶利钦貌视国家杜马的做法引起了国家杜马的极大不满。尽管1993年宪法

---

① Л. Шевцова, Режим Бориса Ельцина, М., РОССПЭН, 1999. -С. 390.
② 1995年6月14日，车臣独立运动领导人之一 С. 巴萨耶夫（1965—2006年）率领武装分子在斯塔夫罗波尔边境区的布琼诺夫斯克扣押了1000多名人质，要求俄罗斯政府军队撤出车臣。经过谈判，俄罗斯政府基本满足了巴萨耶夫的要求。800多名人质获释。
③ 《Сегодня》. -23 июля. 1995.

赋予了执行权力机关更大的权力，但议会经常对总统的各项法案予以否决。为保障自己提出的各项法案获得通过，叶利钦与俄共等议会反对派之间经常发生争斗。① 两个国家权力机关之间的争斗大大降低了俄罗斯国家决策的效率。在具体决策中，叶利钦有时也不得不同国家杜马讨价还价，考虑国家杜马的某些意见。由于国家杜马同执行机关之间缺少制度纽带，政府提出的议案的通过率不到50%。在这种情况下，叶利钦只得经常使用总统令来推行自己的政策，如有关私有化问题和车臣战争问题等。但总统令的使用是有限度的。② 由于政府和议会的关系不顺畅，1995—1999年，政府提出的预算草案几乎都没有得到议会的批准，致使政府工作受到很大阻碍。③ 叶利钦总统第二任期，府院之争不断，很多政策实施不下去。俄共在各种问题上掣肘叶利钦政府，如在批准削减武器条约、广播电视私有化、车臣战争和北约东扩等问题上。"国家一些重要的法律、一些对经济发展有重要意义的法规没有通过，政府一些重大的决定也因此被搁置。"④

由议员团分割的俄罗斯社会没有形成系统影响政权的强烈愿望和能力，没有形成清晰的意识形态，能表达现实社会利益的坚强而负责任的政党暂时还没有形成。因此，作为代表机关的俄罗斯议会也没有那种能对国家事务构成现实影响的能力。虽然国家杜马发挥了不少的作用，如制定法律，缓解不必要的社会紧张，形成强大的院外组织等，但国家杜马绝对不是能够对政治、经济和社会方针施加实质性影响的权力机构。1993年12月12日进行的选举令人信服地证实了这一点。在与总统的关系上，多数代表持对立态度，在最好的情况下也是持中立态度。"才离龙潭，又入虎穴"，这可能是在第一次国家杜马选举后叶利钦总统感受的简要评价。但叶利钦明白，新议会是他苦心经营的产物，他将面临在各个权力分支机构间建立新的相互关系模式和建立新的联邦关系的问题。

---

① Paul Chaisty, "Majority Control and Executive Dominance: Parliament – President Relations in Putin's Russia", *Leading Russia: Putin in Perspective*, edited by Alex Pravda, Oxford university press, New York, 2005, p.119.
② 俄罗斯1993年宪法第90条第3款规定，总统令不能违反既有法律。
③ P. Rutland, The State Duma, Wesleyan University, http://prutland.web.wesleyan.edu/Documents/Duma.pdf.
④ [俄] 鲍·叶利钦:《午夜日记》，曹缦西、张俊翔译，译林出版社2001年版，第403页。

四　司法机关独立性的削弱

1993年宪法规定，俄罗斯司法体系是独立的权力体系。然而在实践中，司法权力机关的独立地位得不到保障。根据俄罗斯现行宪法的相关规定，总统拥有一系列影响司法机构的手段：总统有权提出总检察长，宪法法院和最高法院、最高仲裁法院院长的候选人；总统有权通过总统令任命所有地区和地方级别的法官。在政治实践中，司法机关更加依赖于总统领导的执行权力机关，因为法院和法官的物质保障由司法部提供，而住房保障由地方行政机关提供。这样，司法机关在人事和物质保障方面不能不依赖于执行权力机关。宪法法院通过的决定通常能体现总统的政治意愿。总的看，在叶利钦任期里，俄罗斯司法机关在国家决策中没有发挥到应有的监督政府权力的作用，"在整个这些年代，司法系统仍然处于外围"[①]。

宪法法院是根据俄罗斯联邦宪法的修正案于1990年12月15日创立的。仅仅过了一年左右，有13名法官的宪法法院投入工作，很快就在当时的院长瓦·佐尔金的影响下，参与到政治斗争之中。"十月事件"中，叶利钦下达命令：在俄罗斯联邦新宪法通过以前不得召开宪法法院会议。1994年，《关于俄罗斯联邦宪法法院》新法律通过，并获得宪法法律地位，法院工作也在几个月后得以恢复。新宪法规定，宪法法院的法官候选人的任职资格由总统提出，而其任命则归联邦委员会负责。检察院归根到底没有成为保护普通法律制度的工具，也没有成为有效执行其固有功能——刑事追诉的机关。在叶利钦时代末期的一系列丑闻发生后，检察机关的威信降到了的最低点。

然而认为1993年以后的司法系统没有发生任何实质性变化也是不公正的。在总统机器相关机构的积极参与下，一些重要法律相继制定出来并获得通过，其中有《执行诉讼法》《司法禁闭法》《俄罗斯联邦调节审判法》《俄罗斯联邦法院财政拨款法》等。司法机构的组织从司法部管辖转到最高法院，最高法院还建立了司法局，总统甚至还力促成立司法研究院。

[①]　[俄]格·萨塔罗夫：《叶利钦时代》，高增训等译，东方出版社2002年版，第473页。

叶利钦时期，俄罗斯司法系统进行过改革。1991年10月21日，叶利钦就向俄罗斯联邦最高苏维埃提出了司法改革构想方案，在随函发出的报告中提出："根据俄罗斯联邦宪法第121条第5款的规定，我附上俄罗斯联邦司法改革构想方案供审查，改革的实施是保证民主法治国家职能发挥的必要条件。"1991年八月叛乱后，最高苏维埃以惊人的速度和最短的时间下达命令，批准司法改革是"俄罗斯联邦作为民主法治国家职能发挥的必要条件和法律草案活动的优先方向之一"。然而，直到今天，这个构想的基本目标仍未达到。在对待总统—政府—议会三角关系中，叶利钦是把建立新的法律体系当做次要问题来对待的。1994年11月22日，直属俄罗斯联邦总统的司法改革委员会的建立多半是装点门面的，至少对司法改革的未来命运影响很弱。虽然在致联邦会议的每一份国情咨文中必定提到法院、律师和公证处，但国家的中心是在财政经济部门，它们才是现实政策优先考虑的方面，因此，司法改革的效果很差。改革最初的意图是建立一个强有力和独立的司法权力机关，但在实践中，不只是叶利钦，大多数政治家都没有赋予司法系统改革以战略意义。因此，在整个叶利钦时代，司法系统仍处于外围系统，主要国家决策是在别的政治厨房，如克里姆林宫、政府、议会、各部委和地区行政当局制定的。

第二节 中央国家权力机关决策权力的削弱

叶利钦时期的国家决策机制以总统为核心，俄罗斯国家决策大权几乎掌握在总统一人手中，其他国家权力机关在俄罗斯国家决策机制中的位置均以总统为参照物。因而有学者认为，叶利钦时期俄罗斯的政治体制是总统集权制，这种观点不无道理，但实际上，特别是叶利钦总统第二任期里，由于国家政权衰弱和公民社会发展水平低下，俄罗斯政治体系中出现了一些影响力中心——地方精英和经济寡头。他们盗取总统权力，干预国家决策，以国家的名义为自己赚取利益。俄罗斯学者 А. Ю. 祖津指出，叶利钦时代的俄罗斯政治体系是一个"多中心体系"①。有俄罗斯学者将这种体系称作"社会政治互动卡特尔体系"②,因为上述势力集团同政府的关系基础是卡特尔原则。寡头集团与总统的关系是私下协商确定的,这些寡头集团以向总统提供政治支持的方式换取广泛的自主权。而叶利钦总统也积极扶持这些影响力中心,以降低国家权力机关,特别是国家杜马在国家决策中的作用。

一 地方精英对国家决策的影响

地方精英是苏联后期地方选举体制启动后出现的。他们中的绝大多数来自苏联时期所谓的"党政权贵人物"阶层(номенклатура)(1992年,来自原党政权贵阶层的人员占俄罗斯地方精英总数的78.2%,而1997年占72.7%)。③ 由于地方精英是经地方选举产生,联邦中央实际上没有干预地方精英的有效杠杆。俄罗斯联邦中央的衰弱和社会对政权的冷漠,使通过地方选举掌握地方权力的地方精英拥有了民选产生的政治合法性,地位更加巩固。与之相反,联邦中央垂直权力机关地方下属精英的政治地位却在不断下降。

地方精英同叶利钦总统具有相互需要的政治联盟关系。叶利钦在同苏联联盟中央斗争之时,在同最高苏维埃和人民代表大会斗争之时,在对抗俄共反对派之时,以及在1996年总统大选之时,都需要地方精英的政治支持。为了换取地方精英的支持,叶利钦做出了不少让步。叶利钦在同戈尔巴乔夫做斗争的时候,曾利用地方势力来反对中央政权。作为俄罗斯联邦最高领导人,叶利钦鼓励各个联邦主体"能拿走多少主权就拿走多少"。1993年的俄罗斯宪法也体现了这种让步。1993年宪法不仅保留了各联邦主体早在苏联时期就已经存在的相当多的人为要素,还继承了地方与中央极为混乱的相互关系,共同管辖对象的清单烦琐模糊,而且没有区分联邦及其主体责任的明确机制,联邦主体实际上被赋予了非常大的联邦特权。

---

① А. Ю. Зудин, Режим В. Путина: контуры новой политической системы. //Общественные науки и современность. 2003. №2. -С. 67 – 83.
② А. В. Павроз, Группы интересов и трансформация политического режима в России. Изд. - Петербургского университета. СПб., 2008, -С. 200.
③ О. Крыштановская, Анатомия российской элиты. М., Захаров, 2005, -С. 130 – 134.

例如，一系列共和国、边疆区和州的领导人只需经省长的同意就可委任，在他们粗暴破坏联邦宪法时却缺少制约措施。叶利钦常常向地方长官提供行动自由的便利，以换取他们的效忠，哪怕是中立，尤其是不妨碍一些人搞改革，也不妨碍另一些人效仿他们。在俄罗斯联邦政府与地方的经常性争吵中，总统通常站在后者一边，充当他们一些人的院外活动成员，支持他们在某一方面补充预算资金拨款的请求。

地方精英也需要叶利钦来保障自己在地方的既得利益和特权。这样，地方精英以给予叶利钦政治支持的方式，换取更多的地方自主权。1996年俄罗斯总统大选前夕，叶利钦要求地方领导人在选举中提供支持，作为交换，叶利钦同各地区签署了权力划分条约。1996年1月12日，联邦中央同斯维尔德洛夫斯克州签署了一揽子划分权限的文件，斯维尔德洛夫斯克州在对外经济领域获得更多的自主权。联邦中央还同加里宁格勒州签署了类似协议。这些协议和条约极大地增加了地区的独立性，因此，地方的离心倾向越来越大。1993年宪法宣布，联邦所有主体在其与中央的相互关系上完全平等，但同时也向各共和国暗示，它们较其他主体更为平等，这样，联邦的其他主体——州和边疆区都开始向莫斯科要求权利平等。大多数共和国都在1993—1995年通过了本国宪法。尽管宪法诞生时间不同，但几乎都有一个特点，那就是这些宪法的一系列规定都与俄罗斯宪法相抵触。

地方精英的独立壮大对俄罗斯国家决策机制产生了很大的影响，一方面使国家的垂直权力体系遭到了破坏，联邦中央的决策在地区得不到贯彻落实。中央和地方机关的决策权限不明，引起了国家决策机制的运行混乱。普京总统2000年7月8日的国情咨文指出，"我们建立了一些孤岛，某些权力孤岛，但没有在这些权力孤岛之间架设任何桥梁"。"中央与地方、地区权力机关与地方权力机关之间经常进行竞争，争夺权力"。[1] 另一方面也刺激了地区精英的胃口，他们开始尝试干涉国家决策。联邦委员会是地方精英干预国家决策的正式场所。1995年12月，联邦委员会的组建原则发生了变化。根据《俄罗斯联邦委员会组建办法》[2]（1995年），联邦

---

[1] Послание президента В. В. Путина Федеральному собранию от 8 июля 2000 г.

[2] Федеральный закон № 192 – ФЗ " о порядке формирования совета федерации федерального собрания РФ" от 5 декабря 1995 г. Статья 1. http://www.council.gov.ru/about/status_ proxy/1995 – 192fz/index.html.

委员会由各联邦主体执行机构和立法机构的领导人组成。这为地方精英干预国家决策提供了权力杠杆。1996年前夕，总统助理办公室制定了相应的法律方案，启动违反联邦宪法的地方领导人的解职机制，该法律方案在很多方面同普京总统倡议通过的法案相似。但是，由于叶利钦总统威望不高，国家杜马中左派势力占多数席位，克里姆林宫最终没有下决心以总统的名义提出立法动议，因为该法案根本没有机会在由地方精英组成的联邦委员会获得通过。随着地方精英对地方事务自主权的扩大，地方精英的政治地位也越来越牢固，他们形成了重要的政治力量。到了执政后期，叶利钦逐渐失去了对地方精英的控制能力，地方诸侯群起，纷纷谋求独立如实际上已经脱离中央控制的车臣共和国，沙米耶夫领导的鞑靼斯坦。俄罗斯人掌权的地方主体也开始谋求独立，如莫斯科市的卢日科夫集团、滨海边疆区的纳兹德拉坚科集团、斯维尔德洛夫斯克的爱德华—罗塞尔集团、涅姆佐夫控制的下诺夫哥罗德集团、联邦委员会议长斯特罗耶夫控制的奥廖尔集团等。这些地方利益集团按照自己的方式在地方进行改革，力求最大限度地摆脱中央的控制。俄罗斯不同地区的地方势力也自发组成了跨地区联合会，这种联合趋势为地方精英独立提供了可能性。显而易见，叶利钦时期俄罗斯的政治体制是以总统与各种利益集团之间自由妥协为基础的，地方精英等各种利益集团在政治、经济上支持总统和政府，以此换取了对资源的控制和处理地方事务的自主权。

二 经济寡头对国家决策的干预

除了地方精英外，影响俄罗斯20世纪90年代政治的还有经济寡头。经济寡头主要分布于原料、金融、工业和军工等垄断行业。柏拉图的《理想国》和亚里士多德的《政治学》把"寡头"定义为"由小集团控制的政府形式"。而俄罗斯寡头一般指的是"控制相当多的资源，能够影响国家政治的商人"。[①] 如果说地方精英出现在苏维埃体系内，则经济寡头是90年代初期市场改革的直接产物。[②] 1995年以后，随着苏联时期最有价值

[①] [俄]谢·古里耶夫、安·拉辛斯基：《俄罗斯资本主义中的寡头的角色》，《比较》第18辑，中信出版社2005年版，第111—130页。

[②] А. В. Павроз, Группы интересов и трансформация политического режима в России. Изд. Петербургского университета, СПб., 2008, -С. 164.

的财产被瓜分完毕,所谓的"寡头政治家"①私有集团出现了。如表2-1所示,这个集团控制了俄罗斯大量的自然资源以及银行、城镇房地产和大部分主要的大众传媒。寡头政治家私有集团是私有化运动的直接产物,在瓜分完俄罗斯最有价值的财产后,开始谋求政治影响力,以保护既有财产。1996年帮助叶利钦参加总统大选获胜后,俄罗斯经济寡头真正获得政治影响力,不断获得政治资源。寡头们组建私人军队,左右竞选结果,最终控制了包括金融命脉、莫斯科在内的整个国家;他们收购了俄罗斯最大的媒体,特别是电视台,他们不仅拥有许多工厂,而且攫取国有资产,包括插手预算,干预国家法制执行机关的工作,影响克里姆林宫领导者。到叶利钦执政后期,由于叶利钦的健康原因,寡头们实际上形成了影子内阁,在当时俄罗斯国家决策机制中占有举足轻重的地位。

表2-1　　　　　　　　　俄罗斯主要金融工业巨头

金融工业巨头	收入 (十亿卢布)	员工人数 (千人)	出口额 (十亿美元)	投资额 (十亿卢布)
卢科伊	406	191	6	22
尤科斯	252	135	5	13
英特罗斯(诺里尔斯克镍)	184	274	4	12
苏尔古特油气	171	79	2	33
阿尔法集团—列诺瓦茨亚跨国公司	164	103	5	11
西伯利亚铝—俄罗斯铝—西伯利亚石油	155	220	4	2
系统股份金融公司	147	144	—	—
北方钢铁	79	105	1	2

资料来源:А. Дынкин, А. Соколов, Интегрированные бизнес-группы в Российской экономике// Вопросы экономики. 2002. No 4. -С. 80.

如表2-1所示,仅俄罗斯几个金融工业寡头手中就掌握有巨额财富。叶利钦总统和寡头政治家之间存在着共生关系。叶利钦班子的私有化改革

---

① 并不是所有的大型商业集团都属于寡头政治家私有集团。寡头政治家私有集团包括那些试图为谋私利而扩大政治影响力的大型商业集团,例如Б. 别列佐夫斯基的罗戈瓦斯汽车公司、В. 古辛斯基的梅地亚—桥公司等。

造就了寡头，寡头政治家成了叶利钦政权最重要的基础。为了保护既得利益，金融工业寡头积极支持叶利钦，1996年总统大选期间，金融工业寡头对叶利钦提供了大量的竞选资源。几个关键的俄罗斯寡头在参加瑞士达沃斯世界经济论坛年会时一致认为，必须采取一些果断措施来挽救叶利钦的竞选。具有重要意义的是，来自莫斯特银行的弗·古辛斯基和来自洛戈瓦兹公司的鲍·别列佐夫斯基这些老对头决定抛开成见，在选举期间为叶利钦再次当选而共同工作。因为古辛斯基拥有NTV，而别列佐夫斯基控制了ORT，这一战略联盟至关重要。从达沃斯回来，别列佐夫斯基和他的商业伙伴就见了总统，表示要赞助总统的竞选活动，但他们提出了条件，竞选班子要由阿纳托利·丘拜斯领导。叶利钦同意了这个请求。7位金融工业寡头发表公开信支持叶利钦，并且为叶利钦竞选提供信息、财力和人力资源。叶利钦得到了俄罗斯几乎所有重要商人、银行家和工业家的支持，实际上给他的竞选带来了无限的预算。欧洲传媒研究院估计，ORT、RTR和NTV这三大俄罗斯电视网，把53%的新闻报道用于叶利钦，这对竞选来说，不仅仅是数量上取得了优势，而且质量上也发挥了重要作用：与对久加诺夫的批评报道相比，所有三个电视网对叶利钦的一举一动都提供了最有利的报道。作为回报，叶利钦大选获胜后，同意一些利益集团的代表进入政府部门，担任重要职务。丘拜斯是金融集团和电子大众传媒的利益代言人，为感谢上述集团的支持，叶利钦任命丘拜斯为总统办公厅主任。

　　切尔诺梅尔金对政府的改组并没有深化自由化。比如，切尔诺梅尔金向他的老东家俄罗斯天然气股份公司做出了一个明显的让步，推迟了进口贸易的自由化。农业利益集团确保了对国外加工食品实施进口关税，汽车制造商对竞争对手的产品维持了高进口税，俄罗斯银行业极其成功地限制了国外竞争对手的营业范围。当议会控制政府的能力下降时，这些经济利益集团的影响力上升了。

　　叶利钦总统也承认，"寡头对国家决策具有重要的影响力"。叶利钦在《午夜日记》中写道："金融巨头试图操纵国事的方式各不相同。一些银行家们将莫斯科的官员、市政府玩于股掌之中；其他银行家做地方官员的工作；还有一些银行家，例如别列佐夫斯基和古辛斯基，投入所有资金创建强大的电视集团公司、印刷控股公司，就其实质而言，也就是试图垄断大

第二章 叶利钦时期国家决策机制的演变

众传媒媒介。"① 在叶利钦时期,寡头积极对俄罗斯国家决策施加影响,就连号称反院外活动集团的盖达尔政府,也没有摆脱寡头院外活动的影响。仅1992年,执行权力机关就颁布了约300项关于提供各种优惠的标准法案(第一季度27%,第二季度26%,第三季度23%,第四季度24%,),其中针对农工综合体的命令约占10%,针对燃料动力综合体的命令约占12%,针对一些企业的命令约占25%。② 寡头甚至可以干预内阁成员的任命。寡头政治家给总统派出了最重要的顾问,向叶利钦及其家庭捐助了大量的个人财富。

1996年俄罗斯总统大选后,这些大商人们和叶利钦总统之间形成了坚不可摧的纽带——他们的财富依附在叶利钦的权力上,任何一方都无法从中解脱。当他们的权力膨胀时,他们就成长为寡头,成为俄罗斯幕后的拥有者和统治者。1997年以后,叶利钦总统健康情况日下,寡头们陷入不安。鲍·别列佐夫斯基开始策划,让他们的代言人取代维·切尔诺梅尔金的总理职位。因为叶利钦经常患病,他选定的总理很可能成为俄罗斯下任总统。别列佐夫斯基和其他寡头们开始严肃地探讨建立"联合政府",这样,他们将成为决策者的影子内阁。他们聚集在尤科斯石油集团,米·霍多尔科夫斯基掌握这个俄罗斯第二大石油公司。影子内阁们认为切尔诺梅尔金下台的时候到了,谁来取代他,这是商讨的焦点问题。1998年3月21日,别列佐夫斯基接受了"综述"电视新闻栏目的采访。采访节目播出的第二天早上,叶利钦宣布解散切尔诺梅尔金政府。由此可见,趁着叶利钦健康情况恶化,经济寡头在叶利钦执政后期的国家决策机制中已经形成影子内阁,他们当时的影响力已经可以达到干预政府组成的地步。

总之,叶利钦时期的俄罗斯国家决策过程在很大程度上是围绕着总统展开的。这一方面是由于宪法赋予总统广泛的权力,另一方面也是俄罗斯特殊的政治格局造成的。因为俄罗斯社会还没有形成成熟的政党体制,在1993年和1995年国家杜马选举中,没有一个政党能够形成议会多数派,国家杜马小党林立,很难形成有力的反对派,加上宪法赋予国家杜马的权力有限,国家杜马很难牵制总统权力。但国家杜马在国家决策中的作用不

---

① [俄] 鲍·叶利钦:《午夜日记》,曹缦西、张俊翔译,译林出版社2001年版,第108页。
② Ш. Я. Паппэ, Отраслевые лобби в правительстве России (1992 – 1996) //Pro et Contra. 1996. Т. 1. № 1. -С. 62.

可忽视，特别是在叶利钦第二任期，由于俄共占了国家杜马约二分之一的席位，总统决策时也需要考虑国家杜马的意见。联邦委员会是总统牵制国家杜马的力量。叶利钦时期的政府主要负责实施总统的政治意图。技术型政府在政治上孤立，只能依赖总统。地方精英、寡头等影响力中心把国家杜马视为寻求立法支持的重要院外活动场所。俄罗斯司法权软弱，公民社会也亟待发展，社会对政权无法形成有效的监督，致使叶利钦总统的决策权力不断扩大。但由于国家权力机关之间的关系没有理顺，决策机制的正常运行受到影响。

第三章　普京时期国家决策机制的发展

叶利钦时期国家决策机制效率低下的一个重要原因是总统和国家杜马的关系不顺畅，双方在经济改革和中央与地方关系等一系列关键问题上难以达成一致，严重影响到国家治理的效率。普京总统上台后，依靠很高的民众支持率，改造了国家的垂直权力体系，理顺了国家权力机关的关系，严格限制经济利益集团对国家决策的干预，实现了对俄罗斯国家决策机制的改革，将国家决策权牢牢掌握在以总统为核心的政治精英手中。巩固垂直权力体系是指总统采取一系列措施，巩固国家的中央政权。它包括两方面内容：第一，改造各国家权力机关的相互关系。通过打造在议会中占多数的政权党掌控议会，从而为国家决策机制提供法律和组织保障；建立联邦区，理顺中央和地方关系，打造有效的中央—地方权力体系；通过总统令，把更多政府部门纳入总统直接领导范畴，加强总统对政府的直接领导；大规模更换领导机关成员，把对总统忠诚的人员安排到国家权力机关的重要岗位；进行行政改革，提高官僚机关的工作效率和服从政权的意识。第二，恢复国家中央权力机关的决策主导地位。普京总统推行的这些措施保证了国家决策的一致性，保障了国家的总体稳定，其结果是，普京建立了真正的以超级总统制为核心的国家决策体系。

第一节　国家决策机制的改造

普京总统对俄罗斯国家决策机制的改造主要在于理顺了各国家权力机关之间的相互关系。这体现在以下几个方面：第一，通过建立政权党来掌控国家杜马，从而打通国家决策机制中的立法环节；第二，建立联邦区，理顺中央和地方关系，打造有效的中央—地方权力体系，以此巩固从中央到地方的国家决策落实机制；第三，通过总统令，把更多政府部门纳入总统直接领导范畴，加强总统对政府的直接领导，进一步限制政府的决策权力；第四，实现总统机构的制度化；第五，大规模更换领导机关成员，把对总统忠诚的人员安排到国家权力机关重要岗位，同时进行行政改革，提高官僚机关的工作效率和服从政权的意识，从而提高国家决策的执行效率。

一 立法保障的巩固

如果执行权力和立法权力之间产生对立冲突，国家决策机制的顺利运行就会受到影响。叶利钦时期总统与国家杜马之间的矛盾降低了国家决策效率，联邦委员会被地方精英控制的局面也影响了国家决策的公正。为巩固国家决策的立法保障，普京主要采取了两项措施：一是理顺国家杜马与执行权力机关之间的关系；二是打造亲总统的联邦委员会。

在理顺国家杜马与执行权力机关之间的关系方面，普京投入大量精力建设政权党。普京通过法律手段改变政党格局，[①] 并且取得了良好的成绩。普京刚出任总统之时，由于他的纲领得到国家杜马多数党派的支持，甚至俄共也支持其稳健的经济和行政改革，国家杜马配合政府工作，国家决策机制工作效率有所提高。2000—2003 年，议会的法案通过率高达 95%。[②]

"统一俄罗斯"党成立于 2001 年 12 月 1 日，是在普京总统的力促下，由"统一党"、"祖国运动"和"全俄罗斯"运动合并而成。绍伊古、卢日科夫、沙米耶夫当选为党的联席主席。2003 年 12 月 24 日，第四届党的代表大会通过决议，将全俄罗斯政党"统一与祖国—统一俄罗斯"更名为

[①] 2000 年普京颁布《俄罗斯联邦政党法》，目的是促进政党联合，减少政党和政治组织的数量。随后，普京促成了议会中几个中派的联合，成立了"统一俄罗斯"党。2004 年别斯兰事件后，普京又在打造全国性大党方面采取了一系列措施，旨在提高政党在国家政治生活中的作用：2004 年修改《政府法》，允许政府官员参与政党活动；2004 年签署《政党法修正案》，再次提高建党门槛，禁止建立地方性政党；2005 年签署《国家杜马代表选举法》，规定取消混合选举制，国家杜马议员全部由政党选出，再次提高入围门槛；2004 年签署《关于联邦主体立法机关和执行机关组织总原则》，提高政党在地方事务中的作用。

[②] The State Duma, http://prutland.web.wesleyan.edu/Documents/Duma.pdf.

全俄罗斯政党"统一俄罗斯"。2008年11月18日,党的第八次代表大会决定去掉政党名称中的"全俄罗斯政党",党的名称被确立为"统一俄罗斯"党。纵观"统一"与其他政治力量合并的过程,我们可以发现,"统一俄罗斯"党起源于1999年叶利钦任期末俄罗斯各大政治力量之间的角逐。"统一俄罗斯"党的出现和最终形成既包含偶然性因素,也包含必然性因素。虽然最初成立"统一"选举团的目的是阻击反对派,但其后的发展以及最终成立"统一俄罗斯"党是普京上台后政党格局发展的必然结果。普京上台后,需要一个更加强大和持久的政权党支持其方针政策,然而,在议会中取胜的"统一"选举团无法满足这一要求。普京全力打造的政权党"统一俄罗斯"党在2003年和2007年国家杜马选举中均获得了超过2/3的席位,使第四届和第五届国家杜马具有了前所未有的特点,它从一个以集体决策为原则的讨论场所变成国家实现有效治理的场所。[①] 由于政治格局的变化,"统一俄罗斯"党可以采取单边行动,而能够影响决策的其他政治势力则越来越少。除了"统一俄罗斯"党,其他政党和议会党团几乎都失去了对决策的影响力。

  总统影响国家杜马的工具是总统办公厅和政府。它们的立场直接影响第四届和第五届国家杜马的决策。总统办公厅的三个局(内政局、国家法律局、专家局)直接同国家杜马联系。如果总统办公厅给予某个待议法案负面评价,"统一俄罗斯"党团将对该法案投反对票。政府办公厅负责政府同国家杜马之间的联系。第四届和第五届国家杜马中出现了所谓的"零读通过"现象,就是说,在正式把法案提交国家杜马前,政府同"统一俄罗斯"党团领导进行交流,磋商立场,然后国家杜马对法案进行例行表决,国家杜马决策过程因而缺少公开性和透明性。可以说,国家杜马决策等同于"统一俄罗斯"党团决策,而国家杜马全会讨论仅仅是例行装饰,少数派的意见得不到尊重。2005年11月23日,俄国家杜马"一读"通过(按规定法案需经"三读"通过)一项由"统一俄罗斯"党、俄共、自由民主党、"祖国"联盟联合提交的《对几项法律进行修改》的法律草案。在表决中,有370票赞成,18票反对,3票弃权。

[①] Е. Ю. Подосинников, Отличительные особенности деятельности и принятия решений в государственной думе четвертого и пятого созывов.//Ученые записки. Электронный научный журнал Курского государственного университета. 2009. № 3. -С. 63–71.

普京巩固国家决策立法保障的另一个措施是打造亲总统的联邦委员会。叶利钦时期，联邦委员会把持在地方精英手里，地方精英借助联邦委员会的平台表达自己和地方的特殊利益，干预国家决策。为改变这种局面，削弱各联邦主体与克里姆林宫权力抗衡的可能性，2000年5月19日普京提出《联邦委员会组成办法》草案，取消联邦主体最高行政长官和立法会议最高领导人担任联邦委员会议员的做法，改由地方行政长官和立法会议领导推荐代表担任联邦委员会议员。[①] 普京实际上取消了各联邦主体行政长官的权力，并把这项权力交给一个象征性的总统顾问委员会。这样各区域的领导人就失去了独立的公开讨论、互通有无的平台。普京把占联邦委员会2/3席位的地方精英清理出场，不但削弱了地方精英干预国家决策的能力，也打造了亲总统的联邦委员会，事实上将联邦委员会纳入垂直权力体系之中。

二　从中央到地方决策落实机制的巩固

叶利钦时期国家决策机制的另一个弊病是缺乏中央—地方有效的落实机制。中央的决策在地方难以得到有效的落实，普京依靠体制内的办法解决了这个问题。为此，普京的第一个举措是建立七大联邦区，任命总统驻联邦区全权代表。[②] 普京把俄罗斯的89个联邦主体（后来变为83个）合并为7个联邦区，与俄罗斯的7个军区相对应，并且指派了各区的总统驻联邦区全权代表，这些负责人主要从军事和情报机关中选拔出来。总统驻联邦区全权代表的职责为协调联邦区内各个联邦主体的行动；促进联邦、地方和自治政府间以及政党和宗教组织间的合作；监督法律、法令以及总统和联邦政府规章的实施。总统驻联邦区全权代表的任务是监督联邦宪法和法律在各联邦区的执行情况，并负责监督国家政策在各联邦区的执行情况，定期把本联邦区的社会经济形式向总统汇报，并提出相应建议。这

[①] Федеральный закон от 5 августа 2000г. №113 – ФЗ 《 О порядке формирования Совет Федерации Федерального собрания Российской Федерации 》//Собрание Законодательства РФ. 2000. № 32. -С. 6249 – 6251.

[②] Указ Президента Российской Федерации от 13 мая 2000г. №849 《 О полномочном представителе Президента Российской Федерации в федеральном округе 》//Собрание Законодательства РФ. 2000. №20. -С. 4318 – 4324.

样，普京建立了总统直接监督和管理地方的机制。

普京的第二个举措是赋予总统解除联邦主体行政长官职务的权力，以及解散不遵守联邦法律的地方议会的权力，建立统一的法律空间。① 在叶利钦执政后期，约70%的联邦主体的宪法、条例、法律、法律性文件同联邦现行宪法和联邦法律相矛盾。② 2004年别斯兰事件后，普京进行新一轮联邦制改革，改变地方行政长官的产生办法：取消地方选民直接选举地方行政长官的制度，代之以联邦总统提名，地方议会批准。③ 从这以后，地方行政长官由俄罗斯总统，而不再是某一地区的选举人来任命了。此外，如果法院证明某个地方行政长官触犯联邦法律多于一次，普京可以对其免职。这些规定约束了地方行政长官的行为。大部分俄罗斯人对这些举措表示欢迎，认为政府打击腐败、整治地方权力集团是十分必要的。

通过打造全国性政党来理顺从中央到地方的国家决策执行机制，是普京总统的另一项重要举措。为打造全国性大党，保障国家统一，普京总统决定取消国家杜马选举中的单席位选区制度，要求国家杜马代表从全国的政党名单中选举产生。同时，普京总统还推进实施联邦主体合并计划，从而更加有效地实行地方治理。2000—2004年的俄罗斯推行的联邦关系改革，增强了中央的政治行政能力，扩宽了联邦政权有效应对地区社会政治进程的能力，抵制了俄罗斯领土内的经济法律分离主义，弱化了地方精英的势力和对中央决策的影响力。④

---

① Федеральный закон от 29 июля 2000г. №106 – ФЗ " О внесении изменений и дополнений в Федеральный Закон " Об общих принципах организации законодательных（представительных）и исполнительных органов государственной власти субъектов Российской Федерации " »// Собрание Законодательства РФ. 2000. №31. -С. 6075 – 6080.

② В. В. Смирнов，Сильное государство и \ или демократия：предварительные итоги политических реформ в России//Россия – 2001：новые тенденции политического，экономического и социального развития. М. ，2002, -С. 13.

③ Федеральный закон от 11 декабря 2004г. №159 – ФЗ " О внесении изменений в Федеральный закон " Об общих принципах организации законодательных（представительных）и исполнительных органов государственной власти субъектов Российской Федерации " и в Федеральный закон " Об основных гарантиях избирательных прав и права на участие в референдуме граждан Российской Федерации ""//Собрание Законодательства РФ. 2004. №50. - С. 11198 – 11207.

④ А. В. Павроз，Группы интересов и трансформация политического режима в России. СПб. ，Изд. Петербургского университета，2008, -С. 235.

2007年6月22日，普京签署了《关于联邦主体国家立法权力机关活动问题的修改法草案》，该法律改变了地区议会的一些工作准则，州长有权根据程序随时解散地方立法会议。2007年6月28日，普京签署了《关于评估俄联邦主体执行权力机关活动效率》的总统令，批准了一系列评估联邦主体执行权力机关活动效率的指标，8月又批准了《评估俄联邦联邦主体执行权力机关活动效率的指标清单》，该清单包括43个指标。经过普京总统的联邦制改革，中央和地方依靠签署双边条约来协商关系的做法基本被废止。①

三 对政府决策权力的进一步制约

普京在2003年国家杜马大选前后大幅改组政府，任命与自己有相同执政理念的弗拉德科夫为政府总理，组建以强力集团为班底的听命于己的"技术型小政府"，从而建立总统对政府的绝对控制权。2004年5月20日，普京总统颁布《关于联邦执行权力机关体系与结构》的总统令，规定总统直接领导5个联邦部（国防部，内务部，外交部，司法部，民防、紧急情况与消除自然灾害后果部）、5个联邦局（对外情报总局、联邦安全总局、国家信使总局、麻醉药品与精神药物流通监管总局、联邦警卫总局）和2个联邦署（总统专项计划总局、总统事务管理局），并且，上述机关的领导人及其副职由总统任免。②

2005年11月14日，普京总统对克里姆林宫总统行政系统和白宫政府行政系统的领导成员进行了大幅度调整，总统办公厅主任梅德韦杰夫被任

---

① 中央和地区缔结双边条约的实践开始于1993年，当时鞑靼斯坦和车臣，以及加里宁格勒州没有签署联邦条约。1994年中央同鞑靼斯坦签署双边条约，这种实践一直持续到1998年。这期间，中央共与46个联邦主体缔结双边条约43份。此外，还有专门协议，规定地区和中央在具体领域的特殊协作方式。至普京总统第一任期中期，这种双边条约就被废除了，但一些重要条约被保留下来，例如同鞑靼斯坦、巴什基里亚、莫斯科之间的双边条约。2003年新《俄罗斯联邦主体立法和执行机关一般组织原则法》通过，该法规定两年里重新审议中央—地区关系条约。但该法没有得到贯彻落实。2004年春天，车臣全民公决前夕，普京宣布车臣和俄罗斯权力机关之间签署全面条约。这让一些地区纷纷行动起来，以争取本地区的特殊地位。

② Указ Президента Российской Федерации от 20 мая 2004 г. " О системе и структуре федеральных органов исполнительной власти ". http://document.kremlin.ru/doc.asp?ID=021438.

第三章 普京时期国家决策机制的发展

命为政府第一副总理，秋明州州长谢尔盖·索比亚宁接替其总统办公厅主任的职位；伊万诺夫被任命为副总理，同时仍然兼任国防部部长职务；伏尔加河流域联邦区和远东联邦区的总统全权代表谢尔盖·基里延科和康斯坦丁·普里科夫斯基被改派新工作，巴什基尔共和国总检察长亚历山大·科诺瓦洛夫被任命为伏尔加河流域联邦区的代表，喀山市市长伊斯哈科夫担任总统驻远东联邦区全权代表。首先，普京总统调整政府领导层是为了加强政府的权威和提高工作效率，因为普京总统不满意当时政府的能力和效率。该届政府是在普京第二个任期开始前的2004年3月成立的，普京为了精简机构，提高行政效率，把原来的30个部缩减为17个，除弗拉德科夫总理外，只设了一名副总理亚历山大·茹科夫。众所周知，俄罗斯仍处在向市场经济过渡阶段，还没有建立起完备的市场经济的法律体系和行为规范，国家还承担着相当大的直接管理企业的职能，一名副总理显然难以应对依然繁重的行政事务。为了实现强国富民的目标，普京明显加强了对经济，特别是能源部门的控制，为此，加强行政权力成为一种现实需求。普京新增设两位副总理，主要是为了解决政府人员不足的问题，提高工作效率。其次，普京调整行政领导层，也为了协调政府各部门间的关系。在现政府内，原政府留下的经贸部部长格列夫、财政部部长库德林、两位强力部长与弗拉德科夫总理有矛盾，他们的争吵经常要由普京总统来做最后裁决，影响了政府的工作。2005年第二季度以后，俄罗斯经济发展速度放缓，普京总统对此不满，从下半年开始直接过问政府的经济工作。同年9月成立了国家优先发展项目委员会，由总统亲自领导，总统办公厅主任梅德韦杰夫是这一委员会的副主席，而总理弗拉德科夫却不是委员会成员。为了加强对重要经济部门的控制，总统办公厅的许多成员都兼任着国有大企业的领导职务。这些举措明显加强了总统行政系统的权力，在政府内和社会上都引发了一些消极的影响。梅德韦杰夫成为政府第一副总理，可以强化政府对垄断行业的影响力，加强政府在实施"国家优先项目"方面的作用，把总统班子从具体的经济事务中解脱出来。普京总统非常担心住房、医疗、教育和农业等领域的改革倡议失败，他要求梅德韦杰夫主要负责处理这些领域内迫切需要解决的问题，以顺利实现富民的强国目标。此举是普京改善国家行政权力机关工作的重要一步，预示着行政改革将加快。2005年10月25日俄罗斯通过了2006—2008年行政改革的实施方案，2006年1月出台了具体措施，改革的宗旨不是缩减行政人员，而是优化国家机构的职能，减少国家对经济的干涉，改善对居民的服务和促进商业的发展。调任梅德韦杰夫任第一副总理，有助于协调政府经济主管部门的工作；提拔伊万诺夫有助于协调政府与军界的关系，使俄罗斯的军事工业走出危机，实现普京强军的目标；晋升索比亚宁有助于加强国家对能源产业的控制。

在担任总统的八年间，普京几乎每周都要召集由总理、总统办公厅主任及各主要部长参加的政府工作会议，直接听取政府总理的工作汇报，加强对政府工作的直接领导。加上普京对总统班子，特别是总统办公厅的打造，使得总统办公厅成为俄罗斯国家政治计划的制订中心，而政府成为履行决策的技术型机关。

四 总统机构的制度化

如果说叶利钦非常重视总统机构的建设，那么在普京时期总统机构的工作实现了完全的制度化。普京担任总统时期，通过建立新的委员会和机构，实现了管理梯队的专业化和劳动分工。首先，改革总统办公厅。总统办公厅在叶利钦时期权力膨胀，机构人员臃肿。2004年3月，普京对总统办公厅进行改革，建立了自己的干部队伍，实现了对总统办公厅的控制，并且简化了总统办公厅的职能。通过改组，总统办公厅在普京第二任期发挥了相当积极的作用：提出能够整合精英的思想，时任总统办公厅副主任的苏尔科夫提出主权民主的思想；惩治寡头，总统办公厅副主任谢钦亲自领导打击寡头霍多尔科夫斯基的任务；苏尔科夫肩负重任，建立政权党；总统办公厅于2005年初组建青年非政府组织"我们"，抵挡"颜色革命"。总统办公厅是总统的政治司令部，负责制定政治方针，协调所有权力分支机构的行动。总统办公厅的高级工作人员可以直接同普京接触，这使得总统办公厅有权跟踪政府、联邦会议和司法机关的形势（包括社会经济、强力和外交方面）。此外，总统办公厅同金融工业集团有着广泛的联系，并且几乎完全控制着政党领域。

其次，进一步提高了安全会议在国家决策中的地位，增强了它在国家决策机构中的协调作用。叶利钦后期，由于健康原因他很少出席安全会议，导致安全会议的地位一落千丈。从普京接任安全秘书开始，安全会议又活跃起来，并开始制定安全构想等重要文件。2004年6月7日普京颁布第726号总统令，巩固了安全会议为总统起草决策建议方面的职能。2005年11月，普京签署了成立安全会议议会间机构的命令，其职能事实上是复制了俄罗斯内阁的活动。安全会议作为总统办公厅最重要的机构，成为行政计划中心。在俄罗斯，总统办公厅履行影子政府的职能。总统办助手永远拥有同部长相等或更大的权力。国家杜马国防委员会副主席A.阿尔巴托夫说："早些时候（叶利钦时期）每样东西都或多或少是清楚的，但决策机制运行不灵，现在决策机制是管用的，但对局外人是保密的。"①

最后，重新启用国务委员会，使国务委员会在解决中央与地方关系问题和国内事务方面发挥很大作用。2006年7月21日召开国务委员会会议，根据会议结果，制定了《俄罗斯联邦2020年社会经济长期发展构想》。

总统机构相当于一个平行政府。普京的总统机构能够掌握40%的俄罗斯经济总量。例如，政府拥有的上市公司股票从2003年的11%增加到2007年的40%。将近12个官员积极地活跃在普京的政治机器当中，监督着各个领域的经济运行。这个团队成员有总理米哈伊尔·弗拉德科夫（继德米特里·梅德韦杰夫后，任俄罗斯天然气工业股份公司的董事长）、德米特里·梅德韦杰夫（原普京总统行政机关一号人物，第一副总理，前俄罗斯天然气工业股份公司的董事长，前俄罗斯总统，现任俄罗斯政府总理）。

五 执行干部队伍的建设

叶利钦时期国家决策机制的另一个弊病是行政队伍的执行能力比较低。普京总统多次在国情咨文中指出俄罗斯行政队伍的弊病。他指出，俄罗斯官员们"掌握权力的额度不符合权力的质量"，"国家机关拥有过多权限"，"现代管理干部短缺"。② 对此，一方面，普京总统通过干部任命，把自己信任的干部安排到国家机关的关键岗位，从而保证干部队伍对总统

---

① A. Arbatov's interview with Nezavisimaya Gazeta, 7 February 2002.
② Послания Путина Федеральному Собранию Российской Федерации, 18 апреля 2002 года и 16 мая 2003.

的忠诚。普京信任的干部大多是昔日圣彼得堡的同事和情报部门的同事,例如联邦财政部部长 А. 库德林、经济发展与贸易部长 М. 格列夫、总统办公厅主任 Д. 科扎克等。普京稳扎稳打地扩张着亲总统的干部队伍,到2003年,普京已经在总统事务管理局任命了70%的关键职位。在总统第二任期快要结束时,也就是2008年初,普京已经在政府的825个职位上亲自任命了超过80%的职位,而俄罗斯80%的行政区域都是由普京的"统一俄罗斯"党来负责。"统一俄罗斯"党党员占据着国家军事、情报、安全部门超过五分之二的高层职位。另外,在普京执政的后期,政府官员的数目增长了66%,从52.7万人增长到了87.8万人,行政开销占据了国家GDP的20%,而到了2010年,这个指数上升到了40%。

另一方面,普京总统通过推行行政改革,建立高效可靠的决策执行队伍。2000年5月—2003年4月,普京首次倡导了行政改革,2003年5月,普京总统再次倡导行政改革,压缩国家职能,精简执行权力机关的机构,提高执行权力机关的工作效率。

六 司法制度改革

普京在国情咨文(2001年4月3日)中提出了司法制度改革问题。他改革了审判制度、检察制度、律师制度,并对警察机构进行改革。俄罗斯的司法体系逐步完善。但是,俄罗斯司法机构在普京执政时期并没有成为独立机构,普京司法制度改革的最大成果是中央夺回了叶利钦时期曾受制于地方的司法权。这样,俄罗斯的司法机构更加依附于中央执行权力机关。从尤科斯事件可以看出,司法体系通过的相应决策是总统提议的。2007年2月,普京签署联邦宪法性法律《关于俄罗斯宪法法院修改案》[①],据此,宪法法院迁往圣彼得堡。由于距离决策中心遥远,宪法法院的搬迁实际上削弱了宪法法院制约政府权力的作用。[②]

克里姆林宫对司法系统的控制并不是全方位的,俄罗斯每年数百

[①] Федеральный конституционный закон РФ от 5 февраля 2007 г. № 2 – ФКЗ « О внесении изменений в Федеральный конституционный закон "О Конституционном Суде РФ"». http://www.rg.ru/2007/02/09/ks-dok.html.

[②] А. Н. Спасский, Группы интересов и политический процесс в современной России: взаимодействие и взаимовлияние//Новые смыслы. №1(3). 2007.

的诉讼案件当中，绝大多数的判决结果都取决于由法官解释的成文法律，没有政治的压力。然而，如果案件涉及克里姆林宫的政治和经济利益，情况就会发生改变。例如，俄罗斯石油大亨米哈伊尔·霍多尔科夫斯基不顾克里姆林宫的规定，私自和外国的石油公司交易，而且出资资助和普京对立的政治势力，结果，霍多尔科夫斯基被指控腐败并被判处长期监禁。政府接管了他的尤科斯石油公司，并且折价拍卖给支持克里姆林宫的公司。霍多尔科夫斯基入狱的原因是他在政治上反对普京。2003年2月19日，普京对霍多尔科夫斯基提出过警告，霍多尔科夫斯基却没有理会。有意思的是，"法庭的判决书的内容和检察院起诉书的内容一模一样，就连语法错误和印刷排字的错误都一模一样。检察官、法官、陪审团的态度和口吻完全一样"。[①] 2009年3月政府发布了新的起诉书，其中增加了侵吞财产和洗钱罪名，判处霍多尔科夫斯基14年的监禁。霍多尔科夫斯基一案表明，俄罗斯司法体系依然处于克里姆林宫的掌控之中。

第二节 中央国家权力机关决策主导地位的恢复

叶利钦时期国家决策机制的弊端之一是国家决策权力旁落。一方面，叶利钦执政后期形成了以地方精英和经济寡头为代表的影响力中心，它们事实上窃取了总统的决策权力。国家政权失去了决策主导地位，无法发挥应有的调节职能。另一方面，由于俄罗斯社会疏远政权，国家决策机制的政治基础被极大地削弱了。为消除这个弊端，恢复国家政权的决策主导地位，普京总统采取了一系列措施，收到了一定的效果。

普京采取的措施主要有：

[①] [俄] 罗伊·麦德维杰夫：《普京时代》，社会科学文献出版社2005年版。

一　中央国家权力机关和寡头新关系规则的制定

叶利钦时期，寡头对国家决策具有相当大的影响力。20世纪90年代末，叶利钦的国家商业关系模式的能量已经耗尽，并且遭到各方的批评。俄共批评俄罗斯实现了"政治权力空间的私有化"[1]。为消除这个体制弊病，普京制定了中央国家权力机关和寡头的新关系规则，改变同寡头之间的关系。2000年3月总统选举中，普京与寡头群体保持了合理的政治距离。当选后，普京开始大力削弱寡头政治的影响，并努力创造条件逐步摒弃寡头政治。例如，别列佐夫斯基曾以普京总统的智囊向普京谏言，希望普京一如既往善待寡头，普京回答道，不能只照顾少数寡头的利益，要遵循经济规律办事。别列佐夫斯基要求继续保持新闻媒体自由，普京总统则回答说，俄罗斯的紧迫任务是发展经济，寡头所控制的媒体不能为所欲为。此外，不同于叶利钦总统，普京总统也不给那些在竞选中提供政治和财政支持的寡头政治回报，不给他们捞取经济利益开绿灯。普京上台后推行政权与寡头分离的新游戏规则。中央国家权力机关和寡头的新关系规则是：国家不再重新审理私有化结果，寡头不再独立参与政治进程。[2] 商业界应该对中央国家权力机关忠诚，承担广泛的社会责任，积极资助所有国家提议的项目。[3] 政权与寡头按各自的规则行事，大企业家和资本家不能干预政治，政权也不干预企业界的经营活动。政权行使国家职能，为企业的运作提供必要的政党和平等的政策及条件，企业界行使生产和经营、创造财富的职能。普京的这个举措得到了民众的支持。此外，为推行这个政策，普京还动用了强力部门（税务警察、总检察院、联邦安全总局等）的力量。[4] 2000年7月，普京召见21名著名寡头，向他们公开摊牌：大企业

---

[1] Государство и олигархия. Доклад по национальной стратегии. 4 июня 2003. // официальный сайт КПРФ. http: //wwww. eprf. info/projects/economy/admin/12412. shtml.

[2] А. А. Яковлев, Эволюция взаимоотношений между властью и бизнесом и движущие силы экономического развития в России: до и после " дела ЮКОСа "//Региональная элита в современной России. М. ，2005, -С. 25.

[3] А. В. Павроз, Группы интересов и трансформация политического режима в России. Изд. Петербургского университета. СПб. ，2008，-С. 237.

[4] А. В. Павроз, Группы интересов и трансформация политического режима в России. Изд. Петербургского университета. СПб. ，2008，-С. 236.

主要想得到国家的保护和支持，就必须按新游戏规则行事，国家只保护不损害国家利益的公司。

在制定了交流规则后，普京毫不客气地惩治违规者，打击试图干政的少数寡头，规范多数寡头。例如试图继续干预政治的尤科斯公司前总裁霍多尔科夫斯基，他为反对普京的左翼和右翼政党提供资金帮助。普京通过司法程序拘捕了霍多尔科夫斯基。另一名受到惩治的寡头是古辛斯基。在议会和总统大选中，古辛斯基是为数不多的支持普京对手的寡头。大选结束后，古辛斯基继续利用其在叶利钦时期建立的媒体帝国制造舆论，批评普京推行的新政。普京对古辛斯基进行了政治、经济和刑事等全面打击。除严厉打击上述两人外，普京采取的另一个主要办法是规范寡头政治和他们的经济行为。无论是打击还是规范，普京政策的重要目标之一是恢复中央政权在国家决策机制中的核心地位，把特殊历史条件下形成的寡头转变为常规的民族资本家，将以通过政治运作无偿获得国家资产为荣和从事投机为业的资本变为以生产和经营为己任的民族资本。除了极少数寡头公开反对并站在普京的政治对立面外，一部分人采取规避风险、尽量少触及政治的中立态度，大部分人则对普京的政策表示理解并希望政权支持企业界的经营活动。

二 社会院的重新建立

俄罗斯社会院最早创立于1994年，由250名成员组成，分别代表工会、行业组织、艺术类协会、企业家组织、宗教团体等社会组织。创建社会院的主要目的是：由公众代表对国家机构的工作进行评估，对各类法案提出完善意见。1996年社会院改组为总统政治咨询委员会，其成员大多数是1995年国家杜马选举落选的政党代表，总统政治咨询委员会下设总统人权委员会。2000年之前，俄罗斯各类人权组织、环保组织的活动在该委员会占据一定的比例。2000年普京上台后，总统政治咨询委员会被取消。

在提出一系列政治体制改革的同时，普京宣布在国家杜马和联邦委员会之外重新成立社会院。普京在2004年5月26日的国情咨文中首次提出成立社会院的想法。社会院由分别来自全国性、地区性和跨地区社会团体以及非商业组织的126名成员组成，其中42名成员由全国性社会团体推举产生，其余84名成员由地区和跨地区社会团体推举产生；政党、联邦和地方政府官员、各级议会成员不得成为社会院成员；社会院成员任期2年。2006年1月22日，俄罗斯社会院召开了第一次全体会议，会议通过了章程，选举了会议的总书记和副书记，以及所属的25位委员会主席。俄罗斯科学院院士韦利霍夫就任社会院主席。根据《俄罗斯联邦社会院法》（2006年3月22日通过），成立社会院的宗旨是保证公民同国家权力机关之间的交流，在制定和落实国家政策时考虑公民的需求和利益，保护他们的权力和自由。[①] 社会院的主要任务是：提出公民倡议；对国家权力机构进行监督；对宪法修正案和涉及公民宪法权利的法案进行鉴定，旨在建立与公民进行广泛对话的社会机制和公民监督国家权力机关的机制。俄罗斯社会院有权邀请国家机构的领导人参与社会院的全体会议，派出代表参与俄罗斯联邦委员会的工作，以及出席俄罗斯联邦的会议。根据《俄罗斯联邦社会院法》，俄罗斯将在全国各个联邦主体建立社会院，行政机关内部也将建立社会委员会。社会院一方面可以控制公民社会机构，另一方面可以对出现的一些社会问题及时做出反应。

重新设立社会院，是普京在加强政治制度改革、强化中央集权体制的同时，为缓解社会紧张情绪，与民众建立有效对话渠道而采取的一种必要的措施。但由于社会院的决议只具有建议性质，没有实际约束力，因而它能在多大程度上发挥作用，完全取决于执政者的意愿。

三 亲政权的非政府组织

普京采取措施增强对非政府组织的管理。首先是颁布《一些俄罗斯法案修改案》[②]（2006年4月18日生效），规范俄罗斯境内的非政府组织，严控非政府组织的境外资金来源。为防止俄罗斯国内发生"颜色革命"，普京十分关注非政府组织问题，准备采取严厉措施加以整顿。目前，俄罗斯境内有45万个非政府组织，包括600多个来自国外的团体，其中许多是近年来新建立的，它们极力宣扬西方价值观念，并从事危险活动，力图

[①] Федеральный закон от 4 апреля 2005г. №32 – ФЗ "Об Общественной палате Российской Федерации".

[②] Федеральный закон РФ от 10 января 2006 г. № 18 – ФЗ "О внесении изменений в некоторые законодательные акты РФ". http：//www.rg.ru/2006/01/17/nko-poryadok-dok.html.

第三章 普京时期国家决策机制的发展

促进俄的"民主变革",在国内催生"颜色革命"。许多非政府组织同西方的联系十分密切,或接受西方国家的政治资金,或聘请西方人士任职并听取他们的意见,其任务就是为西方政治目的服务。据俄媒体报道,这45万个非政府组织中有1/4都接受外国提供的政治资金,还有的接受俄"流亡寡头"别列佐夫斯基的暗中资助。对此,俄当局早有警觉。普京在2005年7月曾强调:"我们坚决反对外国资助俄罗斯的政治活动。"其实,一些独联体国家早已制定限制非政府组织发展的相关法律。哈萨克斯坦议会在格鲁吉亚"天鹅绒革命"发生前就修订了《非政府组织法》,旨在加强管理,消除隐患,使西方30多家非政府组织在哈的活动受限。乌兹别克斯坦在2004年也关闭了"索罗斯基金会"的驻乌机构。因此,俄政府在2005年5月也建议国家杜马讨论相关法案的完善问题。

2005年11月23日,俄国家杜马"一读"通过(按规定法案需经"三读"通过)一项由"统一俄罗斯"党、俄共、自由民主党、"祖国"联盟联合提交的《对几项法律进行修改》的法律草案。在表决中,有370票赞成,18票反对,3票弃权,这说明各派议会党团对此问题的意见高度一致。该法案的主要内容,一是规定所有非政府组织必须重新进行登记;二是规定非政府组织的活动和宗旨不得违背宪法,不得违背公民道德、伤害民族和宗教感情,不得带有极端主义色彩;三是限制非政府组织雇佣外籍人士,限制外国公民在俄创立非政府组织;四是限制非政府组织接受国外捐助,不得将非法收入合法化,当局有权对非政府组织的活动和财务进行随机审查,特别是对超过50万美元的资金流入进行监控,一旦发现有违法行为,将立即加以取缔。俄媒体认为,该法案旨在防止西方对俄国内的渗透和影响,一旦法案真正实施,那些为西方服务的非政府组织将失去生存空间。

普京总统的第二项举措是培养亲政权的非政府组织。2005年11月16日,俄罗斯政权党的青年组织召开大会,正式改名"统一俄罗斯青年近卫军"。其领导人 И. 杰米朵夫说,他将带领"青年近卫军"更加有效地履行使命,在必要时成为攻击敌人的斗士。俄媒体认为,"青年近卫军"是继俄当局2005年2月创办"纳什"之后的又一官办青年组织,其参与面比"纳什"更为广泛,目的是为普京总统训练忠实的追随者,培养现政权广义的"接班人",对付反政府青年组织,为防止"颜色革命"发挥战斗

· 83 ·

作用。①

普京的上述措施使俄罗斯国家决策机制发生了很大的变化。俄罗斯国家决策机制出现了中央集权化趋势。

---

① А. Серенко,《Новые люди》-старые игры. //《Независимая газета》. 28 октября 2005 г. http: //www. ng. ru/regions/2005 - 10 - 28/4_ newmen. html.

第四章 "梅普组合"时期国家决策机制的调整

随着2008年3月2日普京总统选定的接班人梅德韦杰夫顺利当选总统,普京同意担任"统一俄罗斯"党主席,并且经梅德韦杰夫提名和国家杜马批准担任政府总理,俄罗斯政治生活中形成了"梅普组合"这种新的国家权力配置。梅普组合的出现使俄罗斯国家决策机制发生了一些改变,俄罗斯从精英紧密团结在总统周围的单个中心时代演化为内部可控的多元化时代。"可控"是因为这些变化是由政治精英从上层发起的,又是可以为上层控制的;"多元化"是因为俄罗斯的权力配置方式和主要参与者的属性发生了一些变化。其中,总统不再是国家决策机制中唯一的统治型参与者;总理和国家杜马在俄罗斯国家决策机制中的地位和作用也变得非常重要。但是,梅普组合时期的多元化也只是政治精英集团内部的多元化。因为从本质上说,总统、总理和国家杜马中的政权党属于同一个政治精英集团。这个时期俄罗斯国家决策机制的变化主要表现在国家决策权力在总统、政府和国家杜马之间进行了重新分配。

第一节 总统和总理决策权限的重新划分

梅普组合成立后,俄罗斯虽然没有修改现行宪法的相关规定,但总统和总理之间的决策权限实际上在后台进行了重新划分。总统和总理之间重新进行决策权限划分是政治现实的需要。总统和总理的决策权限划分除了依据宪法等法律基础外,[1] 更多是基于总统和总理的政治资源对比。俄罗斯总统和总理的决策权限划分"不仅由他们的正式地位决定,还同他们的个人政治资本、非正式联系、执政圈,以及职权的后台分配有关"[2]。由于叶利钦和普京时期的总理多是专家出身,他们身后鲜有强大的政治集团作支撑,所以,在总统掌握有重要人事任命等宪法权力的情况下,这些总理几乎都是严重依赖于总统的技术型总理。然而,掌握有重要政治资源的普京总理显然不会扮演俄罗斯传统的技术型总理的角色。普京是"统一俄罗斯"党的元首,"统一俄罗斯"党直接控制70%的议会席位。"统一俄罗斯"党由普京任命的人和忠诚于他的人组成。普京的执政党可以通过总统弹劾法案而免受责罚。由于普京在第二次车臣战争中的表现和打击恐怖主义的立场,他保留对武装部队的领导和自己的军事官职。普京除了在政府的正式职位,还拥有在所有选举人中崇高的核心地位。毫无疑问,普京掌握着情报机构编撰的重要人事档案,如果有任何人挑战他的权威,普京就会动用人事任免权。

早在梅德韦杰夫刚刚被普京选为接班人不久,俄罗斯社会各界就对梅德韦杰夫总统和普京总理的决策权限划分问题展开了各种猜测。如今,梅普组合时代已经结束,可以看到,梅德韦杰夫和普京各司其职,彼此分工协作,梅普组合运作良好。梅德韦杰夫总统和普京总理分别就自己管辖范围内的重大问题进行决策。其中,梅德韦杰夫主要负责外交、司法改革、反腐败、打击官僚主义、培养后备干部[3],以及经济创新发展和现代化问题等。而普京则集中精力应对国内政治问题,主要负责重大的民生项目,包括经济、社会、地方事务、政党、议会、强力部门等方面的工作。普京任总统时,每个星期一会召开由经济部门领导和总统办公厅成员组成的经济会议,但梅德韦杰夫总统召开经济会议的频率大大降低,政府会议主要由普京总理主持召开,一般是每月举行四次。这表明,梅普组合时期,经

---

[1] 俄罗斯总统和总理之间划分决策权限的法律基础是《俄罗斯宪法》(1993 年)、《俄罗斯政府法》(1997 年)、俄罗斯《关于联邦执行权力机关体系与结构》的总统令(2004 年)等法规文件。
[2] О. В. Крыштановская, Форматы российской власти//Полис. 2010. №1. -С. 27.
[3] 2009 年 2 月 100 名俄罗斯总统后备干部名单出台。同年 12 月俄政府再次公布了 500 名总统后备干部名单,其中包括政府官员、企业界人士、地方政府官员、学术界人士和非政府组织成员。

第四章 "梅普组合"时期国家决策机制的调整

济政策领域的关键决策中心转移到了政府。税收、关税、预算政策、卫生和住房改革问题的决策都由政府负责。此外,普京在外交方面也非常活跃,他经常同外国领导人在克里姆林宫举行会谈,或者出访其他国家。

自此,俄罗斯形成了历史上独特的国家决策机制。在该机制中,总统是法律意义上的国家领导人和最终决策者,但普京总理是拥有非常重要的政治资源的政治家。俄罗斯国家决策机制中具有两个分工合作的决策权力中心,总统和总理是两个关键决策者。"梅普组合决策机制的运行原则是保障政治体系的稳定。"[1] 具体运行原则有两个:一是总统和总理之间具有明确的工作分工,两人在各自的活动领域拥有最高决策权;二是在最重要的问题上总统和总理两人共同拥有最高决策权。最终决策需要征得两个人的同意方能做出。

梅普组合时期俄罗斯国家决策机制的顺利运行有两个必要条件:一是梅德韦杰夫和普京在俄罗斯国家发展道路问题上的高度政治共识。自梅普组合运行伊始,外界就对梅德韦杰夫和普京之间的关系非常关注。媒体对于梅普组合之间出现分歧的报道也颇多。例如梅德韦杰夫和普京在霍多尔科夫斯基二审加刑案上的不同表态,二人对利比亚事件的表态等。实际上,梅德韦杰夫和普京在治国理念方面确实有差异。在整体改革问题上,梅德韦杰夫认为应随着国家经济的发展改进政治体制改革;普京则强调俄罗斯需要政治稳定,无须政治改革。在反对派问题上,梅德韦杰夫奉行更宽容的政策,鼓励百家争鸣;普京则对反对派态度强硬,表示反对派必须遵守国家法律,非法集会将遭到迎头痛击。在民族问题上,普京称可以借鉴苏联时期解决民族问题的经验,依靠爱国主义促进民族融合;梅德韦杰夫则认为苏联和俄罗斯是完全不同的国家,苏联的经验无法借鉴,强调俄罗斯应该学习美国的经验。在经济发展道路上,普京执政后结束了寡头资本主义的统治,以国家资本主义为基本方针,努力打造国企航母,并力图以此为龙头增强俄罗斯国际竞争力;梅德韦杰夫则倾向于自由资本主义,反对国家过度干预经济,主张以私营经济为创新主体、以美式开放型经济为榜样,以建设斯科尔科沃创新中心为突破口,借助西方资金、技术和人才实现经济现代化。在对外政策上,梅德韦杰夫致力于改善与西方的关

---

[1] Эволюция тандема: что ждёт Медведева и Путина в 2012 году? //«Интерфакс». 2009.04 сентярбя.

系，强调俄罗斯现代化离不开西方；普京则更为务实，主张利用俄能源和军火外交谋取实际利益，不将俄罗斯创新发展的希望寄托于西方。尽管梅德韦杰夫和普京存在某些观念方面的分歧，但两人来自同一个团队。梅德韦杰夫和普京相识已有 20 余年，振兴俄罗斯、实现强国富民是梅德韦杰夫和普京的共同政治追求。而共同的政治追求使得梅德韦杰夫和普京顺利实现了联手治国。从实际效果看，两人在治国理念上的差异赢得了更广泛的民众支持率光谱：普京的保守主义思想获得了俄罗斯强力部门和中左派选民的支持，而梅德韦杰夫的自由主义倾向赢得了年轻人和中右翼选民的投票。

二是民众对梅德韦杰夫和普京的高支持率。虽然经历了 2008 年全球金融危机的考验，梅普组合的民众支持率依然很高。2010 年 12 月全俄社会舆论调查中心的民调结果显示，有 60％ 的俄罗斯人认为梅德韦杰夫和普京共同领导国家的形式十分有效，并认为这种组合具有长久性。[①] 俄罗斯列瓦达中心 2011 年 1 月 21 日至 24 日进行的全俄舆论调查表明，梅德韦杰夫总统和普京总理依然保持有很高的民众支持率。梅德韦杰夫总统的支持率是 69％，普京总理的支持率是 72％。[②]

在普京担任总理的时候我们可以看到，所有重大的国家大政方针、安全战略的制定都有普京参与，很多重大的外交决策也有普京参与，当然我们作为外围不能了解是谁最后拍板，但是有几件事给人留下了非常深刻的印象。一件事是，2008 年普京刚刚卸任不久，俄格爆发冲突。当时普京在北京参加奥运会，俄格冲突爆发以后普京立刻决定直飞北高加索，到前线指挥。这个过程就可以非常明显地看到，虽然普京是总理，但是重大的决策是普京在做。普京总理决策权限的扩大，是以政治资源作保障的，而不是根据宪法和相关法律的规定，所以，梅普组合时期，总理决策权限的扩大并不是制度性的，而是一种临时的政治安排。

---

① ВЦИОМ：60％ рцссиянов считают эффективным тандем Медведева и Путина，http：//www. mk. ru/politics/news/2010/12/14/551893 - vtsiom - 60 - rossiya - schitayut - effeknivnyim - tandem - medvedeva - i - putina. html.

② Рейтинги доверия и одобрения президента и премьера РФ остаются высокими. //《Независимая газета》. 27 января 2011 г.

第四章 "梅普组合"时期国家决策机制的调整

第二节　政府决策权限的扩大

这首先表现在总理权力的增加。第一，普京获得了独立任命政府成员、召集政府会议等实际权力。早在正式出任政府总理之前，普京就已经确定了新政府的主要成员名单。自从普京出任总理以来，政府内的一切工作均由普京负责，梅德韦杰夫并未亲自主持召开过政府会议。普京又担任"统一俄罗斯"党主席，拥有总理和执政党领袖这两个职位，普京在俄罗斯执行权力机关和立法权力机关中都处于核心政治领导地位。第二，普京掌握了部分任免地方行政长官和管理地方事务的实际权力。2008年4月28日普京就签署了一项总统令，把原来归总统办公厅所属的职权移交总理：总理有权测评地方行政领导的工作成绩，总统根据总理的测评结果决定地方行政长官是否留任。根据《关于联邦主体立法机关和执行机关组织总原则》的修改法，在地方议会选举中获胜的政党有权提出联邦主体的行政长官人选。这样，普京通过"统一俄罗斯"党在议会党团中的活动，掌握着对地方行政长官的任命。

其次，普京改变政府组成，设立政府主席团机制，对政府实施全面监督管理。上任后，普京即开始着手改变政府组成。第一，将政府副总理人数由上届的5人增加到7人，并任命部分原总统办公厅人员出任政府副总理职务，负责领导监督各部门的政策执行情况。第二，为提高政府工作效率，2008年5月15日，普京宣布在政府工作会议基础上建立政府主席团。该机制由总理、副总理以及外交部、内务部、国防部、地区发展部、经济发展部、农业部、卫生与社会发展部的部长组成。政府主席团每周召开一次例行会议，重点讨论当前发生的所有社会问题。上述两项政府改组措施使普京成为实权型总理。普京不仅加强了对政府主要部门的管理，同时也可以实现对政府的宏观指导。

再次，普京政府掌握了俄罗斯宪法范围内的更多权限。第一，普京赋予政府"实现国家战略发展目标的职责"。2008年2月8日，普京在国务委员会扩大会议上发表的"俄罗斯2020年前发展战略"讲话中明确提出，

"政府应该成为确定国家意识形态和战略发展计划的中心"①。出任总理后,普京又曾多次表示,今后政府应该成为制定国家发展战略的中心之一。第二,普京政府拥有了外交职权。2008年《俄罗斯对外政策构想》规定:"国家对外政策的措施将由俄罗斯政府负责组织实施。"② 为此,总理办公厅增设了一位负责外交事务的副主任。

这样,普京牢牢控制了俄罗斯联邦四个权力基础——中央执行权力机关、政权党、强力集团和地方行政机关。在"梅普组合"的权力机制中,普京始终处于权力的中心位置。

第三节 议会决策地位的提高

普京担任总理,同时兼任"统一俄罗斯"党主席,使政府和议会第一次建立了有机的联系。国家杜马的决策地位得以提高。国家杜马决策地位的提高,实际上是"统一俄罗斯"党在国家决策机制中地位的提高,而国家杜马中的其他党团则没有多少影响力。俄罗斯共产党官方网站2011年对国家杜马党团活动的统计结果就能说明这个问题(见图4-1)。该统计结果表明,2010年,国家杜马通过统俄党议员的议案数量是该党提出议案总数的63%(2009年是63%),俄共3%(2009年是9%),自民党7%(2009年是18%),公俄党11%(2009年是14%)。和以往一样,俄共对政府提出的有关政治和社会经济问题的质询遭到了否决。据统计,由俄共、自民党和公俄党议员提出的提案的通过率普遍很低。③

---

① Выступления Владимира Путина на расширенном заседании Госсовета 8 февраля 2008 г. http://www.gazeta.ru/news/seealso/1173657.shtml.
② Концепция внешней политики Российской Федерации от 2008 г. http://www.rg.ru/2008/05/26/koncepciya-dok.
③ Ю. П. Ляшук, Итоги 2010 года. Мониторинг парламентской активности думских фракций. 18 января 2011. http://kprf.ru/rus_soc/86745.html.

第四章 "梅普组合"时期国家决策机制的调整

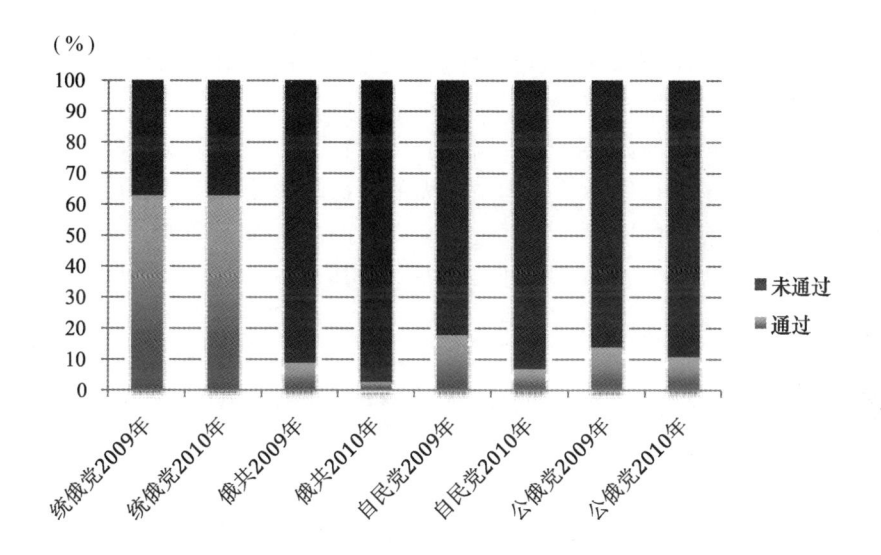

图4-1　2009年和2010年国家杜马委员会优先议案的成果比较

资料来源：Ю. П. Ляшук, Итоги 2010 года. Мониторинг парламентской активности думских фракций. 18 января 2011. 见俄共官方网站，http：//kprf.ru/rus_soc/86745.html。

图4-1表明，在2009年和2010年里，"统一俄罗斯"党议员提案的通过率远远高于俄共、自由民主党和公俄党的提案通过率。这表明国家杜马中政权党以外党团的被忽略程度。

随着中产阶级的崛起，他们开始提出更多的政治诉求，争取在俄罗斯国家决策机制中发挥更大的作用。"统一俄罗斯"党由于自身的缺陷，遭到俄罗斯民众和其他政党的不满。俄罗斯常常爆发街头抗议活动。针对这种现象，梅普组合积极应对，巩固"统一俄罗斯"党的执政党地位，为赢得大选造势。首先，为赢得议会选举和总统大选积极做工作。2011年5月，普京发起成立"全俄人民阵线"，在"梅普"扶持下，"统一俄罗斯"党稳居俄罗斯第一大党之位，控制着国家杜马2/3以上席位。同时，"全俄人民阵线"已开始快速建立地方机构，起草行动纲领，制定战略目标，目前，全俄罗斯已有500多个社会团体和组织加入了该阵线。2011年12月4日，俄罗斯议会选举，据中央选举委员会12月5日公布的议会选举结果,"统一俄罗斯"党得票49.54%。反对派称选举舞弊,要求重新选举,并在数十座城市示威。12月14日,国家杜马主席、执政党"统一俄罗斯"党主席格雷兹洛夫宣布放弃杜马代表席位,以缓解国内压力,为下一步普京竞选总统铺路。

纵观当代俄罗斯国家决策机制的演变历程,梅普组合时期的俄罗斯国家杜马在国家决策机制中的作用是最大的。这时期的国家杜马第一次同联邦政府建立了有机的联系。与其说国家杜马的决策作用增大,不如说是执政党"统一俄罗斯"党发挥着重要的决策作用。

第四节 政党的社会代表职能的改善

政党本应承担社会代表职能,代表社会不同阶层的利益。但由于俄罗斯政党体系的发育不成熟,俄罗斯政党没有发挥应有的代表职能。梅德韦杰夫担任总统以来,对普京时期形成的政党体系进行了一些微调。"梅德韦杰夫的政治改革旨在对普京时期过于严厉的控制进行部分松绑,为部分反对派势力及其所代表的公民阶层提供一定的活动空间,为政治稳定提供更加广泛的社会支持。"[1]

对此,"统一俄罗斯"党也开始改变了自己的工作方式,目的是加强同社会的联系。"统一俄罗斯"党采取的措施之一就是与商业界、传媒和学术界建立定期交流机制,并为此成立了三个俱乐部。当然,这些措施都是自上而下实行的。

梅德韦杰夫2010年底接受俄罗斯第三电视台采访时提出,俄罗斯除了自己和普京之外,还有其他有前途的政治家。"例如议会党团的领导人们","还有卡西亚诺夫、涅姆佐夫、利莫诺夫和卡斯帕罗夫,他们也是公共政治家"。"他们可能也代表某些人的需求和倾向"。[2] 2009年,"统一俄

---

[1] 潘德礼、薛福歧:《2009年俄罗斯政治形势》,见吴恩远主编《俄罗斯中亚东欧黄皮书2010》,社会科学文献出版社2010版。

[2] Итог-шоу: Дмитрий Медведев решил поспорить с Владимиром Путиным по главным темам года. //《Газета》. 24 декабря 2010. http://www.gazeta.ru/politics/2010/12/24_a_3476954.shtml.

罗斯"党在春季和秋季地方选举中大获全胜，引起了反对派政党的强烈不满。为表示抗议，议会三个反对派政党甚至集体退出国家杜马会议大厅。为安抚反对派对"统一俄罗斯"党一党独大的不满，梅德韦杰夫总统对"统一俄罗斯"党的某些做法提出了批评，并提出了一些具体的措施，以关注小党的生存和利益，提高国家杜马选民的代表性。梅德韦杰夫在这方面的措施包括：2009年5月5日，颁布了《政党法修改法》[1]，规定将逐步降低组建新党党员人数的门槛；5月15日，颁布了《国家杜马代表选举修改法》[2]，规定在国家杜马选举中获得5%但不到7%选票的政党可以获得1个席位，超过6%不到7%的可以获得2个席位；5月12日，颁布了《关于保障议会政党在国家广播电视宣传中享有同等权利法》[3] 等。

在这种情况下，2010年12月雷日科夫、卡西亚诺夫、涅姆佐夫、米洛夫领导的新反对党——"自由党"宣布成立，这表明反对派政党力图利用这些政策变化，壮大和发展自己的队伍，扩大反对派的影响。

随着中产阶级政治意识的觉醒，中产阶级对"统一俄罗斯"党一党独大的形势表示不满，社会也要求政权扩大政党的代表性。这种呼声始于2011年12月10日，从俄罗斯最西端的加里宁格勒到最东端的符拉迪沃斯托克，人民不约而同地掀起了集会示威，对国家杜马选举结果表示不满，其中以莫斯科和圣彼得堡的示威声势最为浩大。俄罗斯自由党领导人涅姆佐夫在微博中称，这将被作为俄罗斯公民的美德日和公民社会的再生日载入史册。由此日开始，抗议活动一次次在俄罗斯主要城市举行。2011年的国家杜马选举中，"统一俄罗斯"党得票率大幅缩水。据俄罗斯国家选举委员会公布的数据，2011年俄罗斯国家杜马选举中，"统一俄罗斯"党得票率是49.32%，赢得国家杜马席位238个（而2007年"统一俄罗斯"党得票率是64.3%，获得国家杜马席位315

---

[1] Федеральный закон РФ от 28 апреля 2009 г. No 75 - ФЗ " О внесении изменеий в Федеральный закон " О политических партиях " в связи с поэтапным снижением минимальной численности членов политических партий ». http: //www. rg. ru/2009/05/05/partii-dok. html.

[2] Федеральный закон от 12 мая 2009 г. " О внесении изменений в отдельные законодательные акты РФ в связи с повышением представительства избирателей в Государственной Думы Федерального Собрания РФ ». http：//www. rg. ru/2009/05/15/duma-dok. html.

[3] Федеральный закон от 12 мая 2009 г. No 95 - ФЗ《 О гарантиях равенства парламентских партий при освещений их деятельности государственными общедоступными телеканалами и радиоканалами ». http：//base. garant. ru/195519/.

个），俄罗斯共产党、公正俄罗斯党和自由民主党的得票率均高于2007年国家杜马选举时的情况，分别是19.19%，92个席位；13.24%，64个席位；11.67%，56个席位。这样，"统一俄罗斯"党失去了在国家杜马中可以修宪的三分之二的绝对多数席位，今后，"统一俄罗斯"党不得不就国家决策问题同其他政党相协商。

为了赢得反对派和俄罗斯民众的支持，2011年12月22日，俄罗斯总统梅德韦杰夫在向俄联邦会议发表国情咨文时建议，实现全面政治体制改革，包括直选各地区行政长官、简化政党注册手续以及更改国家杜马选举的机制。

尽管如此，俄罗斯反对派政党依然发育不良。从左翼阵营看，虽然俄罗斯共产党、公正俄罗斯党以及戈尔巴乔夫都想重拾社会民主党的大旗，但他们难以使自己同欧洲的社会民主党传统区别开来，依然是要么定位不清，要么过于落伍。左翼政党的艰难选择是：究竟是进一步顺应反对风潮的势头，还是转向同政府进行合作。从右翼的阵营看，议会选举门槛的降低，使得右翼力量的重新整合成为可能。然而，右翼政党依然难以卸除20世纪90年代休克式改革的负面影响，此外，右翼政党还面临着扩大自己意识形态影响力的挑战。至于日里诺夫斯基领导的自由民主党，该党虽然依然有着一定的民粹主义的社会基础，但它在2011年的国家杜马大选中表现出了过于激进的民族主义政治立场，显然减小了其选民分布的光谱。除了普罗霍罗夫以外，所有其他党派候选人由于年龄原因都不再有参选总统的机会。因此，俄罗斯各个反对派政党要形成新的领导层，并制定有影响力的纲领路线，还尚需时日。

值得注意的一个趋势在于，以自由主义派精神领袖叶夫根尼·亚辛（Евгений Ясин）的微妙变化来看，右翼并非没有与主流政治共事的空间。新世纪以来一直在关注俄罗斯精英状况的亚辛，曾于2007年发表过一篇长文。在这篇文章中，他在研究了对于俄罗斯精英状况的各类实证分析之后，得出了一个悲观的结论，认为当下俄罗斯并不存在一个思想独立、敢于挑战威权的精英阶层。正是在这个判断的基础之上，差不多在米哈伊尔·德米特里耶夫关于俄罗斯即将发生抗议风潮的预测报告问世的同时，亚辛发表了一篇立场相左的文章。他认为，2003年到2005年俄罗斯自上而下的专制主义现代化模式，以及自下而上的无妥协的激进现代化模式，都不适合俄罗斯的发展，而只有推迟民主化的渐进现代化的模式（сценарий постепенной модернизации с отложенной демокра-тизацией）不仅对于国家利益来说才是适宜的，而且，这也不是什么选择，而是民主支持者唯一的、有望获得最终成功的出路。

第五章　新普京时代国家决策机制的重塑

2011年9月24日,在"统一俄罗斯"党年度会议上,梅德韦杰夫总统宣布,普京总理应该成为"统一俄罗斯"党参与2012年俄罗斯总统大选的候选人。普京总理表示欣然接受,并提出,如果自己当选总统,将推荐梅德韦杰夫为政府总理。2012年5月7日,当选总统的普京宣誓就职,并提名梅德韦杰夫为新一届俄罗斯联邦政府总理。5月8日,俄罗斯联邦国家杜马审议了新一届政府总理人选提名,以299票赞成的结果,批准梅德韦杰夫出任总理。一周后,梅德韦杰夫总理向普京总统递交了政府成员意见书。5月22日,梅德韦杰夫总理正式加入"统一俄罗斯"党。5月26日,梅德韦杰夫总理在"统一俄罗斯"党代表大会上当选为该党主席,成为"统一俄罗斯"党首位拥有党员身份的党主席,也是俄罗斯联邦历史上首位加入政党的政府总理。普京总统辞去了"统一俄罗斯"党主席的职务。这样,梅普组合时期正式结束。随着新普京时代的开始,俄罗斯国家决策机制又发生了一些变化。

普京总统对中央国家决策权力机关进行了改造。梅普组合时期的决策机制退出历史舞台。普京总统通过建立大政府,扩张行政权力,建立亲总统的立法和司法机关,用爱国主义思想和"保守主义"思想重新整合精英集团和社会,再次确立了以总统为单一核心的国家决策机制。此外,为应对俄罗斯民众对于执政精英操纵政局的不满,普京总统对国家和社会关系也进行了调整。

第五章 新普京时代国家决策机制的重塑

第一节 中央国家决策权力机关的重新改造

新普京时代，俄罗斯中央国家决策权力机关的主要改造内容是，在结束梅普组合时期的国家决策机制的基础上，重新建立以总统为单一核心，由大政府和亲总统的立法权力机关和司法权力机关构成的中央国家决策权力机关。

一 建立大政府，重新确立总统为国家决策机制的单一核心

新普京时代，梅德韦杰夫和普京身份调换后，俄罗斯总统和总理的决策权限进行了重新划分。总统通过建立大政府，扩张行政权力，重新成为国家决策机制的单一核心，而总理则重新成为技术型总理，决策权限缩小。普京总统建立大政府的举措包括：巩固总统班子；建立工作机制，亲自主持政府关键部门工作；维护大政府中任职的精英的团结和力量平衡。

（一）巩固总统班子

作为扩张行政权的工具，普京总统巩固了总统班子在国家决策中的地位和作用，包括总统办公厅、安全会议和各种委员会。

2012年5月22日，普京公布了新的总统办公厅成员名单。普京任总理时期的很多部长们进入了总统办公厅和安全会议的名单，继续接受普京的领导。2011年12月开始，谢尔盖·纳雷什金不再担任总统办公厅主任，前副总理谢尔盖·伊万诺夫担任这个职务。谢尔盖·伊万诺夫的副主任比上届总统办公厅副主任的人数多，第一副主任是维亚切斯拉夫·沃洛金，他同谢·伊万诺夫同时从政府进入总统办公厅，并在梅普换届后保住了自己的席位。但维亚切斯拉夫·沃洛金不是唯一的第一副主任，阿·格罗莫夫也升任第一副主任。此外，总统办公厅设两位副主任，一位是德米特里·佩斯科夫，他同时兼任普京新闻秘书，另一位是安东·瓦伊诺，他曾在普京政府中担任政府办公厅副主任，领

导礼宾司工作,自2011年12月进入总统办公厅工作。普京总统把四年来一道在政府工作的人员作为助手,他的助理主要是前部长们,其中有前卫生发展部部长塔季扬娜·戈里科娃,前经济发展部部长艾利威尔·纳比乌林娜,前自然部部长尤里·特鲁特涅夫,前教育科学部部长安德烈·伏尔先科和通信部部长伊戈尔·谢格列夫。总统助理还有尤里·乌沙科夫,曾任前政府办公厅副主任,因为他具有多年外交经验,任驻美大使10年,负责国际关系问题。拉里萨·博雷切娃依旧领导总统国家法律局,而康斯坦丁·崔琴科领导政府监控局。前交通部部长伊戈尔·列维京任总统参事,前内务部部长拉什德·努尔加利耶夫任安全会议副秘书。总统礼宾司的人也是普京亲自考察过的。[①]

总统办公厅内部建立了以总统助理和职能部门为代表的针对政府的管理操作平台。此外,普京总统任命一些总统办公厅的官员出任政府高官,加强总统办公厅和政府的联系。例如,苏尔科夫团队转移到了政府,尤里·特鲁特涅夫出任副总理,纳比乌林娜出任央行行长。

为消除总统办公厅内部成员之间的斗争,2013年到2016年,普京对总统办公厅进行重组。2016年8月,前办公厅副主任安东·瓦伊诺任总统办公厅主任,阿·格罗莫夫留任第一副主任,2016年10月,谢尔盖·基里延科新任第一副主任。总统办公厅设三位副主任,德米特里·佩斯科夫从2011年留任至今,新任命的两位分别是马格美德萨拉姆·马戈梅多夫(从2013年至今)和弗拉基米尔·奥斯特罗文科(2016年8月)。

新普京时期,安全会议的工作更加制度化。安全会议是总统办公厅的独立分支机构,拥有总统局的地位。根据主要任务和活动分析,安全会议负责建立部门间委员会——安全会议的主要工作机关。根据具体负责的任务,安全会议确定部门间委员会是长期或是临时性质。为保障安全会议工作的科学性,安全会议下设科学委员会,成员包括俄罗斯科学院代表、部门科学院代表、科研机构领导人和高等职业教育机构代表,以及独立专家。安全会议的工作计划由安全会议主席——总统确定,定期开会。必要情况下可以召开临时会议。安全会议主席确定会议的日程和讨论秩序。安全会议负责制定国家安全领域最重要的纲领性文件。[②]

安全会议的人员近年来也发生了调整,新一任安全会议主席是普京。至

---

① http://www.rg.ru/2012/05/22/apparat-site.html.

② http://www.kremlin.ru/structure/security-council.

2016年12月，安全会议常任成员有：梅德韦杰夫总理，联邦委员会主席瓦列吉娜·马特维延科，对外侦查局局长谢尔盖·纳雷什金，国家杜马主席维亚切斯拉夫·瓦洛金，总统办公厅主任安东·瓦伊诺，总统自然保护活动、生态和交通问题专员谢尔盖·伊万诺夫，安全会议秘书尼古拉·帕特鲁舍夫，国防部部长谢尔盖·绍伊古。

普京总统加强大政府建设的一个举措是建立了一系列委员会，包括总统附属燃料能源综合体和生态安全战略发展委员会、总统下属国家公务和管理干部后备问题委员会、总统下属俄罗斯与外国军事技术合作问题委员会、总统下属联邦法庭法官候选人委员会和协助海外同胞自愿迁回俄罗斯国家规划部门间委员会等。委员会的成员包括总统办公厅、政府、总统驻联邦区全权代表的相关人员。委员会的主要任务是就各自负责的领域向总统提出基本政策建议，制定该领域最重要的政策。委员会作出的决定，从中央政府到地方机关，必须执行。这样，总统实际上对整个垂直权力机关建立了直接领导。

例如，成立于2012年的总统附属燃料能源综合体和生态安全战略发展委员会。委员会主席是普京总统，责任秘书是伊戈尔·谢钦。该委员会进一步扩张了总统的执行权：最重要的经济决定，从税率到税收，从汽油价格到投资项目均由新委员会为政府制定。服从新委员会领导的机关包括从政府到地区机关。"委员会在本权限内通过的决议，联邦执行权机关、俄罗斯联邦主体执行权力机关和地方自治机关都必须执行。"总统附属燃料能源综合体和生态安全战略发展委员会的权限非常大。委员会的一个主要任务是"制定措施，落实协调燃料动力综合体领域内的价格和税率的国家政策"。委员会的另一个任务是"制定措施，落实国内市场石油产品价格形成领域的国家政策，包括审查主要燃料、石油产品、液化气的年度和季度平衡"。换言之，新委员会可以确定或改变电能和天然气国内税率的变化表。此外，该委员会实质上可以确定汽油的国内价格，以及石油、天然气和能源行业的纳税等级。该委员会的决定，政府总理、副总理、部长、地区长官都必须执行。新委员会负责的不仅是石油天然气，还包括电能和交通。

普京总统建立大政府的另一个举措是，建立总统下属经济会议主席团。经济会议成立于2012年7月，负责帮助总统和政府分析俄罗斯国内的经济发展趋势，提出走出经济停滞状态的建议。经济会议的主要任务包括阐明系统性的经济社会问题，消除不良后果。经济会议主席团的任务是及时解决经济问题。普京担任主席团主席，负责确定召开会议和主持会议。经济会议及其主席团的活动由总统办公厅提供保障。《总统下属经济会议问题》总统令指出，为落实经济会议及其主席团的决议，可以下达总统令和命令，可以签发总统嘱托和指示。经济会议的决议直接下发给政府、国家权力机关和地方自治机关，并会在总统网站公布。经济会议主席团成员目前有19人，包括总统办公厅、政府和地方领导人，如总统助理安德烈·别洛乌索夫、第一副总理伊戈尔·舒瓦洛夫、俄罗斯银行行长艾利威尔·纳比乌琳娜、财长安东·希卢安诺夫、莫斯科市长谢尔盖·索比亚宁、经济发展部部长阿列克塞·乌柳卡耶夫、俄罗斯工业企业家协会主席亚历山大·邵欣、全俄中小企业社会组织主任亚历山大·布列恰洛夫、总统顾问谢尔盖·格拉兹耶夫、俄罗斯统计院院长塔季扬娜·格里克娃、副总理奥尔佳·格洛杰茨、俄罗斯贸易工业院主席谢尔盖·卡德林，前财政部部长阿列克谢·库德林也在其中。此外，滨海边疆区州长和鞑靼斯坦共和国总统也位列其中。① 该机构同其他总统委员会一起，在战略规划职能方面同政府展开竞争。2016年5月25日，普京总统主持召开经济会议主席团会议，讨论2025年俄罗斯经济政策的重要方向，确定经济增长的主要因素和社会领域的发展源。②

（二）总统亲自主持政府关键部门工作

普京总统通过建立一些工作机制，亲自主持政府关键部门工作。普京总统这样做的原因不是为了政治野心，而是希望通过扩大自己的行政权力，在有限的时间内，亲自督促五月总统令，也就是俄罗斯未来发展目标的落实。普京总统在这方面的措施首先是直接增加总统的决策权，重新变政府为技术型内阁，削弱政府的决策作用。③ 普京总统上任后，将政府职权范围内的经济管辖权收归总统，目的是掌控能源、军工等关键经济领域，以及外交工作主导权。为亲自督促上述部门的工作，普京定期直接同上述部门的部长们和有关企业领导们交流。

普京总统在就职仪式后签署的五月总统令，实际上是普京第三任期的工作计划，确定了俄罗斯未来几年里将在社会、经济、外交、人口、安全等领

---

① Татьяна Зыкова, Утвержден состав президиума Экономического совета. // Российская Газета. 2013. 01. 11. https：//rg. ru/2013/11/01/prezidium-site. html，上网时间：2015年3月9日。
② Заседание президиума Экономического совета. http：//www. kremlin. ru/events/president/news/51996，上网时间：2016年5月26日。
③ 李雅君：《俄罗斯的精英政治——从"梅普组合"到"普梅组合"》，中国俄欧亚研究网，2014年8月12日。http：//euroasia. cass. cn/news/746442. htm，上网时间：2015年3月9日。

第五章 新普京时代国家决策机制的重塑

域的国家发展目标和任务。总统认真落实这些既定任务。每年5月7日，即五月总统令签署的周年纪念日，普京主持会议讨论五月总统令的执行情况。2013年，弗拉基斯拉夫·苏尔科夫副总理由于执行不力，以"自愿"为由辞职。还有一些部长和州长的辞职也同执行不力有关。

五月总统令的直接执行者是政府。为落实总统国情咨文和五月总统令的内容，2014年，普京开启了与政府工作的新模式。普京希望建立长期机制，与政府共同解决紧急问题，讨论五月总统令和2013年总统国情咨文的落实情况。为此，普京根据讨论的话题，定期接见相关部门的部长们和副总理，并且会邀请有关的州长和市长参加会议。这并非普京不信任梅德韦杰夫总理，或者普京与梅德韦杰夫在经济政策方面有分歧。俄罗斯政治学家德米特里·奥尔洛夫认为，恢复总统主持政府会议的工作形式，不是因为普京总统对政府工作不满意，而是俄罗斯国内社会经济形势恶化，普京总统希望建立一个工作机制，能够及时掌握情况，优化工作效率。[①] 乌克兰危机以来，随着西方制裁和俄罗斯经济局势的恶化，普京总统希望为政府提供帮助。为此，普京决定恢复之前的工作机制，每两周主持召开一次政府扩大会议。会议成员除部长们外，还会邀请州长和大城市市长。这不是全新的举措。普京总统第一和第二任期定期在每周一接见关键部门的部长，并"手动"管理政府，但第三次担任总统以来，普京直到2014年才开始采取这个方法。

根据总统发言人德米特里·佩斯科夫的话，普京总统一如既往地出席政府和总统办公厅的日常安排。此外，普京在每次与州长们的见面中，会详细地跟踪五月总统令的执行情况，绝大多数地区都完成了必要的工作指标。2015年普京补充道，五月总统令中的一些内容可以做出修改，但这些内容或早或晚都要实现。在2015年的总统国情咨文中，普京再一次指出五月总统令的重要性，认为尽管俄罗斯国内正发生危机，对五月总统令的完成情况形成威胁，但是在当前的复杂情况下，对人民福祉的责任感只能提高。[②] 普京总统亲自主持政府工作并不是为了个人政治野心的一个佐证是，普京并不是

[①] Уверен ли президент в компетенции и авторитете премьер-министра？Непростая обстановка в стране. Путин идет на помощь. 2014. 01. 16. http：//www. discred. ru/news/neprostaja_ obstanovka _ uveren_ li_ prezident_ v_ kompetencii_ i_ avtoritete_ premer_ ministra_ putin_ idet_ na_ po-moshh/2014 – 01 – 16 – 4321，上网时间：2016年2月20日。

[②] Послание президента РФ Федеральному Собранию 2015 года. 2015 03 12. http：//kremlin. ru/e-vents/president/news/50864，上网时间：2015年12月3日。

当代俄罗斯国家决策机制研究

一直在扩张自己的行政权,挤压政府的决策权,例如,2016年11月23日,普京总统签发第620号总统令,把联邦国家储备署的领导权转交政府。①

（三）维护执政精英的团结和力量平衡

"干部决定一切"。执政精英队伍是普京所建立的工作机制顺利运转的重要保障。正如俄罗斯智库明琴科咨询公关公司的研究报告,普京总统实际上是在俄罗斯宪法的框架内,通过一支执政精英队伍,建立了"政治局2.0"作为俄罗斯国家决策机制的主脑。图5-1至图5-3是明琴科咨询公司有关报告中分析和绘制的俄罗斯"政治局2.0"。

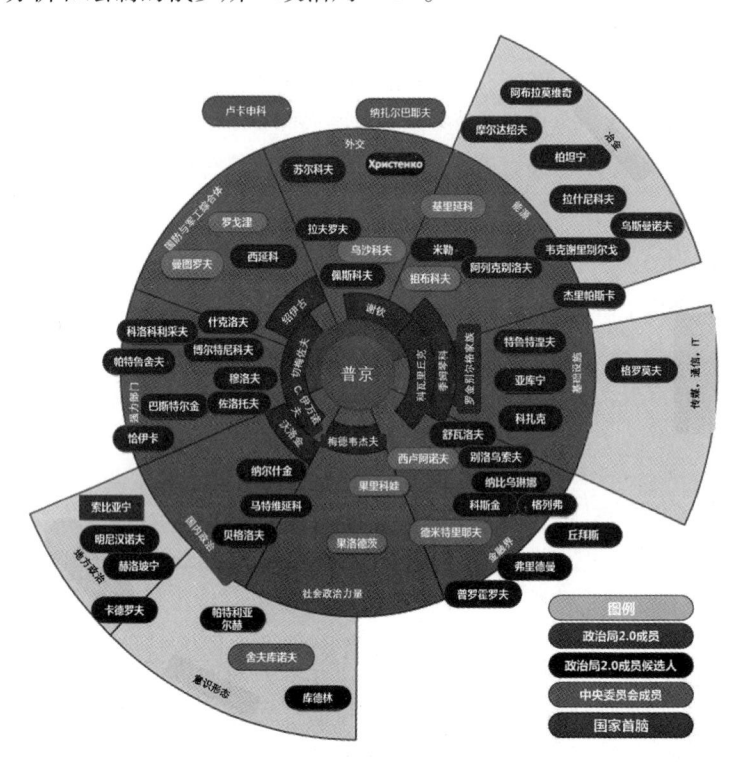

图5-1　2014年"政治局2.0"

资料来源：Политбюро 2.0 и посткрымская Россия. Минченко консалтинг. 2014 г.

---

① Президент Российской Федерации В. В. Путин подписал Указ о передаче Правительству Российской Федерации руководства деятельностью Федерального агентства по государственным резервам 2016 23 11. http://rosreserv.ru/events/item/6645,上网时间：2016年12月1日。

第五章　新普京时代国家决策机制的重塑

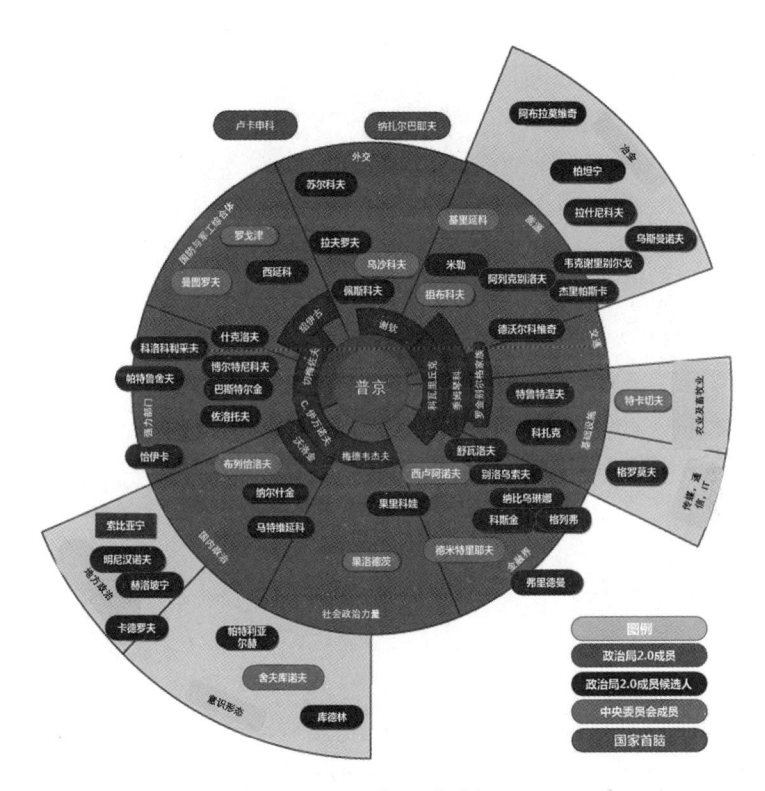

图 5-2　2015 年"政治局 2.0"

资料来源：Политбюро 2.0 и сирийский гамбит. Минченко консалтинг. 3 ноября 2015.

从图 5-1 至图 5-3 可以看出，"政治局 2.0"是一个以普京为核心的同心环形决策机构。普京居于核心位置，根据与总统关系远近、影响力、职位、专长等的不同，执政精英分布于距离普京不同的轨道上，负责有关领域的决策。同一个领域则形成一种非正式的垂直领导关系。普京总统为最高决策级别，离普京越远的轨道，精英的决策权限越低。"政治局 2.0"成员来自政府、总统办公厅等部门。除正式成员外，"政治局 2.0"还有预备干部，来自政府、总统办公厅、大企业、政党、地方长官等。2016 年"政治局2.0"成员有：距离普京总统最近的轨道上只有梅德韦杰夫总理，主要负责社会政策，也负责绝大部分金融政策和大部分国内政策；第二层轨道上有俄罗斯技术国家公司总经理切梅佐夫、前财长伊戈尔·谢钦和俄罗斯银行总裁科瓦里丘克。切梅佐夫负责强力部门、部分国防事务、军工综合体和一小国

· 103 ·

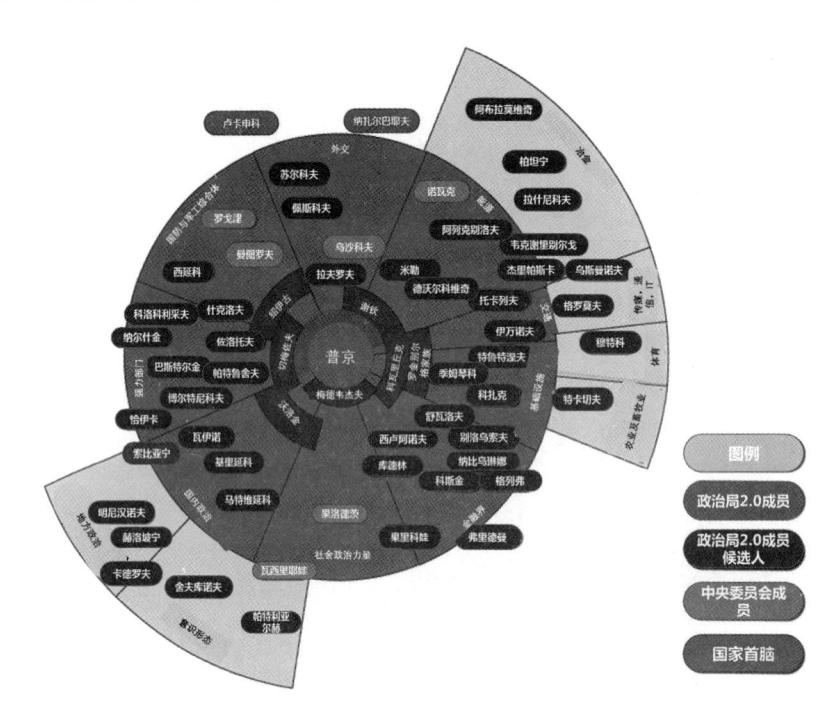

图 5-3　2016 年"政治局 2.0"

资料来源：Политбюро 2.0: демонтаж или перезагрузка? Минченко консалтинг. 11 июля 2016.

内部分政策；谢钦主要负责燃料动力综合体，也负责部分外交政策；科瓦里丘克负责基础设施项目、交通和部分财政政策；处于第三层轨道上的有国防部部长绍伊古、北方海路银行总裁阿尔卡季·罗金别尔格和国家杜马主席瓦洛金。绍伊古负责国防事务、军工综合体和一小部分的强力机构；瓦洛金负责国内事务和一小部分社会政策；罗金别尔格家族负责基础设施项目和交通。

为了维持"政治局 2.0"的正常运行，需要维护精英集团的团结稳定，保障部门利益平衡，阻止其中一部分集团的过分扩张。克里米亚事件后，"政治局 2.0"的影响力不降反升。美国和欧盟的制裁让"政治局 2.0"成员变成了"鹰派"，并且更紧密地团结在总统周围。[①] 同时，为了不成为周围人的人质，普京必须在一定程度上削弱"政治局"的影响力。"政治局"在拆除"梅普组合"决策机制后，工作能效也达到了顶峰。普京总统

---

① Политбюро 2.0 и посткрымская Россия. Минченко консалтинг. 2014 г. С 5.

需要一个更高效的管理机制，减少执政精英队伍内部的野心和内耗。①

为此，普京主要采取两方面措施。第一，重组强力资源，提高强力部门人员的忠诚度。普京总统总体上在加强强力集团的影响力，把忠诚可靠的人安排在关键的位置，任命 B. 佐洛托夫为内务部队司令，任命联邦安全局的一些人到内务部工作。强力部门人员更多进入决策层，他们在国家政治生活中的作用得以提升。2012 年到 2014 年，很多出身强力部门的人员进入了决策层。强力部门内部也进行了三次重大的人员调整。2013 年 7 月，联邦安全局副局长、总统安全局局长维·佐洛托夫辞职，2014 年秋被任命为俄罗斯军队副总司令，接着又被任命为总司令和第一副部长。第二次重大变化是联邦安全局对内务部一些官员展开调查，内务部经济安全和反腐总局局长杰·苏戈罗博夫被捕。第三次重大变化是来自强力部门的人员被提名到重要的国家岗位，他们首先被安排在总统驻各个联邦区代表岗位上。9 名全权代表中只有 3 名同军队或强力部门没有关系。联邦安全局权限扩大。联邦安全局不仅有权依据相关文件对官员展开调查，还有权对公民及其物品进行私人调查，监察交通情况。联邦安全局权限的扩大是为了防止伏尔加格勒的恐怖事件再度发生。2013 年 12 月 29 日，伏尔加格勒火车站发生爆炸，18 人死亡。第二天无轨电车发生爆炸，16 人死亡。联邦安全局扩张很快，成为普京实行平衡策略的一个依靠。来自联邦安全局的干部巩固内务部可以平衡各个影响力集团，不让他们发生大规模争吵。②

强力机构之间的竞争，例如调查委员会和总检查局，A. 波尔特尼科夫和 H. 帕特鲁舍夫，E. 什科洛夫和 A. 波尔特尼科夫等，如果竞争没有超出框架，还会得到鼓励，例如 2014 年联邦安全局和内务部爆发的矛盾。自乌克兰危机和叙利亚动兵以来，国防部部长绍伊古的势力不可避免地增强。为平衡绍伊古的影响力，普京新组建了国家禁卫军部队联邦局，任命 B. 佐洛托夫为局长。③

第二，普京尝试更新执政精英成员。不同出身不同职权的人都在普京的测试范围内：第一类，年轻的技术官员，如总统办公厅领导人 A. 瓦伊诺、工业贸易部部长 Д. 曼图罗夫、能源部部长 A. 诺瓦克、国家杜马机构领导人 T. 瓦罗诺夫等；第二类，执政精英家族的成员，定位是高效的技术官员，如现莫斯科州州长 A. 瓦罗比约夫、统一能源系统联邦电网公司（ФСК

---

① Политбюро 2.0：демонтаж или перезагрузка? Минченко консалтинг. 11 июля 2016. C4.
② Татьяна Становая, Корпорация 《силовиков》：кадровая экспансия на фоне внутренних 《войн》. http：//www.politcom.ru/17594.html.
③ Политбюро 2.0：демонтаж или перезагрузка? Минченко консалтинг. 11 июля 2016. C4 – 6.

ЕЭС）董事长 A. 姆罗夫、Inter Rao 董事长 Б. 科瓦里丘克比较出色；第三类，总统周围的人；第四类，政治局2.0成员的小伙伴（基里延科、米赫尔森、北方钢铁总裁摩尔达索夫等）；第五类，政治局2.0候选人和中央委员会成员，进入总统第二梯队，有机会晋升（副总理科扎克和特鲁特涅夫、总统驻ПФО全权代表 M. 巴比奇等）；第六，拥有经济部门从业经历的官员（运动和运动基础设施：副总理 B. 穆特科、农业部长 A. 特卡切夫）；第七，社会和政党积极分子（包括反对派政党代表）。[①]普京总统在执政精英队伍打造过程中，也注意地区间平衡。从2000年开始，普京就吸收强有力的州长进入联邦管理队伍，例如索比亚宁、特鲁特涅夫、赫洛波宁等。最近的任命表明，伏尔加河流域出身的官员在联邦中央的代表性增强了，C. 基里延科在总统驻伏尔加河沿岸联邦区代表的职位上组建干部队伍有成功经验，他在这方面会有很高的积极性。[②]

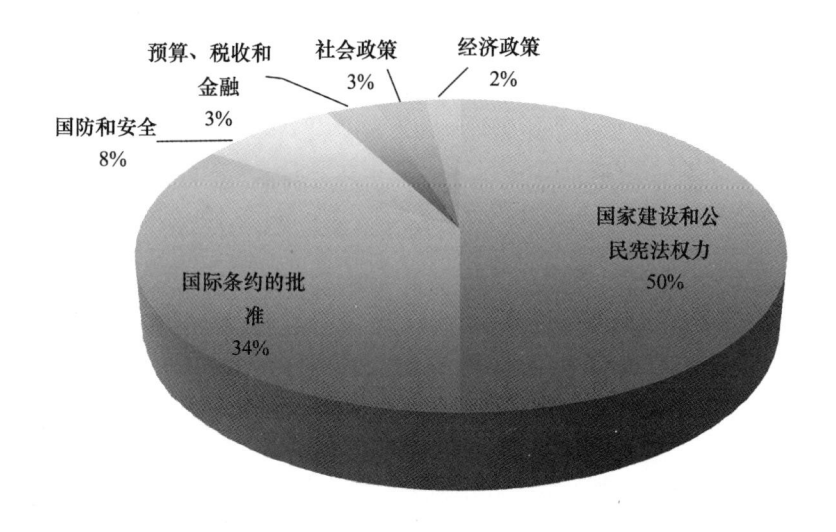

图5-4 总统向第六届国家杜马提交法案议题构成

资料来源：Отчет о состоянии российского законодательства в 2014 году. С 73.

[①] Политбюро 2.0：демонтаж или перезагрузка? Минченко консалтинг. 11 июля 2016. С. 5.
[②] Политбюро 2.0：демонтаж или перезагрузка? Минченко консалтинг. 11 июля 2016. С. 4-7.

2016年，普京一些多年的追随者相继提出辞职，或者进入后备队伍。总统办公厅、州长和政府部门都有明显的人员变动。反腐作为平衡执政精英的一个常用工具，在近两年被提上日程。同时，普京总统通过立法，禁止官员拥有外国账户，并私下禁止官员拥有外国不动产，使国外势力对精英的影响最小化。

图5-4是普京总统向国家杜马提交法案的统计情况，从中可以大致反映出总统主要负责决策的领域。普京总统向第六届国家杜马提交的法案共117项。第一位的是国家建设和公民宪法权力，这方面法案占50%，与第四届和第五届国家杜马时期相比，比重不断攀升；其次是国际条约的批准，占34%，这方面相对下降；接下来是国防和安全，占8%，呈上升态势；预算、税收、金融占3%；社会政策占3%，经济政策占2%。

二 总理和政府决策权限的缩小

相比普京总理，梅德韦杰夫总理的决策权限大大地缩小了，很多执行权力被总统重新掌握。梅德韦杰夫总理的政治作用大大缩水，成为技术型总理，这也增加了梅德韦杰夫在该岗位的存活率。政府决策权力几乎被克里姆林宫集中。由于没有更多的人事权，梅德韦杰夫总理也没有能力建立一个强有力的总理班子。[1] 总理决策地位下降，这一点众所周知，例如，梅德韦杰夫作为总理和"统一俄罗斯"党领导人在国家杜马的年度总结几乎不受关注。

梅德韦杰夫总理的政府团队也是他多年以来培养考察出来的。2012年5月15日，梅德韦杰夫向普京总统递交了政府成员建议书，2012年5月21日，普京总统公布了新政府成员。梅德韦杰夫政府有6名副总理，除了德米特里·科扎克、弗拉基斯拉夫·苏尔科夫、德米特里·罗戈津和亚历山大·赫洛泊宁外，还有新担任副总理的阿尔卡基·德沃尔克维奇和奥利嘉·戈罗杰茨。第一副总理依然由伊戈尔·舒瓦洛夫担任。弗拉基斯拉夫·苏尔科夫任政府办公厅主任，伊戈尔·谢钦不再担任副总理。内务部部长改由弗拉基米尔·科洛科利采夫担任，文化部部长改由弗拉基米尔·梅金斯基担任，教

---

[1] Татьяна Становая, СТАРОЕ И НОВОЕ В ИМИДЖЕ МЕДВЕДЕВА, http://www.politcom.ru/18408.html.

育部部长由德米特里·里瓦诺夫担任,财政部部长继续由安东·西卢安诺夫担任,阿纳托利·谢尔久科夫依然担任国防部部长,维塔利·穆特科继续担任运动部部长,司法部部长继续由亚历山大·诺瓦克担任,能源部部长由谢尔盖·施马特克担任,工业部部长由杰尼斯·曼图罗夫担任,经济发展部部长由安德烈·别洛乌索夫担任。健康社会发展部分为两个部:劳动部由马克西姆·托皮林担任部长,而卫生部由维罗妮卡·斯克沃尔措娃担任部长。交通部部长由马克西姆·索科洛夫担任,农业部部长改由尼古拉·费多罗夫担任,地区发展部部长由奥列格·戈沃卢恩担任,远东发展部部长由瓦克多·伊沙耶夫担任,他同时担任远东联邦区全权代表职务。通讯部长由伊戈尔·谢格列夫担任,谢尔盖·东斯基将在梅德韦杰夫政府中负责自然资源和生态问题,弗拉基米尔·普奇科夫将取代谢尔盖·绍伊古,担任紧急情况部部长职务。

梅德韦杰夫总理确定了政府主席团成员,其中包括所有的7位副总理,还有11位部长,比上一届政府主席团多4位。除了梅德韦杰夫外,进入政府主席团的成员有第一副总理伊戈尔·舒瓦洛夫、副总理弗拉基斯拉夫·苏尔科夫、奥利嘉·戈罗杰茨、阿尔卡基·德沃尔克维奇、德米特里·科扎克、德米特里·罗戈津和亚历山大·赫洛泊宁。此外,主席团成员还有开放政府联络部部长米哈伊尔·阿贝佐夫、经济发展部部长安德烈·别洛乌索夫、地区发展部部长奥列格·戈沃卢恩、内务部部长弗拉基米尔·科洛科利采夫、外交部部长谢尔盖·拉夫罗夫、国防部部长阿纳托利·谢尔久科夫、财政部部长安东·西卢安诺夫、卫生部部长维罗妮卡·斯克沃尔措娃、劳动部部长马克西姆·托皮林、农业部部长尼古拉·费多罗夫。政府主席团会议还将按照过去的工作机制运作,就是在必要的时候召集会议。该机构的决定不应该同在政府会议上通过的决议相矛盾。梅德韦杰夫称:"我签署了政府副总理之间责任划分的文件。我一开始不想这么做,希望自己解决所有问题,但后来衡量了一下,政府职权内的议题数量太多了,一个人无法胜任,因此决定在大家之间分配责任。"

梅普"王车易位"后,政府重新变成了技术内阁,决策作用被削弱。新政府的首要任务是推动创新经济、改善民生和发展远东。从本届政府向国家杜马提交的法案,可以看出政府决策权限的变化。本届政府向国家杜马提交法案680项,关于国家建设和公民宪法权力问题的法案数量最多,占25%;其次是预算、税收和金融立法,占21%。此外,经济政策方面的提案有所增加，是18%（第四届国家杜马时是9%，第五届国家杜马时是11%）。①

三 建立亲总统的立法权力机关和司法权力机关

第六届国家杜马2011年12月选举产生，任期五年。根据规定，这届国家杜马的入门门槛是得票率为7%，但得票率在5%—6%的政党可以获得1个议员席位，而得票率在6%—7%的政党可以获得2个议员席位。参与国家杜马选举的政党有7个，其中4个政党进入第六届国家杜马。"统一俄罗斯"党获得了49.3%的得票率，虽然保住了议会第一大党的地位，但与上一届国家杜马相比，席位减少了77个，失去了议会三分之二以上多数席位。"统一俄罗斯"党获得238议员席位，俄共获得92个席位，公正俄罗斯党获得64个席位，俄罗斯自由民主党获得56个席位。②

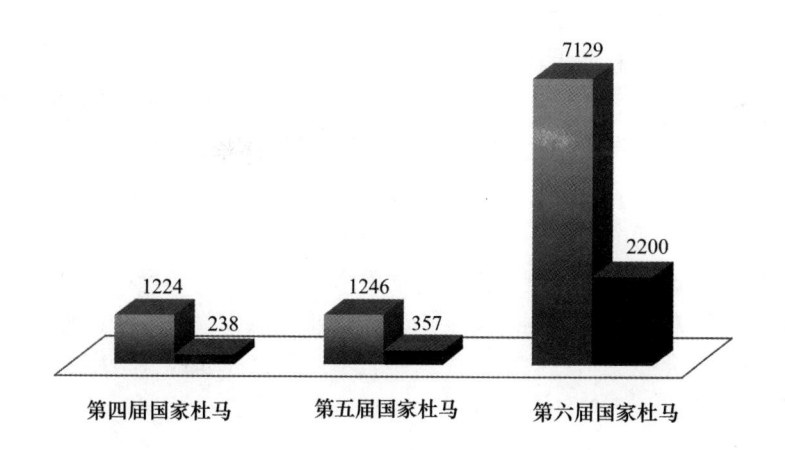

图5-5 第四届、第五届、第六届国家杜马议员提交和通过的法案数量对比

资料来源：俄罗斯国家杜马网站统计信息，www.duma.gov.ru/legislative/statistics。

---

① Отчет о состоянии российского законодательства в 2014 году. С 80.
② http://www.duma.gov.ru/structure/factions/.

第六届国家杜马立法活动更为积极，这届国家杜马议员提交的法案数量比前两届明显增多。图5-5是近三届国家杜马议员提交的和通过的法案数量对比。

比较一下可以发现，第六届国家杜马中，积极提出法案的议会党团是"统一俄罗斯"党团（1123项法案）、公正俄罗斯党团（844项法案）、自由民主党团（746项法案）和俄罗斯共产党（453项法案）。而经国家杜马通过的法案中，来自"统一俄罗斯"党团的法案占25%，来自俄罗斯共产党团的法案占16%，来自公正俄罗斯党团的法案占10%，来自自由民主党团的法案占9.7%。同第五届国家杜马时期相比，"统一俄罗斯"党团向第六届国家杜马提交的议案中，有239项得以通过，通过率降低了21%，而反对派党团提交并通过的议案数量明显增加。自由民主党团提交并通过的法案数量增加了58%；俄罗斯共产党党团提交并通过的法案数量增加了77%；公正俄罗斯党团提交并通过的法案数量增加了24%。① 这表明，体制内反对派在决策中的作用有所增加。

第七届国家杜马于2016年9月提前选举产生。由于普京总统漂亮的外交动作，以及采取了合适的社会政策，维持社会稳定，普京和"统一俄罗斯"党得到了相当高的支持率。"统一俄罗斯"党重新获得超过三分之二的绝对多数席位。在这一届国家杜马中，来自"统一俄罗斯"党的议员343人，来自俄罗斯共产党的议员42人，来自俄罗斯自由民主党的议员39人，来自公正俄罗斯党的议员23人，独立议员2人。② 可以预见，在政权党重新整合国家杜马空间的形势下，国家杜马会更加紧密地与执行权力机关合作。

在司法方面，通过掌管司法机关重要岗位的人事任命权，总统的司法权限得以加强。总统有权根据总检察长的提议任命地方检察官，此外，总统有权向联邦委员会提交副总检察长候选人名单。而之前，地方检察官和副总检察长是由总检察长直接任命。这样，通过人事权力，总统加强了对司法机关的控制。

---

① Отчет о состоянии российского законодательства в 2014 году. С 80.
② http://www.duma.gov.ru/structure/factions/.

第二节 政权与社会关系的改善

俄罗斯政权的合法性不取决于宪法和法律条文规定，而是取决于民众对第一领导人的支持率。因为根据俄罗斯宪法和总统选举法规定，总统是全民直选产生，总统选举也是唯一对政治系统稳定性具有批评意义的选举。而俄罗斯政治生态特点决定，总统支持的政权党在国家杜马选举中的表现，是民众对总统支持度的一个体现。普京总统的高支持率，是俄罗斯政局稳定、国家决策机制顺利运行的重要保障。然而，2011年国家杜马选举中"统一俄罗斯"党得票率低于前一届，普京和梅德韦杰夫民众支持率一路走低，以及2012年普京在总统大选中艰难胜出，这些事件表明，普京以威权主义为特征的国家决策机制需要变革。

与"阿拉伯之春"等动荡的国际局势相呼应，2011—2013年，俄罗斯多次爆发大规模民众抗议事件，2015年涅姆佐夫被杀事件也激起了反对派的不满。为此，普京总统采取了一系列措施，提高政党的代表性，完善关于社会稳定问题的法律文件，维持了俄罗斯社会稳定。克里米亚回归俄罗斯和叙利亚反恐等漂亮的外交动作，不仅打破了西方孤立俄罗斯的外交包围圈，也提高了民众支持率，从而证明了普京采取的社会政策发挥了维稳作用。普京在维持社会稳定方面的措施如下：

一 改革选举系统，改善政党代表职能

从"阿拉伯之春"到"土耳其之夏"，国际形势的变化对一个政权的国家决策机制提出了挑战。从2011年，俄罗斯反对现任政权的游行活动愈演愈烈，中产阶级主导的俄罗斯民众通过抗议活动，表达对政权的不满意，他们呼吁诚实的竞选，不满意梅德韦杰夫和普京安排好的角色互换。然而，2011—2013年经常爆发的广场抗议活动并没有星火燎原。为了缓和与反对派的紧张关系，迎合俄罗斯民众的政治诉求，普京总统向议会提出了几项政治体制改革措施，主要是选举系统的改革。

首先是修改政党法。2012年5月2日，俄罗斯联邦修改了《政党法》，

放宽政党的注册条件。改革的目的是培育扶植中小型政党的发展,扩大政党的社会代表性。依照4月4日生效的俄罗斯新《政党法》,截至2012年6月25日,共有177个政党组织在司法部申请备案,其中已经有9个政党获准注册。截止到2016年1月1日,俄罗斯国内活跃着77个全国性政党①,使得政党具有了更为广泛的代表性,每个公民都可以找到最能代表自身利益的政党。利益诉求和沟通渠道的畅通,是实现社会稳定的一个条件。

执政党"统一俄罗斯"党也进行了党内改革,使其更加贴近俄罗斯民众和政治现实。梅德韦杰夫在该党5月25日开幕的"十三大"上提出的统俄党改革方案被写入党章。主要内容包括:党向各级行政和立法机构推荐候选人时必须坚持差额和保密原则;切实强化基层组织的作用;总委员会成员应有20%以上来自下层支部,每年更新10%的成员等。

其次是恢复了地方长官的直选,但附加了一些补充规定。地方直接选举州长的新法令于2012年6月1日生效。只要在俄罗斯司法部注册的政党,即便没有进入地方议会,也可以推选自己的候选人,被推选者既可以是该党成员,也可以是无党派人士。选举体系的改革,力求遵循竞争、公开、合法的原则,明显提高了进行诚实的政治斗争的保障。

最后是恢复国家杜马选举的混合选举制。2013年,俄罗斯通过了国家杜马选举修改方案,恢复混合选举制。在450个国家杜马席位中,225个席位按照政党"比例代表制"产生,225个席位根据"单席位选区"选举产生。同时,政党进入国家杜马的最低标准从得票率7%降到5%。② 国家杜马选举改革的目的也是改善国家杜马的社会代表性,虽然最终进入国家杜马的依旧是传统的4个政党。第七届国家杜马选举后,新任国家杜马主席瓦洛金参与组建新的议员团,希望能够提高国家杜马对社会不同利益群体的代表性,甚至能够体现其他党团、反对派、中央部长们和地区的不同诉求。2016年2月,普京签署法律,对政党在国家杜马选举中选派观察员③做出了补充规定。

---

① Перечень политических партий (по состоянию на 1 января 2016 года). // Российская Газета. Опубликован 22 апреля 2016 г. https://rg.ru/2016/04/21/partii-site-dok.html,上网时间:2016年5月20日。
② Федеральный закон от 2 июля 2013 года, от 28 декабря 2013 года, от 21 октября 2013 года.
③ Федеральный закон от 15 февраля 2016 г. №29-ФЗ " О внесении изменений в Федеральный закон О выборах депутатов Государственной Думы Федерального Собрания Российской Федерации"。

二　建立政权与社会的直接对话机制

建立争取与社会直接对话机制是普京的另一个重要举措。这方面一个重要机制就是全俄人民阵线。全俄人民阵线变成常设的社会机构，有助于俄罗斯民众直接定期地影响俄罗斯国家政治进程。全俄人民阵线在俄罗斯政治社会变革中发挥了很大的作用：全俄人民阵线作为国家领导人和广大社会力量就最尖锐的社会经济和政治管理问题直接互动的平台，发挥了关键性的作用。[①] 这个超党组织提出的意义和建议，可以通过普京总统，直接传递给政府和政权党。该机构也是普京拥护者的活动平台。全俄人民阵线和社会院的工作非常积极，甚至挤压了"公开政府"的工作。

此外，定期举行的"直线"节目也发挥了重要对话作用。在该节目框架内，普京总统号召俄罗斯公民聚焦社会经济问题，让社会公众对西方制裁下如何应对经济危机和国家发展建言献策。"直线"节目也是普京与选民直接联系的平台。

三　通过法律手段，维持社会稳定

反对派动员的抗议活动在经过2011—2013年的波峰后开始回落。这由几个因素促成：第一，反对派没有什么新设计可以提供，反对派没有系统的经济社会变革纲领，仅限于批评现有体制；第二，普京上任后开始的政治改革将激进反对派置于两难境地：反对派抗议时提出的零散的要求，大部分被普京采纳并系统地落实了；第三，政权采取措施，制定了一揽子标准化法案，把抗议活动分化为两部分：准备在政治改革中进入体制内的和试图破坏体制的，随后，试图破坏体制的那部分彻底失去了对政治进程和社会信息空间的影响力。[②] 普京总统通过下列法律手段，遏制了激进的抗议活动，维持俄罗斯社会稳定。

[①] Третийсрок：КакПутинсделалРоссиювеликой. http：//www.politonline.ru/interpretation/22885421.html.
[②] Орлов Дмидтий：Год Путина：Новый моноцентризм. 06. 05. 2013. http：//www.regcomment.ru/articles/god-putina-novyy-monotsentrizm/.

1. 加强国家对因特网的控制

2011年底到2012年初,俄罗斯发生了多次抗议集会,这些集会的组织平台是因特网。此外,反对派势力利用因特网相对自由地表达自己的政治主张。因此,俄罗斯通过了一系列法律,加强国家对因特网的管理。根据新的相关法律,在俄罗斯注册网站需要注册人提交相关声明,如果网站没有登记,则不能作为大众传媒使用。2013年8月1日,反盗版法正式实施,如果非法在网站上发布视频,网站将被关闭。2014年2月1日关闭网站使用法则正式生效。如果在网站上公开呼吁大规模骚乱和极端行为,网站则会被关闭。此外,普京总统签署法律,在因特网组织极端主义活动将获5年以内刑期。

2. 加强集会法

鉴于俄罗斯国内2011年至2012年抗议活动的增加,以及乌克兰抗议活动引起的政权更迭,普京总统采取措施,加强对集会等社会活动的管理力度。2012年6月9日,集会法生效,根据该法律,违规举行抗议活动的惩罚措施加强了。政府可以根据该法律的有关规定,拒绝公民集会,例如,法律禁止参与者使用面具或其他形式遮住自己的脸部,不允许醉酒状态下举行集会。此外,地方政府应该专门开辟用于集体讨论具有重大社会问题的场所。

3. 加强对非政府组织的管理

2012年7月21日,普京总统签署法律,要求得到境外资助并从事政治活动的非政府组织要以外国代理社的身份特别注册。莫斯科抗议活动后,立法者对非政府组织进行了大规模检查,并通过了一项法律,限制外国人去大众传媒掌权。

4. 加大违法集会的惩罚力度

2014年7月22日,普京总统签署法律,加大对违反集会组织程序的行为的惩罚力度。此外,普京签署两部法律,加强对组织大规模暴乱行为的惩罚力度。2014年2月,7人因参与大规模骚乱活动和对警察使用暴力被判刑。反对派进行活动,要求释放被捕的积极分子,但俄罗斯多数人对抗议的喜好程度降到了历史最低:广场抗议活动不再引起人们的同情,抗议活动被等同于基辅的街头骚乱和社会意识中的破坏性事件。

此外,普京总统还采取了其他关于集会的法律措施,遏制激进抗议活动,也遏制外国势力对俄罗斯公众的鼓动。例如,2016年,俄罗斯通过法律,对"汽车广场人士们"发动带有宣传鼓动性质的未授权汽车赛进行限制。俄罗斯法律还切断反对派的外部融资渠道。

普京总统的上述法律措施发挥了维护社会稳定的作用。2015 年 2 月 27 日，俄罗斯知名反对派领袖鲍里斯·涅姆佐夫被杀。这个事件对于体制外反对派起到了社会动员作用、俄罗斯举行了自 2012 年 2 月 4 日以来最大规模的抗议行动。然而，克里姆林宫顺利渡过了这股风波。

四 外交成绩

俄罗斯在外交方面取得的成绩，也是维持社会稳定的一个重要方面。包括索契奥运会、缓解克里米亚问题、俄罗斯在叙利亚的立场，"所有这些都证明俄罗斯重返世界政治地图。绝大多数俄罗斯公民支持普京，甚至是 4 年前在广场上反对普京的那些人"。"对于俄罗斯民众来说，克里米亚不仅是一个半岛，而且是俄罗斯恢复它的权威的地方。"。至于叙利亚，"只有俄罗斯的干预才是真正打击国际恐怖主义威胁的开始"。"正是爱国主义，这么简单明细的国家观念，让普京总统向全世界展示了俄罗斯的实力和意义。我们准备帮助保护友好国家的主权，捍卫我们的国家利益。""俄罗斯国民知道当前的经济困难是俄罗斯外交活动的后果，但他们已经完全准备好为此付出代价。此外，在长时间收入增长后，经济困难被认为是暂时的，合理的链条变化的一部分，而不是灾难。"。[①] 2015 年 2 月普京支持率升到了历史最高，"统一俄罗斯"党也获得自 2009 年以来最高的支持率。

在谈到俄罗斯外交成绩方面，不得不提的是俄罗斯的军事改革。2008 年 10 月 14 日在俄罗斯国防部军事闭门会议中宣布的军事改革措施，包括机构变革、人员变动、武装力量数量变动等。这次改革规模大，计划三个阶段完成，并于 2020 年完全实现。然而，改革进展并不顺利。由于改革不利，普京采取措施，包括发生了著名的"国防服务"事件和更换国防部部长。从普京第三任期开始，在总统亲自领导下，改革进展顺利。现在的俄罗斯军队让人印象深刻：2015 年，俄罗斯一半以上的军队拥有了现代化武装，如坦克 БМП Т – 15、T50 等。在 2015 年庆祝卫国战争胜利 70 周年之际，俄罗斯向世界展示了一系列先进军事设备。俄罗斯军人的待遇也得到提高。正是由于

---

① 2/3 президентскогосрокаПутина：политикадействий в условиях противодействия7 мая 2016，http：//tass. ru/politika/3265000，上网时间：2016 年 7 月 1 日。

顺利及时的军事改革,才保障了叙利亚行动的顺利开展。①

  2016年9月的国家杜马选举表明,社会的积极力量团结在普京周围。全俄舆论中心2016年4月民调显示,82%受访者信任普京,84%受访者表示准备投票给普京。这个结果高于2012年的支持率,当时普京有63.6%得票率,这个支持率也打破了普京2004年第二任期的纪录(71%)。普京的民众支持基础也更加多样化。根据全俄舆论中心的民调,25%的俄共支持者支持普京,33%的自民党支持者支持普京,40%的公俄党支持者支持普京。俄罗斯政府下属金融大学第一任副校长康斯坦丁·西蒙诺夫在《共青团真理报》撰文称,80%的物质上有保障的俄罗斯公民是普京的支持者,之前仅有54%。专家在评论这个数据时,开始谈论普京的执政方式,支持者反对俄罗斯国家发生激烈的变革,认为现任国家领导人是有效的道德的政权标尺。②在俄罗斯社会的意识形态方面,"向右转"的思想变得复杂,自由主义在社会中的支持率不高。体制外自由党,如"亚博卢",在国家杜马选举中惨遭失败。③

---

① Промежуточныеитогитретьегосрока Путина. 04 марта 2016. http://geo-politica.info/promezhutochnye-itogi-tretego-sroka-putina.html,上网时间:2016年7月1日。
② 2/3 президентскогосрокаПутина: политикадействий в условиях противодействия7 мая 2016, http://tassru/politika/3265000,上网时间:2016年7月1日。
③ Политбюро 2.0: демонтаж или перезагрузка? Минченко консалтинг. 11 июля 2016. С.6.

第六章 当代俄罗斯国家决策机制的结构

俄罗斯国家决策机制的结构是指根据俄罗斯联邦现行宪法和其他法律文件的规定，俄罗斯国家决策机制由哪些国家权力机关构成，这些国家权力机关各自的决策权限，以及它们在国家决策机制中的相互关系和相对位置。俄罗斯国家决策机制的法律依据包括俄罗斯联邦宪法、一系列关于国家决策问题的联邦法律、相关国家权力机关的组织条例，以及有关国家政策方针的战略性构想和理论学说。

第一节 当代俄罗斯国家决策机制的核心——联邦总统

俄罗斯现行宪法（1993年）赋予联邦总统相当高的政治地位和作用。根据现行宪法，俄罗斯总统几乎凌驾于国家权力体系之上，在国家政治生活中发挥主导作用。总统具有广泛的权力和义务，他的职权涉及所有国家权力分支的活动。总统的决策权包括：

一 保障宪法实施的权力和司法权

1993年宪法把俄罗斯总统置于权力体系的中心地位。1993年宪法规定，"俄罗斯联邦总统是国家元首"，更为重要的是，"俄罗斯联邦总统是俄罗斯联邦宪法、人和公民的权利与自由的保障。总统根据俄罗斯联邦宪法规定的程序采取措施，捍卫俄罗斯联邦的主权、独立和国家完整，保障国家权力机关协调一致地行使职能和相互协作"。① 这样，俄罗斯总统就拥有了捍卫和保障宪法实施的权力。1993年宪法在这方面作出了进一步的规定，俄罗斯联邦总统"有权废除与俄联邦宪法、法律、国际义务相抵触或侵犯人和公民权利与自由的联邦主体文件的效力"，"有权就联邦法律、议会、政府的规范性文件是否符合俄联邦宪法向俄联邦宪法法院提出询问"。② 这意味着，俄罗斯总统有权向宪法法院提出联邦委员会、国家杜马、联邦主体代表机关的行为违反宪法，从而要求它们停止活动。总统可以直接取消联邦执行权力机关的行动，暂停联邦主体执行权力机关的行动。俄罗斯总统成为国家权力机关是否违宪的仲裁者，也是中央和地方权力机关之间的仲裁者。

二 执行权

根据1993年宪法规定，俄罗斯联邦总统虽然不是政府首脑，但却拥有广泛的执行权。联邦总统的宪法权限实际上是以执行权力为中心，围绕着执行权力展开的。

首先，决定国家内外政策的基本方向。俄罗斯总统"依据俄罗斯联邦宪法和联邦法律决定国家内外政策的基本方向"③。总统还"向联邦会议提交有关国内形势和国内外政策基本方针的年度国情咨文"④，而联邦会议对总统的年度国情咨文没有审议权。总统在执行权力机关的协作下确定国家基本政策方针。总统在这方面的活动空间相当广泛：从国家最重要岗位的干部任命、批准军事行动，到直接指导外交活动，参与制定法律政策，指导当前社会经济政策。当然，总统不是一个人制定国家基本方针政策，而是需要同其他国家机关和各种政治势力相互协作，总统在这方面的行为被限定在宪法的框架里，总统应该在宪法的基础上行事。议会通过立法活动，同总统一起制定国家内外政策。联邦会议有权就俄罗斯国家内外政策的基本问题直接立法。

总统对国家政治生活的一些重大事务具有直接决策权。总统"有权决

---

① Конституция Российской Федерации. Глава 4. Статья 80. Части 1 – 2.
② Там же. Глава 4. Статья 85. Часть 2.
③ Конституция Российской Федерации. Глава 4. Статья 80. Часть 3.
④ Там же. Глава 4. Статья 84. Пункт «е».

定举行全民公决"。总统拥有实行特赦的权力。"如果俄罗斯联邦遭到侵略或直接的侵略威胁,俄罗斯联邦总统可以宣布俄罗斯联邦全境内或部分地区进入战时状态,并立即通知联邦委员会和国家杜马。"[1] "俄罗斯联邦总统根据联邦法律规定的情况和程序在俄罗斯联邦全境或部分地区实行紧急情况,并立即通知联邦委员会和国家杜马"[2]。

总统对其他国家权力机关的工作和人事任免拥有重要权力。俄罗斯联邦总统"有权主持俄罗斯联邦政府会议",[3] 有权"作出俄罗斯联邦政府辞职的决定"。[4] 总统对议会工作拥有重要权力:"根据俄罗斯联邦宪法和联邦法律规定,确定国家杜马选举。"[5] 总统"根据俄罗斯联邦宪法规定的情况和程序解散国家杜马"。[6] 总统是"俄联邦武装力量的最高统帅"。[7] 总统"有权按照协商程序解决联邦国家权力机关与各联邦主体国家权力机关之间以及各联邦主体国家权力机关之间的分歧"。[8]

总统对政府和司法部门关键职务拥有任免权:"征得国家杜马同意后任命联邦政府总理";"根据总理提议,任免联邦政府副总理、部长";"向联邦委员会提出宪法法院、最高法院、最高仲裁法院法官候选人、总检察长候选人;向联邦委员会提出解除总检察长职务";"任命宪法法院、最高法院、最高仲裁法院以外的其他联邦法院审判员";"有权向国家杜马提出中央银行行长候选人,提出解除其职务";"任免俄罗斯联邦武装力量最高指挥部";"同联邦会议两院有关委员会协商后,任命和召回俄罗斯联邦驻外国和国际组织的外交代表"。[9]

此外,总统对总统机构拥有组成权。总统有权"成立并领导安全会议";有权"成立俄联邦总统办公厅";有权"任命和解除俄联邦总统全

---

[1] Там же. Глава 4. Статья 87. Статья 2.
[2] Там же. Глава 4. Статья 88.
[3] Там же. Глава 4. Статья 83. Пункт 《 б 》.
[4] Там же. Глава 4. Статья 83. Пункт 《 в 》.
[5] Там же. Глава 4. Статья 84. Пункт 《 а 》.
[6] Там же. Глава 4. Статья 83. Пункт 《 б 》.
[7] Там же. Глава 4. Статья 87. Статья 1.
[8] Там же. Глава 4. Статья 85.
[9] Конституция Российской Федерации. Глава 4. Статья 83. Пункт 《 а 》,《 д 》,《 е 》,《 г 》,《 л 》,《 м 》.

权代表的职务"。① 总统机构为总统进行国家决策提供条件，它们负责决策咨询、协调国家机构工作、文件起草、监督落实等重要工作。而这些机构由总统负责组建，总统可以根据自己的意愿决定总统机构的结构和干部，从而掌控这些重要机构，为进一步巩固总统在国家生活中的地位提供切实可操作的手段。

三 立法权

俄罗斯联邦的联邦法律立法程序分为四个步骤：（1）立法倡议主体提出法案；（2）国家杜马审议表决；（3）联邦委员会审议表决；（4）联邦总统审议签署。俄罗斯总统在第一和第四阶段拥有重要权力。

首先，俄罗斯总统具有立法提案权。总统有权"向国家杜马提出法律草案"，② 从而可以把自己的政治意愿以法律文件的形式表达出来，作为国家决策的法律保障和依据。

其次，俄罗斯总统在立法程序的最后环节拥有"签署和颁布联邦法律"的权力。③ 国家杜马和联邦委员会通过的联邦法律"应在5日内送交俄罗斯联邦总统签署和颁布"，"俄罗斯联邦总统应在14日内签署联邦法律并颁布"。④ 根据1993年宪法规定，俄罗斯总统不仅负责联邦法律的签署和颁布，更具有审议权和否决权。"如果俄罗斯联邦总统在收到联邦法律之日起的14日内驳回该法案，国家杜马和联邦委员会可根据俄罗斯联邦宪法规定的程序重新审议该法律"。尽管"如果总统驳回的法案被国家杜马和联邦委员会三分之二以上的成员不加修改地再次通过，则总统必须在7日内签署并颁布这一法律"⑤，但由于俄罗斯国家权力机关之间的关系和政党分野，这种情况在实践中很少出现。俄罗斯总统在立法方面占据优势地位。

俄罗斯总统具有发布命令权。俄罗斯总统除了拥有立法提案权外，还"发布命令和指示"，"俄罗斯联邦全境都必须执行俄罗斯联邦总统的命令

---

① Там же. Глава 4. Статья 83. Пункт "ж"，"и"，"к".
② Там же. Глава 4. Статья 84. Пункт "г".
③ Там же. Глава 4. Статья 84. Пункт "д".
④ Там же. Глава 5. Статья 107. Часть 1.
⑤ Конституция Российской Федерации. Глава 5. Статья 107. Часть 3.

和指示"。① 这意味着，总统可以将政治意志以总统令和指示的形式贯彻于国家的政治生活之中。

表 6-1　　　　　　　　　总统国家决策权限

保障宪法实施的权力和司法权	立法权	执行权
保障俄罗斯宪法在俄罗斯全国的顺利实施	立法提案权	国家内外政策的基本方向
		国家政治生活重要事务的直接决策权
		对其他国家权力机关的工作和人事任免拥有重要权力
国家权力机关是否违宪的仲裁者	签署和颁布联邦法律权	政府和司法部门关键职务任免权
	发布命令权	总统机构组成权

从表 6-1 可以看出，1993 年宪法结合了之前《俄罗斯联邦宪法（基本法）》和 1991 年《总统法》对总统有利的一些规定，删除了对总统权力一些限制性条款。根据 1993 年宪法，俄罗斯总统是国家决策机制的中心。总统不仅掌握了重要的国家决策权力，还是国家权力体系的连接点，负责保障各权力分支的协调统一。

总之，俄罗斯总统拥有相当广泛的国家决策权力，他不仅是国家元首与武装力量的最高统帅，还拥有广泛的执行权力和立法权力。在日常的国家决策中，总统主要通过三个权力杠杆来实现自己的决策权力：第一，总统通过相关法律将联邦安全局、外交部、国防部、内务部、紧急情况部、对外情报部、联邦通讯和信息部等强力部门直接纳入自己的领导之中，这些部门的领导直接对总统负责；第二，俄罗斯联邦安全会议作为决定国家安全战略的主要机构，其法律地位并不十分明确，这导致在现实政治生活中它成为强势的总统的"权杖"；第三，俄罗斯总统的办事机构——总统办公厅拥有广泛的权力，它实际上不仅仅是一个办事机构，还是"影子内阁"。

---

① Там же. Глава 4. Статья 90. Части 1-2.

第二节　当代俄罗斯国家决策机制中的议会

俄罗斯现行宪法规定，联邦会议是俄罗斯的立法机构和代表机构，它由上院联邦委员会和下院国家杜马组成。虽然联邦会议在俄罗斯宪法和实践中的权力相对有限，但仍然是国家决策机制中的重要组成部分。联邦会议为国家决策提供法律保障，并在一定程度上对其他国家权力机关形成制衡。下面具体分析国家杜马和联邦委员会同国家决策相关的权限。

一　国家杜马

国家杜马是议会下院。俄罗斯宪法第103条第1款规定了国家杜马的职权范围：（1）同意俄罗斯联邦总统对俄罗斯联邦政府总理的任命；（2）决定对俄罗斯联邦政府的信任问题；（3）任免俄罗斯联邦中央银行行长；（4）任免审计院主席和半数审计员；（5）任免按宪法性法律活动的人权问题全权代表；（6）宣布大赦；（7）提出罢免俄罗斯联邦总统的指控。

国家杜马的议事原则是：就俄罗斯联邦宪法规定管辖的问题通过决议；在俄罗斯联邦宪法未规定通过其他决议办法的情况下，国家杜马的决议以国家杜马代表总数的多数票通过。

国家杜马拥有自己的工作机构，包括领导机构、国家杜马理事会和常设委员会，其中，领导机构由杜马主席、杜马第一副主席和杜马副主席组成。2003年12月29日国家杜马对《国家杜马章程》进行修改，规定议会党领袖可以担任杜马主席。这条修改项目为"统一俄罗斯"党主席掌握国家杜马铺平了道路。国家杜马理事会是杜马党团的协调机构，协调议会党团和议员团的立场，准备和审议国家杜马活动的议事日程。《俄罗斯国家杜马章程》（2011年修改）规定，建立国家杜马理事会的目的是初步准备和研究国家杜马的组织问题。杜马理事会中拥有决定权的是国家杜马主席、第一副主席和副主席。国家杜马理事会的职责包括：确定国家杜马本

第六章 当代俄罗斯国家决策机制的结构

次会期的立法工作计划草案；通过将法案纳入国家杜马下次会期法案工作计划的决定；制定附有议题目录的国家杜马下月审议问题的日程草案；制定国家杜马理事会工作日程草案；委托相关国家杜马委员会负责准备立法倡议主体提交国家杜马的法案；决定举行议会听证会等。[①] 可以看到，为了实现对立法过程的绝对控制，"统一俄罗斯"党依靠自己在议会中的绝对多数席位，从2003年至2011年4月，对《国家杜马章程》进行了五十余处修改，改变了《国家杜马章程》的一些重要规定和决策程序。此前国家杜马理事会的成员曾包括各议会党团的领导人和杜马主席，每个议会党团都有平等的代表权，并能够实现所有议会党对立法程序的集体监督。章程修改后，杜马委员会的成员仅拥有发言权，决定权归杜马主席和副主席所有。国家杜马理事会的作用和性质发生了很大的变化。之前国家杜马理事会是形成未来决策的平台，也是院外活动的目标。[②] 现在，杜马理事会不具有决定权，这也限制了部门利益集团对国家决策的干预。常设委员会是辅助性工作机构，目前有32个。[③] 国家杜马委员会的职责包括：准备和预先审议法律草案，组织议会听证会，分析法案执行实践等。俄罗斯国家杜马法案审议流程如图6-1。

[①] Регламент Государственной Думы. （принят постановлением Государственной Думы ФС РФ от 22 января 1998 г. №2134 - II ГД. С изменениями постановлениями ГД от 15 апреля 1998 до 11 апреля 2011 г）

[②] 地方精英和企业集团以前一贯通过国家杜马实现院外活动。2003年，国家杜马通过有利于石油公司，而不是政府的决策，这让克里姆林宫非常不满。当时的金融系统也有利于商业利益集团通过政党和议会表达自己的利益，特别是有利于商业利益集团在选举中资助某个政治力量。随着国家杜马选举体系的变化，国家杜马作为院外活动场所的职能在很大程度上消失了。值得注意的是，这并没有减少腐败现象，而是把利益集团的资金流直接转入政府。

[③] 宪法法律和国家建设委员会，公民、刑事、仲裁和程序立法委员会，劳动和社会政策委员会，预算税收委员会，金融市场委员会，经济政策和企业活动委员会，所有权委员会，工业委员会，建筑和土地关系委员会，科学和科技委员会，能源委员会，交通委员会，国防委员会，安全委员会，国际事务委员会，独联体事务和同胞联系委员会，联邦事务和地区政策委员会，地方自治委员会，国家杜马章程和组织工作委员会，信息政策、信息技术和通信委员会，卫生保健委员会，教育委员会，家庭、妇女儿童问题委员会，（见 Постановление ГД ФС РФ от 6 февраля 2008 года №88 - 5 ГД.）农业问题委员会，自然资源、资源利用和生态委员会，文化委员会，社会组织和宗教组织事务委员会，民族事务委员会，体育运动委员会，青年事务委员会，北方和远东问题委员会，老兵事务委员会。

当代俄罗斯国家决策机制研究

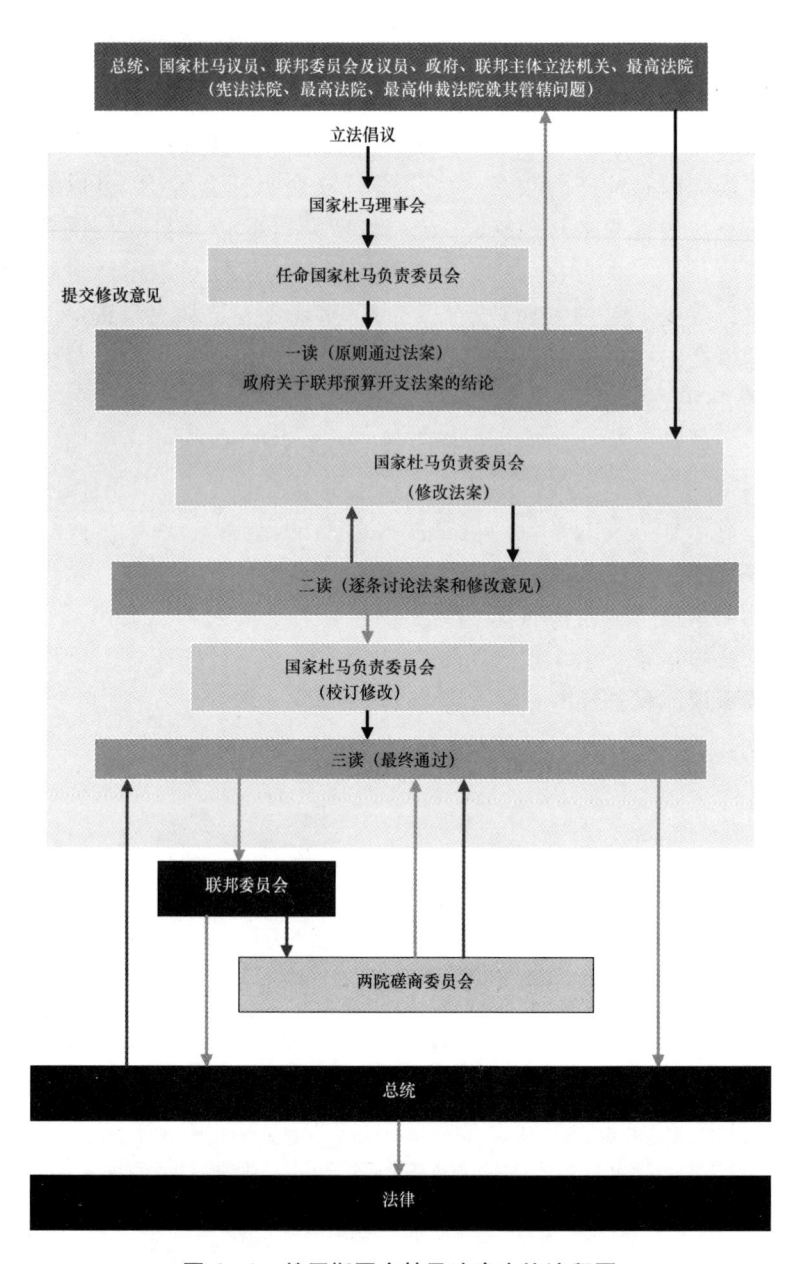

```
总统、国家杜马议员、联邦委员会及议员、政府、联邦主体立法机关、最高法院
（宪法法院、最高法院、最高仲裁法院就其管辖问题）
                    ↓ 立法倡议
              国家杜马理事会
                    ↓
提交修改意见   任命国家杜马负责委员会
                    ↓
              一读（原则通过法案）
              政府关于联邦预算开支法案的结论
                    ↓
              国家杜马负责委员会
                  （修改法案）
                    ↓
              二读（逐条讨论法案和修改意见）
                    ↓
              国家杜马负责委员会
                  （校订修改）
                    ↓
              三读（最终通过）
                    ↓
              联邦委员会
                    ↓
              两院磋商委员会
                    ↓
                  总统
                    ↓
                  法律
```

图 6-1　俄罗斯国家杜马法案审议流程图

资料来源：И. Яковлев. Политический атлас. 2009. http：//www.pe-a.ru/Ru/Ru-Process.php.

如图6-1所示，国家杜马的立法流程是：第一，立法倡议主体向国家杜马理事会提交立法倡议；第二，国家杜马理事会委托相关杜马委员会负责筹备法律草案，或者同意提交国家杜马一读审议，或者责成立法倡议主体进行修改；第三，二读的内容是对草案进行逐条审议；第四，三读对杜马责任委员会加工整理后的法案进行表决；第五，提交总统签字，颁布法律。

二 联邦委员会

根据俄罗斯宪法规定，俄罗斯联邦委员会与国家杜马共同拥有立法权、监督权和决定内部组织问题权。但在立法活动中，联邦委员会和国家杜马享有不同的权力，发挥不同的职能。

联邦委员会拥有参加立法活动的权力，但宪法并未赋予联邦委员会通过联邦法律的权力。联邦委员会只拥有对国家杜马通过的联邦法律表示赞成或否决的权力。联邦委员会具有立法倡议权。宪法第106条规定，国家杜马就下列重要问题通过的联邦法律必须由联邦委员会审议：联邦预算，联邦税收和收费，金融、外汇、信贷和关税调整、货币发行，批准和废除俄罗斯联邦国际条约，俄罗斯联邦国界的状态和保卫，战争与和平问题。在这些重要问题上，联邦委员会对国家杜马的立法活动有着一定的制衡作用。

宪法第102条第1款明确了联邦委员会负责同总统活动有关的重要问题：（1）批准俄罗斯联邦主体间边界的变更；（2）批准俄罗斯总统关于实行战时状态的命令；（3）批准俄罗斯联邦总统关于实行紧急状态的命令；（4）决定在俄罗斯联邦境外运用俄罗斯联邦武装力量的问题；（5）确定俄罗斯联邦总统选举；（6）罢免俄罗斯联邦总统的职务。

此外，联邦委员会具有一定的任命权：（1）任命俄罗斯联邦宪法法院、俄罗斯联邦最高法院和俄罗斯联邦最高仲裁法院的法官；（2）任免俄罗斯联邦总检察长；（3）任免俄罗斯联邦审计院副主席及其半数审计员。

联邦委员会的议事原则是：就俄罗斯联邦宪法规定，尤其是就管辖的问题通过决议；在俄罗斯联邦宪法未规定通过其他决议的程序的情况下，联邦委员会的决议以联邦委员会代表总数的多数票通过。

三 联邦会议影响国家决策的主要途径

通过上面的阐述可以发现，俄罗斯联邦会议影响国家决策的主要途径如下：

第一，与国家决策有关的立法权。宪法规定："联邦法律由国家杜马通过。"[①] 立法权是联邦会议影响国家决策的重要途径。

第二，对总统的制约权。由于联邦法律是由国家杜马通过，而总统的行动不能与联邦法律相抵触，于是，国家杜马负责通过的联邦法律体系就对总统形成了一定的制约。此外，国家杜马有权对俄罗斯联邦总统提出叛国罪或其他重罪的指控，联邦委员会有权按照法定程序作出是否弹劾总统的决议。尽管在实践中，弹劾总统非常困难，但联邦会议的上述权力无疑对总统的决策行为会产生一定的影响。

第三，对联邦政府和联邦执行权力机关的监督权。首先，议会具有财政监督权。宪法规定，俄罗斯联邦政府"制定并向国家杜马提出联邦预算并保障其执行；向国家杜马报告联邦预算执行情况"[②]。此外，联邦会议还组成俄罗斯联邦审计院，对联邦预算执行情况和国内外债务及其使用情况进行监督。其次，议会具有听证权。宪法规定，联邦委员会和国家杜马有权"对自己所管辖的问题举行议会听证会"[③]。举行议会听证会是联邦会议影响国家决策的一个重要手段。再次，联邦会议具有质询权。《俄罗斯联邦联邦会议联邦委员会和国家杜马代表地位法》规定，联邦会议两院代表有权在联邦委员会或国家杜马会议上，以书面形式向俄罗斯联邦政府、各联邦执行权力机关领导人提出质询。被质询的国家公务人员应在收到质询之日起的15日内，或按照相应规定的其他期限，以口头或书面的形式给予答复。国家杜马代表还有权在本院会议上，向俄罗斯联邦政府的任何成员提出问题，该政府成员必须到会作出解释或给予书面答复。[④] 最后，政府应该向国家杜马提交年度工作总结，包括回答国家杜马提出的

---

① Конституция Российской Федерации. Статья 105. часть 1.
② Конституция Российской Федерации. Статья 114. часть 1. пункт "а".
③ Конституция Российской Федерации. Статья 101. часть 3.
④ Закон РФ "О статусе дупутата Совета Федерации и статусе депутата Государственной Думы Федерального Собрания Российской Федерации"//"Российская газета". 21 февраля 1994.

问题。①

综上所述，联邦会议虽然与美国议会的作用不可相提并论，但它依然是俄罗斯重要的国家决策权力机构，拥有一些制衡其他国家权力机构的宪法权限，在国家决策中发挥一定的作用。

第三节　当代俄罗斯国家决策机制中的联邦政府

1993 年宪法规定，俄罗斯联邦政府行使国家执行权力，它由总理、副总理和各部部长组成。联邦政府在国家决策中主要发挥执行者的作用。从 1993 年宪法可以看出，俄罗斯联邦政府不由议会多数组阁。并且，不同于议会制国家，俄罗斯设有总理职务。首先我们分析宪法对政府权力的规定。

一　执行权

根据俄罗斯宪法规定，联邦政府拥有一系列只归其所有的执行权力："政府负责制定并向国家杜马提出年度联邦预算"，而所有国家政策的实施在很大程度上取决于具体的预算拨款份额；联邦政府保障俄罗斯联邦奉行统一的金融、信贷和货币政策；保障俄罗斯联邦在文化、科学、教育、卫生保健、社会保障、生态领域奉行统一的国家政策；管理联邦所有权；采取措施保障国家防御、国家安全，落实外交政策；采取措施保障公民的权力和自由，保护公民所有权和社会秩序，打击犯罪；落实宪法、联邦法律、总统令赋予政府的其他权力。上述权力表明，政府是国家生活各个领域的全权执行权力载体，它对这些领域的管理行为负责。

---

① Федеральный Закон " О правительстве РФ ". Статья 40. (включена с 31 декабря 2008 года Федеральным конституционным законом от 30 декабря 2008 года N 8 – ФКЗ)

二 参与立法权

此外,联邦政府也拥有参与立法权。宪法规定,同其他国家权力机关一样,联邦政府同样具有立法倡议权。联邦政府不仅可以向国家杜马提出自己的法律草案、可以按照国家杜马议事程序的规定对国家杜马正式审议的法案提出修正案,还可以对联邦会议两院审议的联邦法律和联邦法律草案提出正式意见书。此外,有关"改变国家财政义务"的法律草案,只有在联邦政府作出结论后才能提交国家杜马。联邦政府有权审理关于金融和预算的法案。由于宪法中没有规定政府审理上述法案的日期,政府有机会以拖延的形式阻挠法案通过。并且,联邦政府可以根据宪法、联邦法律、总统令来颁布命令,以保障上述法令的执行。俄罗斯全境内必须执行政府命令。

三 联邦总理的执行权力

宪法赋予了联邦政府总理重要的执行权力,"联邦政府总理向总统提供副总理和联邦部长的候选人"。[①] 这意味着有关建立、改组或撤销执行权力机构问题的权力直接属于政府,从而也意味着政府可以对国家决策机制中的执行权力机关组成产生影响。此外,"联邦政府总理根据俄罗斯联邦宪法、联邦法律和总统令确定政府的基本活动方向,并组织政府工作"。[②]

上述分析表明,联邦政府是俄罗斯国家决策机制中的重要组成部分。作为执行权力机关,联邦政府同样具有影响国家决策的杠杆。它可以参与国家立法活动,并全权负责国家决策的落实事宜。

[①] Конституция Российской Федерации. Глава 6. статья 112.
[②] Конституция Российской Федерации. Глава 6. статья 113.

第四节　俄罗斯联邦政府各部委的决策权力

俄罗斯联邦政府下设的各个部委在各自的国家活动领域中具有重要的决策权力和执行权力。这部分将分别介绍各部委的决策权力分配情况。俄罗斯联邦政府各部委可以分两个部分讨论。第一，由俄罗斯联邦总统直接领导的联邦部、联邦局和联邦处。其中包括俄联邦内务部，俄联邦民防、紧急情况和消除自然灾害后果部，俄联邦外交部，俄罗斯国防部，俄联邦司法部，俄联邦国家机要通讯局（联邦局），俄联邦对外侦查局（联邦局），俄联邦安全局（联邦局），俄联邦控制毒品交易联邦局（联邦局），俄联邦总统专项计划总局（联邦处），俄联邦总统事务局（联邦处），联邦金融监控局（联邦局）。第二，俄罗斯联邦政府领导的联邦部、联邦局和联邦处：俄联邦卫生保健部，俄联邦文化部，俄联邦教育科学部，俄联邦自然资源和生态部，俄联邦工业贸易部，俄联邦通讯和通信部，俄联邦远东发展部，俄联邦农业经济部，俄联邦体育部，俄联邦交通部，俄联邦财政部，俄联邦经济发展部，俄联邦能源部，俄联邦劳动和社会保障部，俄联邦远东发展部，俄联邦反垄断局，俄联邦海关局，俄联邦税务局，俄联邦金融市场局，俄联邦航天局，俄联邦国界建设处，俄联邦酒精市场协调局，联邦生态、技术和原子监督局，联邦移民局，联邦保护消费者权益和人民福利监督局，联邦流通订单局，联邦国家统计局。

一　由俄罗斯联邦总统直接领导的联邦部、联邦局和联邦处

（一）俄联邦内务部

俄罗斯内务部已经有两个多世纪的历史。亚历山大一世 1802 年 9 月 8 日颁布的《关于各部机关》命令中，第一次提到了内务部门。同其他国家机关相比，内务部的特点在于，作为维护法律秩序的机关，内务部更加频

繁地同公民进行直接接触。根据内务部章程，内务部的职能是，制定和落实内务领域的国家政策，并且对国家内务实行法律规范协调，还负责制定移民领域的国家政策。

内务部的主要任务是：制定和落实内务领域的国家政策，并制定移民领域的国家政策；对国家内务进行法律规范协调；保护俄联邦公民、外国公民、无国籍人员的生命、健康、权利和自由，打击犯罪，保障社会秩序和所有权，保障社会安全；管理俄联邦内务机构和内务部队等。

俄罗斯内务部的职权包括：在分析预测犯罪形式、保护社会秩序和所有权、保障社会安全以及移民进程的基础上制定国家内务和移民政策的主要方向；制定和落实国家内务政策；在规定的秩序下代表总统和政府制定联邦宪法性法律草案、联邦法律草案、俄联邦总统法令草案、俄联邦政府法令草案，并起草其他需要总统和政府解决的关于内务问题的文件；法律规范协调内务问题；确定内务机构和内务部队的主要活动方向；参与制定和落实保障俄联邦公路运输安全的主要政策；采取措施防止公路运输事故和减少事故；在保障公路运输安全领域协调联邦执行机关和联邦主体执行机关的行动；根据俄联邦法律保障受害者、证人和其他刑事案件参与者、法官、检察官、侦查人员、护法和监督机关官员，以及其他被保护的人员；在职权内就行政违法事件组织诉讼；参与制定措施，保障民航航空安全；保障内务机关同联邦移民局地方机关之间的协作；保障内务机关和内务部队行动的计划性，并对其活动进行监督和监控；在战时和和平时期组织内务部队的服役战斗活动，制订和落实计划，建设发展内务部队；在全国范围内或某地方参与保障战时状态和紧急情况状态下的安全，并在统一的国家预警体系内采取战时措施，消除紧急状况；组织和保障俄联邦内务部系统的动员培训和动员，监督和协调移民局在动员培训和动员方面的行动；保障完成民防措施，提高内务机关和内务部队在战时和和平时期紧急情况下的工作持续性；参与完成民防措施；参与组织国土防御，同俄联邦武装力量、其他部队、军事部门和防御机构联合行动；根据俄联邦总统决定，保障内务机关人员和内务部队军人、内务部系统的文职服役人员参与维持或重建国际和平和安全行动；根据俄联邦法律向大众传媒提供自己的活动信息；对内务机关和内务部体系内机构的活动进行长期的舆情监控，监督警察同公民社会机构的协作情况；建立数据库，保障数据库的运行，根据俄联邦法律向国家权力机关、俄联邦主体国家权力机关、其他国家机关、地方自治机关、组织和公民提供数据库中的相关信息；组织俄罗斯内务部系统的人力资源保障，包括培训、提高专业技能；监督俄罗斯内务部系统官员决策和行动的合法性；保障执行俄联邦内务部系统反腐败法；保障内务部系统的自身安全，保护构成国家秘密的信息；组织和直接从事刑事侦查和刑事认证，保障和实施预防和制止犯罪的措施；保障对各种所有制企业、机关、组织财政和经营活动的调查和审查；负责抓捕犯罪后逃避刑事惩罚的逃犯；采取措施与有组织犯罪、贪污受贿、非法武器和毒品交易及非法武装组织做斗争；参与与恐怖主义和走私做斗争、保障联邦国家边境安全；保障重要国家设施和特别用途物资的安全等。[①]

内务部的组织机构。俄联邦内务部系统由包括警察在内的内务机构、内务部队、为落实任务组建的各种组织和分支机构组成。内务机构包括：俄联邦内务部中央机构（内务部内务部队总指挥部除外）、内务部地区机构、组织机关、科学研究单位、医疗疗养单位、物质装备攻击单位、内务部境外代表处，以及其他一些为完成任务成立的组织和分支机构。

内务部由内务部部长领导，内务部部长由俄罗斯总统根据政府总理的提议任免。内务部部长对内务部任务的完成情况和权限的落实情况负责，并对国家内务政策的落实负责。内务部部长以下有几个副职，副部长的任免由俄罗斯总统根据俄罗斯政府总理的提议任免。副部长的人数由俄罗斯总统确定。内务部高级官员的任免，以及内务部队军人的职衔升降和延长由俄罗斯总统根据内务部部长的提议决定。

内务部部长分配副部长的职责，决定内务部系统官员的职权，独立解决内务机构和内务部队的任务；在权限内组建内务部地方机构，内务部队的军队、组织和分支机构，根据俄罗斯法律实现上述单位的重组和取缔；颁布内务部规章法律法案；签署部门间协议，签署具有跨部门性质的国际内务条约；根据规定的方式向总统和政府提交俄联邦内务问题的法律草案和其他标准型法案草案，并建议给内务机构工作人员颁发国家奖励、总统荣誉奖章；决定团以下内务部队的建立、重建、扩建、缩编等。

---

① Положение о Министерстве внутренних дел Российской Федерации（утв. Указом Президента РФ от 1 марта 2011 г. N 248）.

现在，俄罗斯内务部机构如下：俄联邦内务部部长弗·亚·科洛科利采夫，内务部第一副部长亚·夫·戈罗沃伊，内务部副部长伊·尼·祖布科夫，内务部副部长、内务部侦查司司长尤·费·阿列克谢耶夫，内务部副部长谢·亚·格拉希莫夫，内务部副部长阿·亚·戈斯捷夫，内务部副部长维·尼·基里亚诺夫，内务部副部长、内务部队总司令尼·叶·罗格什金，内务部队总指挥部，侦查司，部门外保卫总局，公路运输安全保障总局，保障社会秩序和俄联邦主体执行权力机关行动协调总局，打击极端主义总局，自身安全总局，运输总局，刑侦总局，经济安全和反腐败总局，国家服役和干部司，公民和组织接待司，信息技术、通讯和信息保卫司，物资装备和医疗保障司，金融经济政策和社会保障司，条约法案司，组织分析司，专家鉴定中心，国家互联网中心局，监控局，K局，组织人事局，公民社会机构和大众传媒协作局，保障国家保护人员安全局，保障特种部门和航空兵活动局，保障大型国际活动和体育活动局，组织询问局，行动局，全俄科学研究院，信息分析中心，内务部地方政治机构，内务部院校，内务部驻国外代表。

（二）俄联邦民防、紧急情况和消除自然灾害后果部

俄联邦民防、紧急情况和消除自然灾害后果部的职权包括：就民防、保护居民和领土免受紧急情况威胁、保障防火安全、人们在水体的安全等问题颁布标准法案和其他文件，监督上述文件的执行情况，并根据相应问题做出决定，联邦国家权力机关、俄联邦主体国家权力机关、地方自治机关和组织必须执行；按规定建立、重建和取缔俄罗斯民防、紧急情况和消除自然灾害后果部的下设机构；建立部门间协调磋商机构（委员会、小组），以及其他一些同行机关（科学机构、科学技术机构、方法论机构等），以讨论本部活动的重要问题；按规定监察联邦执行权力机关对落实民防措施的准备情况；同联邦主体执行权力机关、地方自治机关磋商后，监察上述机关对落实民防措施和在紧急情况下保护居民和领土的准备情况；拥有装备特殊信号和通信设备的空海河船只，特别交通工具；按规定在海外执行行动；按规定实行国家火灾监督和国家民防监督；按规定监察联邦执行权力机关、联邦主体执行权力机关落实联邦专项计划情况，该计划的国家采购人是俄罗斯联邦民防、紧急情况和消除自然灾害后果部；按规定实行国家财产管理职能；是联邦预算资金的分配者；按规定向联邦执行权力机关、俄联邦主体执行权力机关、地方自治机关和组织询问和获得

属于本部职权范围问题的必要材料和信息，必要时吸收执行权力机关和组织的专家执行单独作业；按规定同国家组织和非政府组织缔结同消除自然灾害后果和向外国提供人道援助的条约。

俄联邦民防、紧急情况和消除自然灾害后果部的主要任务是：制定和落实民防、保护居民和领土免受紧急情况威胁、保障防火安全，以及个人水设施安全领域的国家政策；组织起草和确定民防、保护居民和领土免受紧急情况威胁、保障防火安全和个人水设施安全领域的标准法案草案；在民防、保护居民和领土免受紧急情况威胁、保障防火安全和个人水设施安全领域进行管理；并在统一的国家紧急情况预报消除体系下管理联邦执行机关的行动；为预警、预测和降低紧急情况和火灾后果实行标准协调，就属于部职权内的问题履行专业、许可、监督和监控职能；组织和实行民防，紧急应对紧急情况，保护居民和领土免受紧急情况和火灾伤害，保障人们在水体的安全，落实措施，实行紧急人道主义反应，包括在俄联邦境外。

俄联邦民防、紧急情况和消除自然灾害后果部部长是亚·伊·沃洛索夫。部长的职责包括：对俄联邦民防、紧急情况和消除自然灾害后果部承担的任务和职能负责；分配副部长的工作；向俄联邦总统和俄联邦政府提交本部权限内的标准法案草案和建议；确定本部中央机构分支部门的章程；按规定接待俄罗斯公民入伍，入国家防火局和民防、紧急情况与消除自然灾害后果部；根据俄罗斯法律任免国防军队的军人和国家防火局的部队的军人，国家防火局普通员工和官员，俄罗斯民防、紧急情况和消除自然灾害后果部的普通员工和官员；在总统确定的本部工作机构人数的范围内确定本部中央机构编制计划；在本部相应年度联邦预算拨款资金的范围内确定本部预算；按规定确定俄罗斯民防、紧急情况与消除自然灾害后果部各组织的章程，任免各组织的领导人，签署和终结劳务合同；组织本部工作，领导国家防火局、国家小型司法事件与灾难救援侦查局的工作，管理民防部队；在俄联邦执行权力、立法权力和司法权力机关中，在一些组织中，以及国家组织中代表俄罗斯民防、紧急情况和消除自然灾害后果部；确定本部官员名单；决定建立、重建和取缔地方机构和在编组织，决定上述机构的结构和编制；提出建设发展民防部队的计划，交俄联邦总统批准，提出关于民防部队机构和人员的建议，以及民防部队军人编制的建议；根据与国防部长、联邦主体执行权力机关和地方自治机关的磋商结果，决定在俄联邦境内民防部队和分队的换防；按规定确定民防部队军事城的总体建设发展计划；在权限内按规定颁布标准法案，联邦执行权力机关、俄联邦主体执行权力机关、地方自治机关和各组织必须执行，不论所有制形式、官员、俄罗斯公民、外国公民和无国籍者；在权限内按规定确定民防部队军官名单和国家防火局官员名单、国家防火局普通人员和官员职务名单，以及相应的军衔和技术级；确定国家防火局分支部队的典型结构、编制、编制名单，以及个人和救火装备的保障标准，制定国家防火局分支机构和管理机关的在编人员定额；向总统提出关于本部官方标准、民防部队和国家防火局各种标识的建议；确定民防部队军人在自然灾害期间完成任务和完成紧急任务时的临时食品供应额；按规定任免地区中心领导人、特别委派解决民房问题和预警消除紧急情况后果的机构领导人，以及俄联邦主体火灾监控国家检查员；向财务部提交关于年度联邦预算的建议，等等。①

俄联邦民防、紧急情况和消除自然灾害后果部的机构设置如图6-2。

（三）俄联邦外交部

根据俄联邦外交部章程规定②，俄联邦外交部是联邦执行权力机关，其职能是制定和落实在俄联邦国际关系领域的国家政策，并进行法律标准协调。俄联邦外交部的行动由俄联邦总统领导。

俄联邦外交部的主要任务是：制定俄联邦外交政策的总体战略，向俄联邦总统提供相应建议；根据总统批准的《俄联邦外交政策构想》落实俄联邦对外政策；保障俄联邦同外国及国际组织的外交关系和磋商关系；为保卫俄罗斯主权、安全和领土完整，及俄罗斯在国际舞台上的其他利益，提供外交和国际法律手段；用外交和国际法律后盾保护俄罗斯公民和法人在境外的自由、权利和利益；保障执行权力机关、立法权力机关和司法权力机关在联邦层面和联邦主体层面的协作，以保障这些机构和官员参与国际活动，遵守统一的俄罗斯外交原则，实现俄罗斯的国际权利和义务；协调其他联邦执行权力机关的国际活动和联邦主体执行

---

① http://www.mchs.gov.ru/ministry/? ID = 52900.
② ПОЛОЖЕНИЕО МИНИСТЕРСТВЕ ИНОСТРАННЫХ ДЕЛ РОССИЙСКОЙ ФЕДЕРАЦИИ (в ред. Указов Президента РФ от 19.10.2005 N 1218, от 26.01.2007 N 70, от 06.09.2008 N 1315, от 23.10.2008 N 1517, от 28.12.2008 N 1870, от 07.11.2009 N 1255, от 05.02.2010 N 145, от 09.07.2010 N 854).

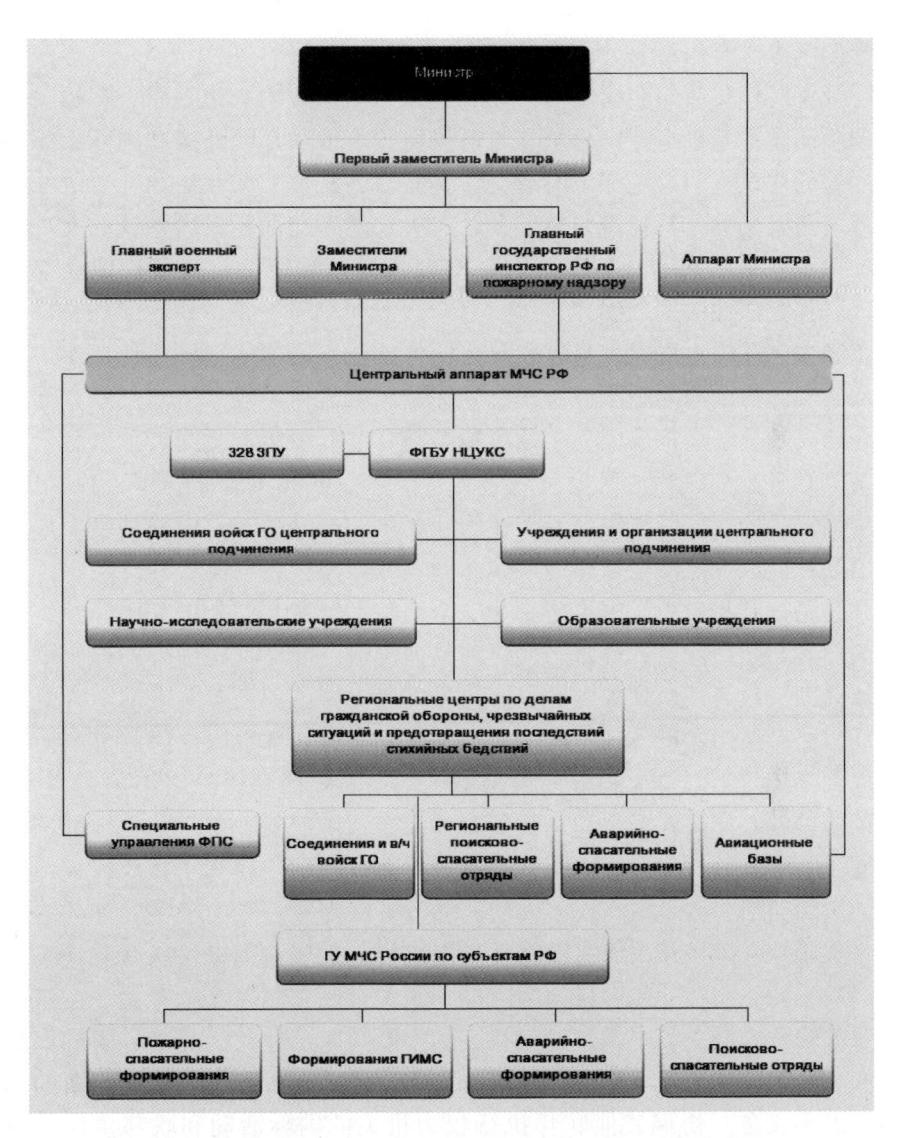

第六章 当代俄罗斯国家决策机制的结构

图 6-2 俄联邦民防、紧急情况和消除自然灾害后果部的机构设置

权力机关的国际联系，以落实俄联邦对外国和国际组织的统一政策方针，实现俄联邦的国际权利和义务；协助发展同居住在外国的同胞之间的联系和联络。

俄罗斯外交部系统包括中央机构、驻外机构、地区机构、外交部下属组织。俄罗斯外交部负责协调和监督其下设联邦独联体、居住境外同胞事务和国际人文合作事务处的行动。

俄罗斯外交部的职权包括：按规定在分析综合的双边关系、多边关系和国际问题的基础上，向总统和政府提供关于俄联邦同外国和国际组织关系问题的建议；向总统和政府递交联邦宪法性法律、联邦法律、总统法案和政府法案草案，其他需要总统和政府决定的外交部职权内问题的文件草案，以及外交部活动计划草案和外交部活动预测指标；为履行俄联邦宪法、联邦宪法性法律、联邦法律、总统法案和政府法案，独自就外交部活动范围内问题提出法案，只有联邦宪法性法律、联邦法律和总统法案、政府法案实施协调的问题除外；通过外交和国际法律手段，落实俄联邦履行联合国安理会常任理事国、全欧事物参与者和其他机制参与者的责任，保障世界和平、全球和地区安全的努力；保障俄联邦参与联合国、独联体、联盟国家机构、国际组织事务，在国际会议和论坛的工作中提高俄罗斯作为国际社会成员解决全球和地区国际问题的作用；参与制定和落实保障俄联邦公民权利和自由、国家防御和安全、扩大俄联邦同外国和国际组织之间的经贸和金融联系，科技、文化和其他交流，同居住在国外的同胞联系领域的国家政策；通过外交和国际法律手段支持俄罗斯参与者的对外经济活动，保护他们在境外的合法利益；就俄罗斯外交部权限内问题参与政府机构、部门间协调机构和磋商机构的工作；同外国和国际组织进行谈判；协助落实俄联邦联邦会议间和其他对外联系；协助发展俄联邦主体的国际联系，并对其进行协调；协调联邦执行权力机关和俄联邦主体执行权力机关的国际活动；按规定在权限内协调和监督联邦执行权力机关驻外代表机构、俄联邦主体执行权力机关驻外代表机构、俄罗斯国家机构驻外代表机构、组织和企业驻外代表机构的活动；制定俄联邦国际条约草案，按规定向总统或政府提交关于就签署国际条约谈判问题的建议，关于签署和同意俄联邦在国际条约中的义务提出建议，关于停止和暂停俄联邦国际条约的效力提出建议；就外交部职权范围内的问题签署部门间性质的国际条约；向总统或政府提交以俄联邦或俄联邦政府名义签署不属于国际条约的国际法案的建议；有权举行谈判和以俄联邦或俄联邦政府的名义签署国际条约，有权以俄联邦或俄联邦政府的名义参加国际会议、论坛和国际组织机构的工作；在国家权力机关、俄联邦联邦会议、国家杜马议员和联邦委员会成员、自然人和法人问询的情况下，就国际法问题进行阐释；在审查同其他国家或国际组织之间的争议时,如果其他方不考虑俄联邦总统或政府的决定,保障俄联邦的代表权;在多边国际条约中履行交存国职能,如果根据这些条约俄联邦具有这样的职能;全面观察俄联邦国际义务的履行情况,参与起草建议,根据俄联邦的国际法律义务进行立法;保障统一国家等级系统的运行;保存俄联邦和政府名义签署的国际条约原件;在俄联邦境内和境外组织咨询工作;按规定在权限内提供咨询服务;根据外交部规定提供国家信息咨询服务;决定外交代表机构或咨询机构的形成办法;按规定登记组织,以提供咨询服务;按外交部规定,制定要求外国公民和无国籍人员入境俄罗斯的邀请函,为外国公民和无国籍者颁发签证;同联邦安全局一起制定外国公民或无国籍人员有物资在俄联邦境内居住和离开俄联邦的办法;根据外交部规定对国外同胞关系进行国家监控;在职权范围内解决国籍问题;根据国际法准则保护居住在国外同胞的合法权利和利益;协调关于俄联邦内政外交信息,社会经济生活、文化生活和精神生活信息在境外的散播情况;同意相关执行权力机关散播有关俄罗斯外交政策问题的官方信息,包括公布国家领导人即将进行的外出访问信息、外国领导人和国际组织访问俄罗斯的消息,以及公布访问进程;为国家间最高层次和高层次交流提供礼宾保障;按规定协助外国外交机构、领事机关、国际组织及其驻俄罗斯代表处的运行;为外交部中央机构、驻外机构、地区机构、部门下属组织提供干部保障,组织外交部门干部的培训,提高专业技能和语言技能,参与俄罗斯合作局的干部保障;就俄联邦国外和国内政策问题通知驻外机构;在权限内同相关联邦执行权力机关一道采取措施,保障驻外机构、驻外机构工作人员和家庭成员的安全;在权限内组织、落实和保障构成国家秘密的信息;落实对驻外机构的财政和物资装备的保障;概括俄联邦立法实践,对俄联邦国际关系领域的国家政策实施情况进行分析;分配联邦预算为外交部的年度拨款;组织接待公民,保障按时全面研究公民的口头和书面意见,据此在俄联邦法律规定期限内做出回答;组织和保障俄罗斯外交部系统的动员培训和动员;根据俄联邦法律落实保存、清查和使用俄罗斯外交部存档文件等。

俄罗斯外交部由俄罗斯外交部部长牵头,其任免由俄罗斯总统根据政府总理的意见决定。外交部部长对外交部履行权限和落实国家政策负有个人责任。外交部还有副部长,其任免由总统决定。俄联邦外交部主任由俄罗斯总统任免。

俄罗斯外交部部长的责任：分配副部长和主任的职权；确定俄罗斯外交部中央机构分支机关的组织结构；在权限内任免俄罗斯外交部中央机构、驻外机构和地区机关的领导型工作人员；确定俄罗斯外交部中央机构和地区机关的组织机构和编制；向俄罗斯总统和政府提交俄罗斯外交部和俄罗斯合作局权限内标准法律草案和其他文件草案；在双边和多边谈判中代表俄罗斯联邦，根据俄联邦总统、俄联邦政府的嘱托签署俄联邦国际条约；在同联邦国家权力机构、俄联邦主体国家权力机关、外国国家权力机关和国际组织的交流中代表俄罗斯外交部；在俄联邦总统规定的工作人员人数内，确定驻外机构的编制，和驻外机构的预算拨款分配；按规定提出对俄联邦驻外国大使、俄联邦驻国际组织代表的任免意见，以及俄联邦国家和政府代表团团长的任免建议；任免俄联邦领事，在必要情况下建议外国驻俄联邦领事的任命；向俄罗斯政府提出关于任免俄罗斯合作局局长和副局长的意见；确定俄罗斯合作局年度计划和活动指标，并批准计划执行总结；向俄罗斯财政部提出联邦预算，向俄罗斯合作局提出拨款意见；为履行俄联邦总统和俄联邦政府总理的嘱托，向俄罗斯合作局下达指令，并监督其执行情况；在必要情况下暂停或终止俄罗斯合作局的决定；按规定在权限内确定部门下属组织的章程，任免其领导人；确定外交部组织的部门间协调磋商机关成员；确定外交部组织的科学咨询委员会、方法委员会和专家委员会章程及人员；颁布具有标准性的命令，就当前紧要问题组织外交部中央机构、驻外机构、地区机关、部门下属组织的活动；根据俄联邦法律规定履行其他权限。

俄罗斯外交部成立一个由 25 人组成的集体，成员包括外交部部长（集体主席）、外交部副部长、主任、俄罗斯合作局局长，以及外交部系统内的其他领导型工作人员。该集体成员由俄联邦总统根据外交部部长建议决定。该集体研究俄罗斯外交部最重要的活动问题，并做出相应决策。该集体的决策通常以外交部部长命令的形式出现。在集体主席及其成员出现分歧时，决策由主席通过，并将产生的分歧报告给俄联邦总统。

外交部的机构设置如图 6-3。

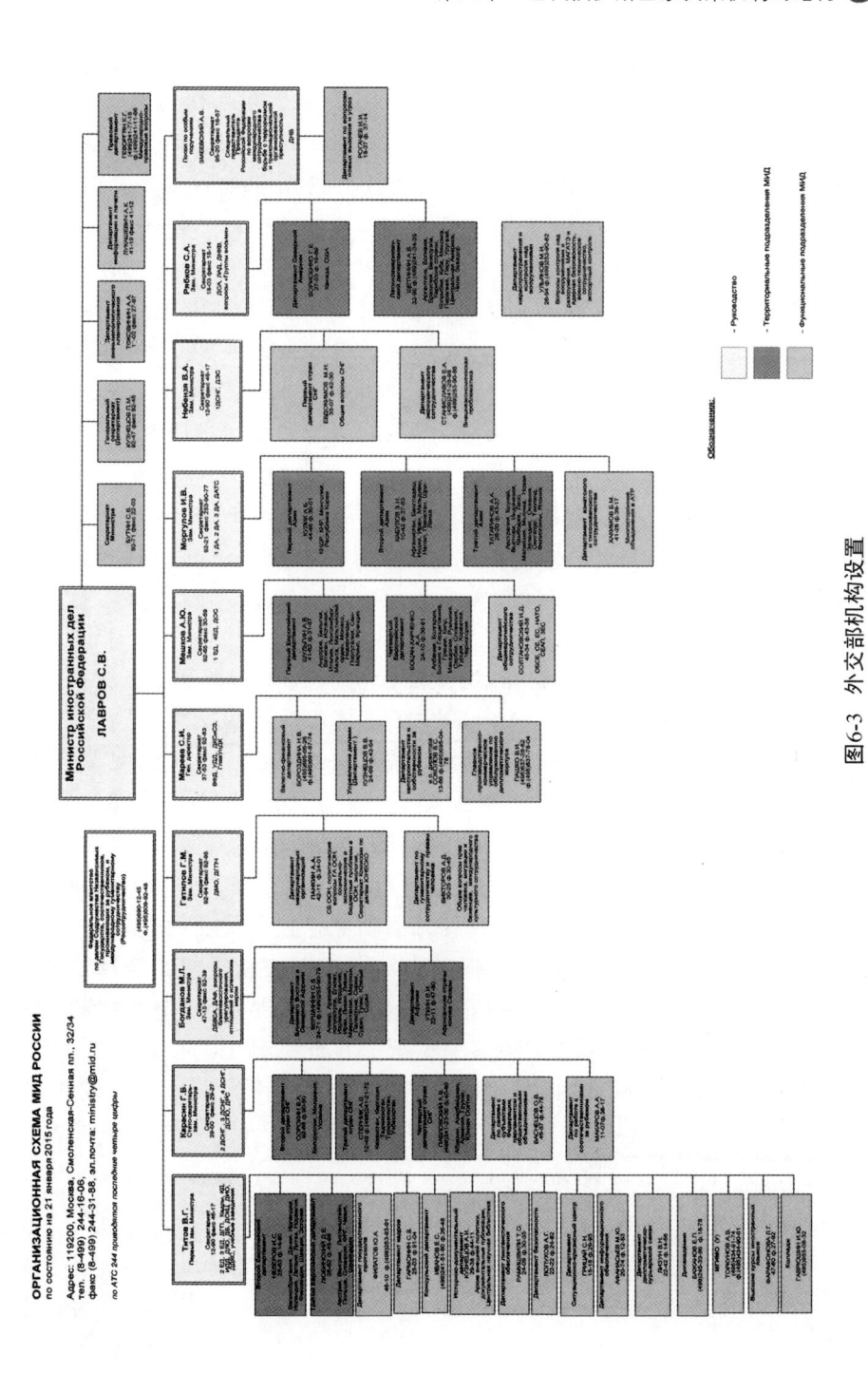

第六章 当代俄罗斯国家决策机制的结构

图6-3 外交部机构设置

（四）俄联邦司法部

根据《俄联邦司法部章程》[1]，俄联邦司法部是联邦执行权力机关，其职责是制定和落实国家政策，用法律调节特定领域的活动，包括刑事惩罚、非商业组织登记，国际组织分支机构和外国非盈利非政府组织登记，政党、其他社会团体和宗教组织、律师行业、公证、公民行为国家注册，保障司法活动秩序，执行司法行动和其他机关的行动，为居民提供免费司法帮助和法律教育、执法功能，监督非商业组织登记，监督国际组织和外国非商业非政府组织、政党、其他社会团体和宗教组织的登记，监督非商业组织的活动，审查它们的机构文件，监督俄联邦立法，监督控制律师行业、公证行业、公民行为的国家登记。俄联邦司法部的行动由俄联邦总统领导。

俄联邦司法部的主要任务是：制定一定活动领域的国家政策总体战略；法律协调一定领域的活动；在权限内保障人和公民的权利和自由；保障俄联邦驻欧洲人权法庭全权代表——俄联邦司法部副部长的行动；组织非商业组织的国家登记活动，包括国际组织分支机构和外国非商业非政府组织、社会团体、政党和宗教组织；监督律师行业和公证行业。

俄联邦司法部的权限包括：向俄联邦总统和政府提交关于司法部权限内相关问题的联邦宪法性法律草案、联邦法律草案、总统法案草案和政府法案草案，以及其他需要总统决定的文件；保障关于司法部权限内问题的俄联邦宪法、联邦宪法性法律、联邦法律、总统法案和政府法案，以及国际条约的执行；在依据和执行俄联邦宪法、联邦宪法性法律、联邦法律、总统法案和政府法案的基础上，独立就活动领域内的问题通过标准法案，需要依据俄罗斯宪法、联邦宪法性法律、联邦法律、总统法案和政府法案进行法律协调的问题除外；总结俄联邦法律应用的实践，分析相关领域国家政策的落实情况，在此基础上采取措施，完善自己的行动；在一定领域内监控俄联邦法律应用情况，以便履行俄联邦

---

[1] Положениео Министерстве юстиции Российской Федерации（в ред. Указов Президента РФ от 23.12.2005 N 1522, от 16.03.2006 N 211, от 02.05.2006 N 451, от 21.09.2006 N 1036, от 20.03.2007 N 370, от 07.05.2007 N 585с, от 04.03.2008 N 311, от 14.07.2008 N 1079, от 23.10.2008 N 1517, от 18.01.2010 N 80, от 05.05.2010 N 552, от 19.05.2011 N 653, от 20.05.2011 N 657, от 12.07.2011 N 929, от 15.02.2012 N 191, от 26.04.2012 N 516, от 25.05.2012 N 742）.

第六章　当代俄罗斯国家决策机制的结构

宪法法院的决议和欧洲人权法庭的命令，为此必须通过、更改或承认立法性法案和其他标准法案失去效力，并协调监督联邦国家执行权力机关、联邦主体国家权力机关的法律实践活动，提供方法论的保障；参与组织活动，使俄联邦法律系统化；采用俄联邦法律规定的办法招标，签署国家订购合同，订购司法部需要的商品和服务；组织科学研究工作，以满足国家在司法部职权内问题的需求；发挥国家联邦预算拨给司法部的资金主要支配者的职能；对联邦执行权力机关提交总统和政府审查的立法草案和标准法案进行司法鉴定；在进行司法鉴定时，对联邦执行权力机关、其他国家机关和组织制定的联邦法律草案、总统令草案和政府令草案进行反腐败鉴定；根据司法部规定的程序，委派愿意作为反腐败鉴定独立专家的法人和自然人进行标准法案和法律鉴定；确定反腐败鉴定结果的结论形式和委派法人和自然人作为独立专家的证明形式；参与起草联邦宪法性法律和联邦法律、法律修正案草案的官方评语和结论草案；起草至总统和政府的关于联邦执行权力机关在通过标准法案时是否遵守法律的年度报告，以及其他机关履行司法法案的工作状态等。

俄联邦司法部由俄联邦司法部部长带领，司法部部长由俄联邦总统根据政府总理的意见任免。司法部部长对司法部任务的完成情况和落实相关领域国家政策情况负个人责任。司法部长下设副部长，其任免由总统根据总理意见决定。副部长人数由总统决定。

（五）国防部与总参谋部

俄罗斯联邦国防部是在国防领域推行国家政策和实行国家管理，协调联邦部委、其他联邦执行权力机构和联邦主体执行权力机构在国防领域活动的联邦国家执行机构。根据1996年的总统令，"俄罗斯联邦总统领导国防部的工作。俄罗斯联邦政府根据俄罗斯联邦宪法、联邦宪法性法律、联邦法律和联邦总统的命令与指示协调国防部的活动"。[①] 国防部在国家决策领域的基本任务和职能是：

安全政策建议权。国防部"制定和实施以武力保卫俄罗斯联邦完整和不受侵犯的政策；参与提出有关制定国家军事政策和组织其实施以及有关

---

① Указ Президента Российской Федерации. «Координирующая роль Министерства иностранных дел РФ в проведении единой внешнеполитической линии РФ »//Дипломатический вестник. 1996 № 4.

俄罗斯联邦军事学说的建议；为总统准备联邦会议所做年度国情咨文中有关军事问题的建议；领导制定武装力量建设构想，为国防目的协调制定其他部队、军事组织与机构建设和发展的构想；总结贯彻有关国防问题的联邦宪法性法律、联邦法律和其他法律法规的经验，提出完善有关国防问题的联邦宪法性法律、联邦法律、总统命令与指示以及政府决定的建议，并依照规定程序向有关部门提出这些建议；参与制定长期的国家国防纲要和年度国防工作计划，制定武器和军工综合体发展联邦国家纲要，提出制定国家军事采购的建议"。

军事政策协调权。国防部负责"协调其他联邦部委、其他联邦执行权力机关以及联邦主体执行权力机构在国防领域的活动"。

军事外交参与执行权。国防部"参与有关军事问题的国际合作、与外国军事机构开展合作、依照规定程序与独联体国家和其他国家的相应部门签署协议；参与同外国和国际组织的军事与军事技术合作；参与有关安全问题、削减武器和武装力量以及其他军事问题的谈判；在俄罗斯武装力量中组织履行以及在自己的职权范围内履行俄罗斯联邦国际条约，参与监督这些条约的执行情况。"

军事情报搜集权。国防部为了俄罗斯联邦的国防与安全利益开展情报活动，并将这些情报呈送国家领导与有关部门。国防部部长直接归总统领导。在联邦宪法、联邦宪法性法律、联邦法律和总统令规定的归政府负责的问题上，国防部部长也归联邦政府总理领导。国防部部长有权依规定程序将有关国防问题的联邦宪法性法律和联邦法律草案提交总统和政府审议，向总统和政府提出有关实施国家国防政策问题的建议；有权将武装力量建设与发展的构想与计划、武装力量使用计划和武装力量动员计划等提交俄罗斯联邦总统批准；有权在国防领域组织与联邦国家权力机构、联邦主体国家权力机构和地方自治机构的协作。[①]

俄罗斯国防部内设由国防部部长担任主席的部务委员会，国防部第一副部长、副部长、武装力量各军种司令按职务进入部务委员会。部务委员会的其他成员由总统根据国防部部长的建议任命。国防部部务委员会负责审议国防部管辖范围内的重要问题。部务委员会的决定由部务委员会成员

---

① Положение о Министерстве Обороны Российской Федерации. Утверждено Указом Президента РФ от 11 ноября 1998 г. №1357.

的简单多数票通过。在国防部部长与部务委员会成员发生分歧的情况下，国防部部长在将自己的决定实施的同时将所产生的分歧向俄罗斯联邦总统汇报。部务委员会成员有权将自己的意见向总统汇报。在必要时可以召开国防部部务委员会与联邦部委或其他联邦执行权力机构部务委员会的联席会议。联席会议的决定由会议纪要的形式发布或由国防部部长和其他部委及联邦执行权力机关领导的共同命令的形式落实。

俄罗斯联邦武装力量总参谋部是对联邦武装力量实施日常军事管理的主要机关，也负责协调联邦边防部队、联邦内务部队、联邦铁道部队、总统直属联邦政府通讯和信息局、民防部队、工程和筑路部队、联邦对外情报局、联邦安全局机关、政府通讯和信息局机关、联邦国家保卫局机关在国防领域的工作。

总参谋部的任务是：对武装力量和其他军事组织的使用进行战略规划；对武装力量进行军事训练，并对其军事动员情况进行监督；负责对武装力量和其他军事组织实施战略部署；组织以保障国防和安全为目的的情报工作。

总参谋部的主要职能是：就国家防务工作，联邦军事学说，武装力量的结构、编制、军队部署和武装力量的任务等方面提出建议；负责制定联邦武装力量的建设规划，并协调其他军事组织的建设和发展；就武装力量和其他军事组织的编制、联邦武装力量的使用计划、联邦武装力量的动员计划及在联邦境内地区组织房屋建设的联邦纲要等问题提出建议；就防务问题与其他军事组织进行协调，并参与完成国家安全保障任务；采取措施以保障武装力量的战斗准备和动员，并对武装力量和其他军事组织战斗准备的动员状况进行检查；负责武装力量和其他军事组织的战略部署；对武装力量中的航天部队的使用进行规划，并对其使用进行监督；同武装力量中的航天部队共同制定民用和其他用途的以及国际合作项下的航天装备的发射计划；为保障俄罗斯联邦的国防和安全进行情报活动；组织武装力量进行针对外国情报机构的情报战，并对情报战进行总协调；制定联邦国家区域防务纲要；就联邦国防部提出的国家国防订货及武器装备维修计划提出概算，制定保障武装力量动员所需的国家物资装备清单；协调联邦武器和军事装备发展的国家纲要、联邦国防订货计划和联邦经济军事动员国家纲要的制定；就年度联邦预算草案中的国防支出提出建议，并就建议进行分析和论证；采取措施保障国家信息安全；保障国家的核安全，并预防任何未经许可使用核武器的行为；参与国际军事合作；负责欧洲安全与合作组织在俄罗斯联邦境内的通信网的使用，并对使用情况实施监督；统一领导军队系统内的军事科学研究；参与制订民防计划。[①]

总参谋部由联邦武装力量总参谋长领导，总参谋长服从联邦国防部长的领导。总参谋长同时任国防部第一副部长。

（六）联邦安全局

1991年12月3日，苏联总统戈尔巴乔夫解散了苏联国家安全委员会（克格勃）。1992年1月24日，俄罗斯总统叶利钦创建了联邦安全部。1993年12月21日，安全部被更名为联邦反间谍局。叶利钦在总统令中表示："整个系统从全俄肃反委员会，到国家政治保安总局、内务人民委员会、国家安全部、内务部、国家安全委员会，其实根本没有真正得到改革。近年来的重组努力都是外部的，而且都是表面工作……政治调查体系仍然得到保留，而且很容易就会复辟。"1994年1月5日，联邦反间谍局的调查处被移交到检察院。其下设监狱，包括莱弗尔特沃，被移交给了内务部。边防部队则独立出去，成为专门机构。1994年11月26日，联邦反间谍局策划进攻车臣首府格罗兹尼，但最后造成灾难性后果。1995年4月3日，联邦反间谍局更名为联邦安全局。1995年6月14日，俄罗斯南部城镇布登诺夫斯克被沙米利·巴萨耶夫所领导的车臣叛军占领。6月19日，强攻失败后，俄罗斯当局被迫允许巴萨耶夫（带一些人质）回到车臣。最后，共有129人死亡。1996年1月9—18日，萨尔曼·拉杜耶夫在紧邻车臣的大吉斯坦共和国对克兹利亚尔展开攻击。车臣叛军被俄罗斯军队、特别行动部队、联邦安全局特种部队包围，并受到攻击，但最后还是成功脱逃回到车臣。1996年8月31日，双方在哈萨维尤尔特签署停火协定。协定的签订标志着第一次车臣战争结束，并促使俄罗斯军队在1996年12月31日撤出车臣。1997年9月，俄罗斯设立专门打击有组织犯罪的部门——分析打击犯罪组织行为处。1998年7月6日，宪法保卫处成立，分析和打击犯罪组织行为处解散。经济反间谍处被改组为经济安全部。1998年7月25日，普京被任命为

---

① Положение о Генеральном штабе вооруженных сил РФ. Утверждено Указом президента РФ от 11 ноября 1998 г. № 1357.

联邦安全局局长。1998年10月8日，联邦安全局特别行动中心成立。该中心包括两个联邦安全局特别行动单位：阿尔法和信号旗。1999年7月，原属于联邦安全局莫斯科分部和经济反间谍处的单位也被移交给该中心。1999年4月3日，经济安全局成立，创建工业企业反间谍支持处，交通部门反间谍处，金融系统反间谍处，内务部、能源部与司法部反间谍支持处和打击走私与贩毒处。1999年8月16日，尼古拉·帕特鲁舍夫接替普京担任联邦安全局局长。1999年8月28日，宪法保卫与反恐局在反恐处和宪法保卫处的基础上成立，这是俄罗斯历史上第一次将反恐与政治监控部门合并在同一个国家安全部门中。1999年9月9日，莫斯科东南部的一座公寓大楼发生爆炸，94人死亡。4天之后，也就是9月13日，莫斯科南部卡希尔斯克亚高速公路附近的一个公寓小区的地下室发生巨大的爆炸，导致118人死亡。1999年11月16日，援助计划处成立，该处包括公共传播中心。2000年2月7日，时任总理和代总统的普京签署了《武装部队中的联邦安全局处级单位规定》，根据这项规定，军队反间谍机构权力将得到扩充，负责监控可能发生的危及军队内部体制的威胁。2001年1月22日，联邦安全局被指定负责在车臣的反恐行动。2002年10月23日，莫斯科杜布罗夫卡大街上的一座剧院被车臣人占据，这次悲剧也被称为杜布罗夫卡剧院人质危机。事件持续三天，10月26日，联邦安全局特种部队强攻剧院，共有130人死亡，大多数是因为特种部队所使用的毒气芬太尼中毒死亡。2003年3月11日，普京总统撤销了独立的电子情报局和边防局。边防部队并入联邦安全局，电子情报局则由联邦安全局和联邦保卫局瓜分。同一天，联邦安全局航空处成立。2003年6月30日，《联邦安全机构组成法》的修正案签署，规定联邦安全局成立一个专门机构负责对外情报工作。2003年7月4日，在车臣执行反恐任务的地方行动机构领导权从联邦安全局移交到内务部。2004年7月11日，普京对联邦安全局做出结构性调整。副局长人数减少，所有部都被命名为局。2004年9月1日至3日，在北奥塞梯的别斯兰，一座学校被车臣人占领，共有334人死亡。2005年7月12日，根据总统令，联邦安全局监狱，包括莱弗尔特沃在内，被移交给司法部。这次调整到2006年1月才完成。2006年3月6日，普京签署一项反恐法案，根据这项法律，联邦安全局成为打击恐怖主义的主要机构，同时成立全国反恐委员会。该委员会是一个由联邦安全局局长领导的部门间高层机构，其职能为协调安全机构的反恐行动。2006年7月5日和7日，联邦安全局获得授权，在海外清除恐怖分子。2006年8月28日，普京改变了联邦安全局、联邦保卫局、特别装备局、对外情报局制服的颜色，从绿色变为黑色。2007年1月31日，普京宣布大幅增加联邦安全局资金，但没有公布具体数额。2008年5月12日，亚历山大·博尔特尼科夫被任命为联邦安全局局长。尼古拉·帕特鲁舍夫被任命为俄罗斯安全会议的秘书长。2010年3月29日，莫斯科再次发生恐怖事件，在拥挤的莫斯科地铁上，两名女人同时引爆了身上的炸弹，40人殒命。[1]

联邦安全局的组织结构：

A. 高级管理层

局长、国家反恐委员会主席

第一副局长

第一副局长、边防局长

副局长、国家反恐委员会办公室主任

副局长、联邦安全局秘书

副局长

副局长

B. 部门

a. 反间谍局。该局负责反间谍行动，包括对军工单位、俄罗斯陆军和海军进行监督，追查攻击政府网络资源的黑客。

反间谍行动处

反间谍行动协调与分析处

特别行动处

机构反间谍处

侦查行动情报支援处

情报安全中心

军事反间谍部

b. 宪法保卫和反恐局。该机构负责在国内与海外打击恐怖主义（包括与其他国家的情报机构合作），并进行政治监控与从事特别行动。

---

[1] www.agentura.ru.

行动组织处

行动搜索处

反恐怖主义和政治极端主义处

打击国际恐怖主义处

特别行动中心

c. 边防局。该局包括在莫斯科的总部、一个情报部门、位于地方的处级单位，以及部署在俄罗斯边境的边防部队。

d. 经济安全局。该局负责监督重要的行业和公司，以及内务部、能源部和司法部。

工业企业反间谍支持处

交通部门反间谍支持处

金融系统反间谍支持处

内务部、能源部与司法部反间谍支持处

打击走私与贩毒处

行政服务处

e. 行动情报与国际关系局。该局前身为分析和预测部，负责向联邦安全局领导层、克里姆林宫以及海外情报行动和国际活动提供评估报告。

行动情报处

分析处

战略规划处

非保密信息部

国际合作处

f. 组织人事局（人力资源）

特别注册处

组织规划处

人事处

g. 后勤保障局。该局负责为联邦安全局总部提供保障和维护，同时负责为联邦安全局修建军事设施。

金融与经济处

物质与技术支持处

基本建设处

h. 科学与技术局。该局负责为行动提供技术支持。

武器订购与配给和军事与特别装备处
行动技术措施处（监听与拦截信息）
信息技术研究院
i. 监察局。该局负责对雇员进行评估，对联邦安全局成员的犯罪行为进行调查。
检查处
审计处
内部安全处
C. 局长直管的分支部门
调查处（联邦安全局最主要的调查机构，负责监督联邦安全局地方分布的调查工作）
行动搜索处（监视部门）
无线电通信情报第十六中心（电子情报）
特别装备中心（包括爆破小分队）
通信安全中心（负责政府通信软件的保护）
国家机密授权、鉴定与保护中心
行政处
条约和法务处
联邦安全局接待办公室
援助行动处（针对行动散布假情报，包括公共传播中心）
登记与档案处
特别通信处
航空处
军事医疗处
值班处
军事动员处
D. 联邦安全局地方分部
根据联邦安全局管理规定（第 960 号总统令，2003 年 8 月 11 日发布），联邦安全局组织体系如下：
地方处级机构（地方安全组织）
武装部队、战地以及其他军事编制中的处级单位
边防局的处级单位

航空分部、特别训练中心、特别行动分部，以及所有企业、教育机构、科研机构、专家、司法鉴定、军事医疗、军事建设分部（还有其他学院和分部），都要为联邦安全局的活动提供协助。

联邦安全局其他形式独立职权的处级单位。①

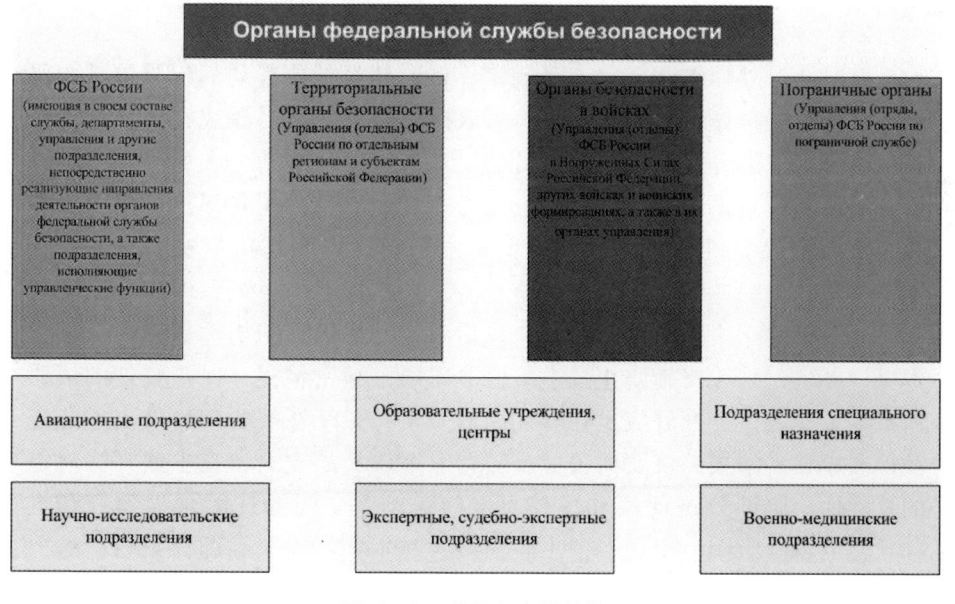

图6-4 联邦安全局结构

（七）俄联邦国家信息机要局

根据《俄联邦国家信息机要局章程》②，该联邦局的主要任务是保障及时传送特别重要的，完全秘密、秘密和其他具有重要国家意义的公务邮件：总统的、联邦国家权力机构的、检察机关的、联邦主体国家权力机关的、国家杜马议员的、联邦委员会议员的、联邦主体立法机关议员的、国防部的、武装力量各兵种机关的、内务部队军区的、军工业综合体行政机

---

① www.agentura.ru.

② Положение о Государственной фельдъегерской службе Российской Федерации, утвержденным Указом Президента Российской Федерации от 13 августа 2004 г. № 1074 « Вопросы Государственной фельдъегерской службы Российской Федерации ».

关的；根据总统和政府的决定向国外传送邮件和技术性文件、工业制品样本；传送外国国家首脑、外国政府首脑、政府间机要信息通信协议参与过国家政权机关的邮件；传送处于俄联邦境内的独联体机关的邮件；管理俄罗斯信息机要局的地区机构及保障其活动。

俄联邦国家信息机要局局长是瓦·弗·季霍诺夫上将。副局长有两名：弗·阿·博恰尔尼科夫中将和亚·尼·卡列特金少将。

（八）俄联邦对外侦查局

根据《对外侦查法》第6条规定，俄联邦对外侦查局的权限包括：秘密确定同自愿合作者之间的关系；采取措施把干部成员译成密码，利用在其他部门工作的方式组织干部人员的活动；为秘密活动，人员可利用对外侦查局加密的身份证件、部职别、住房和交通工具；同联邦执行权力机关和联邦国家保卫机构协作，实施反侦察活动；同联邦执行权力机关、企业、机构和组织签订协议，实施侦查活动；在权限内组织和保障处于俄联邦境外的俄罗斯机构的国家秘密，包括制定上述机构的物理保护和工程技术保护办法，采取措施防止技术渠道泄露国家秘密情报；保障驻外的俄罗斯机构工作人员、家庭成员在驻在国的安全；保障在俄联邦境外出差的能获得国家秘密情报的俄罗斯公民及随行家庭成员的安全；在本联邦法规定的范围内，协助外国侦察和反侦察部门；建立专门的技能培训学校和机构、建立科研组织、出版专门出版物；保障本部门安全，即保护自己的力量、物资和信息免受反方向行动和威胁；建立俄联邦对外侦查机关运行必需的组织机构。为实现自己的行动，俄联邦对外侦查局可以在自己的许可内获得、制定、建立、开发信息系统、通信系统和数据传送系统，以及信息保护手段，防止从技术渠道被窃取信息。

俄联邦对外侦查局局长由俄罗斯总统直接任命。从2007年10月9日起，根据俄罗斯总统命令，俄联邦对外侦查局局长由米·叶·弗拉德科夫担任。

俄联邦对外侦查局的组织结构如图6-5。

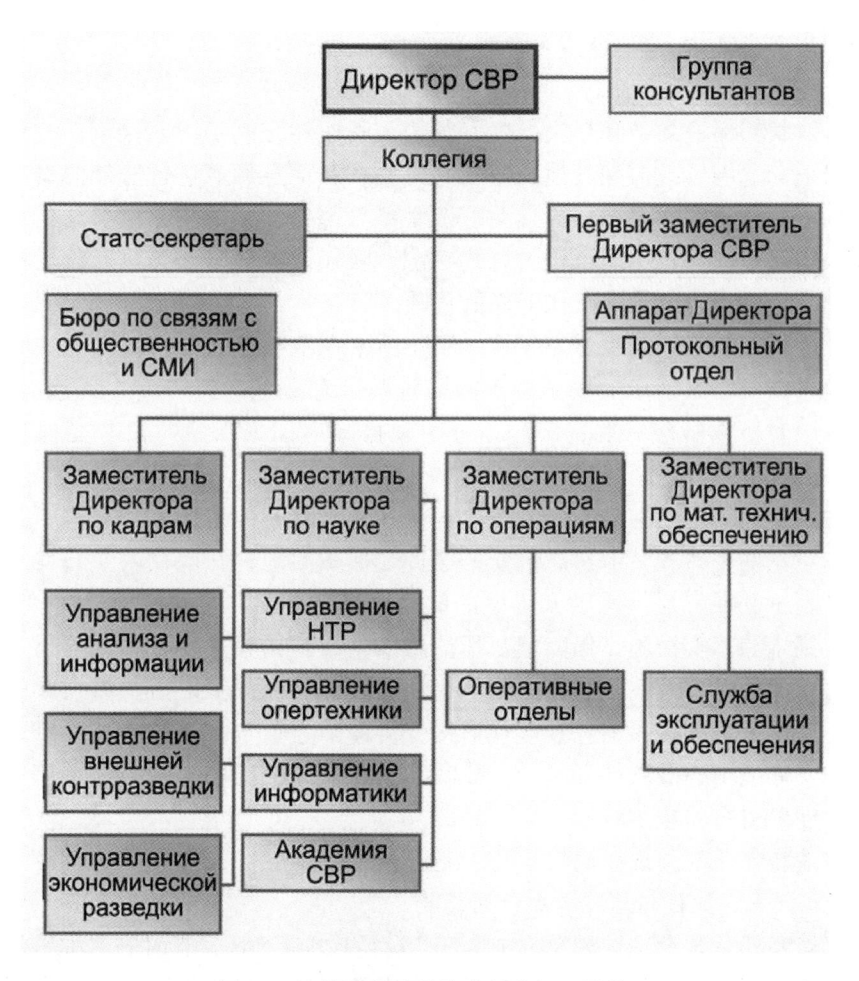

第六章 当代俄罗斯国家决策机制的结构

图 6 – 5 俄联邦对外侦查局的组织结构

(九) 俄联邦毒品流通监督局

根据 2004 年 3 月 9 日颁布的第 314 号俄联邦总统令，俄联邦毒品流通监督局是俄联邦国家毒品和精神药物流通监督委员会的法定继承机构。俄联邦毒品流通监督局的职能是：对毒品和精神药品流通领域实施国家监督和监察；负责颁发运进（运出）毒品、精神药品及其衍生品的许可证，杜绝上述物品的非法流通。

俄联邦毒品流通监督局局长是维·彼·伊万诺夫。局长下设 5 位副局

· 151 ·

长，分别是：弗·亚·卡兰达、奥·亚·萨佛诺夫、尼·尼·奥洛夫、尼·鲍·茨维特科夫、米·尤·季伊科。

（十）俄联邦保卫局

俄联邦保卫局是联邦执行权力机关，其职能是制定国家政策，并对国家保卫、总统、政府和其他类型的专门关系和信息领域进行法律协调、监督和监控。俄联邦保卫局的行动由俄联邦总统领导。俄联邦保卫局的章程和国家保卫联邦机关的机构由总统确定。联邦保卫局同联邦执行权力机关协助时，政府协调俄联邦保卫局的行动。

俄联邦保卫局的主要任务是：保障国家保卫对象在常住地点和临时停留地点以及在旅途中的安全；预测并查明国家保卫对象的重要利益威胁，采取中和措施杜绝威胁；警告、查明和排除对国家保卫对象和受保护客体——其中安置有联邦国家权力机关的建筑物、工程、设备的蓄意侵犯；预告、查明和排除在国家保护对象常住地点、临时停留地点和旅途中对受保护对象的犯罪和其他违法活动；保护受保护对象；在职权内参与反恐活动；组织和保障提供给国家机关的社会联系和信息的开发、安全和完善；参与制定和落实措施，保障俄联邦信息安全、打击技术侦察、保护属于国家秘密的情报；落实俄联邦法制信息化领域的国家政策，协调该领域的工作；为国家机关提供信息技术和信息分析保障、负责技术装备和信息通信系统及环境中心的软件开发，在战时和紧急情况下为国家管理提供信息保障；保障自身安全。[①]

俄联邦保卫局现任局长是叶·亚·穆罗夫大将。

（十一）俄联邦总统专项计划总局

俄联邦总统专项计划总局成立于1977年1月6日，当时的名称是俄罗斯苏维埃社会主义加盟共和国部长会议事务局第五局。俄联邦总统专项计划总局的主要任务和目的是，在职权内保障落实俄联邦总统的权限，在俄联邦实行动员筹备和动员工作。

[①] Федеральный закон от 27 мая 1996 г. № 57 – ФЗ "О государственной охране" (Гл. 1, ст. ст. 1 – 3)；Положение, утвержденное Указом Президента Российской Федерации от 7 августа 2004 г. № 1013 "Вопросы Федеральной службы охраны Российской Федерации" (ч. 1, п. п. 1 – 3, 8).

第五节 当代俄罗斯国家决策机制中的司法机关

俄罗斯的司法机关在国家决策中主要发挥监督职能，即监督其他国家权力机关的行为是否符合相关法律规定。俄罗斯宪法规定，俄罗斯联邦的司法只能由法院实施。司法权力通过宪法、民法、行政法和刑法诉讼程序来落实。俄罗斯宪法对俄罗斯影响力最大的三个法院——宪法法院、最高法院和最高仲裁法院的职责作出了规定。上述三个法院首先具有立法倡议权。俄罗斯宪法规定，宪法法院、最高法院和最高仲裁法院有权就责任范围内的问题提出立法倡议。为保障司法独立，宪法规定，法院的资金只能出自联邦预算，并应该保证司法完整和独立。下面分别阐述三个法院的职责。

首先是宪法法院。宪法法院主要负责维护宪法尊严，解释宪法条文的工作。宪法法院根据总统、联邦委员会、国家杜马、五分之一的联邦委员会成员或国家杜马议员、政府、最高法院和最高仲裁法院、联邦主体立法和执行权力机关的问询，根据宪法处理下列事务：（1）审理总统、联邦委员会、国家杜马和政府颁布的联邦法律、标准法案、各共和国宪法、条例、联邦主体关于国家权力机关工作的法律和其他标准法案、国家权力机关和联邦主体国家权力机关之间的条约、联邦主体国家权力机关之间的条约和未生效的国际条约是否符合联邦宪法；（2）解决联邦国家权力机关之间、国家权力机关和联邦主体国家权力机关之间、联邦主体最高国家权力机关之间的权限纠纷；（3）根据联邦法律确定的办法，受理违反公民宪法权利和自由的投诉，并根据法院的问询，检查具体案件中适用或应该适用的法律是否符合联邦宪法；（4）根据总统、联邦委员会、国家杜马、政府、联邦主体立法机关的问询，对俄罗斯联邦宪法作出解释。不符合宪法的法案或单独的一些规定将失去效力，不符合宪法的国家条约不应生效和使用。此外，宪法法院根据联邦委员会的问询，对总统叛国罪或其他重罪的指责是否符合相应程序作出结论。根据上述规定可以看出，俄罗斯宪法法院实际上是最高仲裁者，它受理的是关乎国家根本大法的案件。由于需要审理各权力分支机构的宪法争议，宪法法院不可能不插手政治，所以它对国家决策会产生相应的影响。

然后是最高法院。宪法规定,最高法院是关于民事、刑事、行政和其他案件的最高司法机关,根据联邦法律规定的程序对下属法院的活动进行司法监督,并阐释司法实践问题。

最高仲裁法院是解决经济纠纷和其他仲裁法院审理案件的最高司法机关,在联邦法律规定的程序下对下属法院的活动进行司法监督,对司法实践问题做出解释。

俄罗斯现行宪法规定,宪法法院、最高法院、最高仲裁法院院长由联邦委员会根据联邦总统的提名任命。在俄罗斯政治实践中,总统根据这个规定,对俄罗斯司法体系进行一定的控制。

联邦检察院由具有上下级从属关系的总检察长和检察长构成的统一体系组成。总检察长由联邦委员会根据总统提议任免。

第六节 当代俄罗斯国家决策机制的结构特点

从结构看,当代俄罗斯国家决策机制有以下两个鲜明的特点:首先是关于决策的法律体系不健全;其次是国家决策权力的配置不均衡。

一 不健全的法律体系

随着俄罗斯国家机关的实践运转,俄罗斯国家决策机制的法律基础逐步完善,逐渐形成了以俄罗斯联邦宪法为核心,有关国家决策问题的联邦法律为补充,有关国家决策问题的战略性文件为指导,国家决策机关的组织条例为具体实施规则的法律保障体系。但目前为止,俄罗斯仍未就协调国家决策问题形成统一的政治法律空间。这个体系仍处于不断完善之中,体系内的法律法规之间的关系尚不协调。俄罗斯依靠战略性文件(如外交构想、军事学说、发展战略等)指导国家决策的政治实践水平还不高。这首先是文件本身的问题。文件表述不清楚,前后矛盾,不成体系,指导实践的能力也大打折扣,以致俄罗斯国家政策常常前后不一,无章可循。

(一) 俄罗斯国家决策机制的法律基础

宪法是一个国家的根本大法，自1993年宪法通过后，俄罗斯国家开始"按照宪法生活"，各个国家决策机关也学会根据宪法原则运作。俄罗斯宪法是俄罗斯国家决策机制的核心法律基础，它规定了国家的根本制度和国家权力机关的基本活动原则。

联邦法律负责在宪法框架内细化国家权力机关权限职责，规范国家权力机关的活动和运行方式，协调各个权力机关之间的行动等。这方面的重要联邦法律有《俄罗斯联邦政府法》（1997年颁布）、《俄罗斯联邦安全总局机关法》（1995年颁布）等。联邦法律还负责规范国家在某个领域的活动，比如《俄罗斯联邦安全法》（2010年颁布）、《俄罗斯联邦对外情报法》（1996年颁布）、《俄罗斯联邦侦察活动法》（1995年颁布）、《俄罗斯联邦反恐怖主义法》（2006年颁布）等。

除了宪法和联邦宪法性法律以及联邦法律外，俄罗斯国家决策机制的法律基础还包括一些规范性文件，如总统令和政府决议，以及一些战略性理论构想。总统令是总统充分行使宪法决策权力的重要途径。总统令具有灵活的特点，能够及时对形势变化作出反应，又能够绕开复杂的立法程序。在总统和国家杜马关系不合的时候，总统可以通过总统令的形式快速作出反应。但是，总统令的使用也可能造成总统权力不受约束，决策缺乏科学性的后果。[1] 叶利钦总统经常以总统令的形式进行国家决策行为。据统计，叶利钦总统颁布的总统令比议会通过的法律多9倍。[2] 普京担任总统后，规范国家决策方面的文件多是联邦法律，而不是总统令，表明俄罗斯国家决策机制逐步走向制度化。

规范国家决策行为的战略性理论构想是重要的政治性文件，它提出国家一段时间内在某个领域的决策目标，并协调各个相关机关在该领域的行动。叶利钦时期制定了一些这类的理论构想，比如《俄罗斯联邦国家安全构想》（1997年）、《俄罗斯联邦对外政策构想基本原则》（1993年）、《俄罗斯联邦远东地区1996—2005年经济社会发展专项纲要》（1996年）等。这些基础性文件在随后的发展中逐步完善，对国家权力机关在决策中的具

---

[1] 因为国家杜马的基本立法程序有5个，而总统令的下达只需要经过1个程序，所以总统令的科学性原则上得不到保障。

[2] Т. В. Закупень, О законопроектной деятельности федеральных органов исполнительной власти//Российское Право. 1997. №2. -С. 30.

体协作和运行方面的规定越来越有条理。2008年俄罗斯颁布新版《俄罗斯联邦对外政策构想》和《2020年俄罗斯联邦国家安全战略》，明确规定了国家决策机关在上述领域中如何协调行动，各个国家决策机关之间的相互关系和职责。此外，总统致联邦会议的年度国情咨文也是重要的政治性文件，它阐明当年的内政外交重要方向。

（二）上述法律体系存在的问题

第一，同俄罗斯国家决策问题相关的联邦法律之间相互矛盾，有关制定、磋商和落实国家决策的规定不完善。例如在制定地区发展战略方面就缺少相应的俄罗斯法律，以明确联邦中央和联邦主体在这方面的互动规则。

第二，战略性文件不系统。一是这类文件的法律地位得不到保障。从理论上讲，由于俄罗斯宪法禁止确立国家意识形态，俄罗斯国家决策的依据应该是总统、政府和其他国家权力机关通过的战略性文件，如国情咨文、战略性构想、发展战略和理论等。俄罗斯宪法第84条第e款规定，"俄联邦总统确定国家发展的优先方向，并把优先方向纳入致联邦会议的国情咨文、预算咨文，以及其他纲要性文件中"。同时，俄罗斯宪法第83条第3款规定，"俄联邦总统批准俄联邦军事学说"。但是，现有法律没有明确规定这些理论构想类文件的法律效力。由于规定国家重要决策方向的文件缺少明确的法律地位，该类文件的对象只有执行权力机关，而其他权力机关在法律上没有义务据此协调自己的行动。国家机关的决策活动出现了理论指导的断链现象。可以说，此类文件仍游离于标准法律体系之外。二是该类文件同联邦法律之间的关系没有理顺。俄罗斯宪法法院认为这些文件的法律效力低于联邦法律，所以这些文件应该与联邦法律保持一致。宪法法院进而判定，法院可以拒绝为上述规定国家重要决策方向的文件提供法律保护。法院可以拒绝审查关于即将出台的标准法案是否符合现有战略类文件的案件。三是这类文件之间的相互关系不明确。俄罗斯联邦法律没有对这类文件之间的相互关系作出明确的规定。由于确定国家决策重要方向的这些文件的法律地位得不到保障，它们与联邦法律之间没有形成一个完整的体系，国家决策的透明度和可预测性也大打折扣。这样，部门领导的态度经常取代法律和上述战略性文件。例如俄罗斯前总理E. 普里马科夫在回忆录中谈到，科济列夫担任外长期间，他的态度决定了外交部的决策立场。在北约东扩问题上，科济列夫不反对北约东扩，他的态度也成为俄罗斯外交部的主要基调。外交部一些主要官员反对北约东扩,但他们的意见遭到压制。①

二 不平衡的国家决策权力配置

俄罗斯国家决策机制中的权力配置具有横向、纵向和部门间分布不平衡的特点。横向分布是指总统相对于其他权力分支更集权,是决策机制的核心结构;纵向分布是指中央相对于地方权力机关更集权;从部门间的权力分布可以看出,强力部门权力相对集中。由于俄罗斯国家决策机制中的权力配置不平衡,各国家权力机关之间相互制衡的能力较弱。

(一) 总统集权

从决策权力的水平分配看,总统集权是俄罗斯国家决策机制的一个重要特征。俄罗斯宪法规定,俄罗斯实行三权分立原则,国家权力分为相互独立的执行权力、立法权力和司法权力三个分支。但是,俄罗斯宪法又赋予总统广泛的决策权力,立法机关的权力相对受限,司法权力一直软弱。这样,总统在政治实践中成为决策机制的核心。特别是普京总统执政时期,普京巩固垂直权力体系的做法,使得总统稳稳地处于国家决策机制的核心地位,而其他国家权力机关实际上是按照等级关系从属于总统权力。

西方学者对于俄罗斯总统集权普遍持批判态度,认为总统集权妨碍了俄罗斯民主制度的发展。笔者认为,西方的民主标准并不是普世原则,我们应该客观地看待俄罗斯的总统集权现象。首先,总统集权符合俄罗斯国家当前发展阶段的需求。由于俄罗斯处于过渡时期,社会转型任务的艰辛复杂需要强有力的总统作为改革的保障。过渡时期需要权力集中的决策机制,以集中权力和资源,迅速实现社会的转型。并且,俄罗斯的政党体系欠发达,这也是俄罗斯当前难以实行议会制的硬性限制条件。从国际经验看,在危机动荡的局势下,一些转型国家接受威权主义思想,建立以国家领导人集权为特色的国家决策机制,并且取得了良好的国家治理效果,如

---

① [俄] 叶·普里马科夫:《走过政治雷区——普里马科夫回忆录》,周立群译审,世界知识出版社2008年版,第147页。

韩国、印度尼西亚等国家。① 其次，从绩效看，俄罗斯总统集权的国家决策机制产生了良好的治理效果。最明显的成绩是，普京对国家决策机制的垂直权力改造阻止了俄罗斯国家继续分裂的危险。最后，总统集权是为俄罗斯人民普遍接受的，并且符合俄罗斯政治传统。

当然，总统集权的国家决策机制也存在着不足。首先，它使得国家权力体系更加不平衡。其次，它使得国家决策缺乏必要的监督，国家决策缺乏责任机制，容易造成权力滥用等后果。由于议会对政府的监督职能减弱，政府活动更加缺乏责任感，这样，国家官员容易以临时管理者的心态自居。总统集权的另一个后果是总统亲信对国家决策的影响非常大。比如叶利钦时期的灰衣主教科尔扎科夫，他经常干预国家决策问题，甚至包括干部政策，并经常对政府和总理提出建议。②

俄罗斯国家决策机制的总统集权特征是时代的产物，随着政治局势的发展，总统集权的程度也在发生变化。梅普组合时期，总统的决策权限逐步被打回原形，政府和议会对总统的监督制衡作用也在增强。

(二) 中央集权（相对于地方权力机关）

从决策权力的地理性分配看，俄罗斯国家决策机制的另一个制度特点是中央相对于地方权力机关集权。这个特点是普京时期形成的，是对叶利钦时期各地区去中央化过程的回应。第二次车臣战争给予普京推行中央集权政策的契机，但它的真正起点是1998年8月危机之后。由于地区政策问题触及了所有联邦层面势力的利益，因此，虽然联邦层面相关各方存在相当大的理念分歧，但联邦中央仍然采取统一行动。中央集权化的实质性进展发生于普京时期。为推行中央集权化，普京总统采取了一整套措施，恢复中央对国家重要资源的控制权。在这方面，普京采取了制度、行政和资源三方面的措施。在制度方面建立统一的法律空间，并通过了一系列对地方权力进行限制的联邦法律；行政方面，联邦机关在地方的分支机构从属于地方管辖到由中央或联邦区管理，联邦区还代表中央对联邦和地方权力机关进行行政和政治监督（中央收回对州长的任命权也属于这个范畴）；

---

① 第二次世界大战后，韩国、印度尼西亚效仿西方民主制度，建立了以议会制为核心的国家决策机制。在社会经济停滞不前的情况下，朴正熙以政变的方式在韩国建立起威权体制，印度尼西亚也发生了政变，建立起军人政权。两国以国家领导人为核心的决策机制均满足了那个时代发展的客观需求，稳住了政治局势，实现了经济发展。

② А. Коржаков, Борис Ельцин: от рассвета до заката. М., Интербук, 1997. -С. 311.

经济资源再次中央集权化。普京削弱地方权力机关所控制的预算资金份额（自2006年起中央在全俄罗斯财政预算中的份额增加至66%，之后一直保持在这个水平上），从而提高了财政资源在中央的集中度。① 中央集权可以有效地遏制地方分离主义，也能更有效地消除联邦地区间的法律冲突和经济壁垒，联邦制的特点已经模糊，单一制的特点日益明显。

俄罗斯国家决策机制的中央集权特点有利于维护国家统一，它也符合俄罗斯当前发展阶段的现实需求。如果俄罗斯当前阶段不实行中央集权，国家将面临四分五裂的危险。这种危险在20世纪90年代已经表现得非常明显。

当然，中央集权的国家决策机制也存在消极因素。在中央掌握大部分国家决策权的情况下，俄罗斯地方的自主性会受到一定的抑制。俄罗斯一些政治精英也认识到了这个问题。普京指出："我们在逐渐摒弃非中央集权的做法，但我们无论如何不能回到苏联那样的过度中央集权化的时代。否则，我们就要犯另一方面的错误了。"②

（三）强力部门权力集中

政府中各个部门虽然是各司其职，但在国家决策中，各个部门所居的地位并不相同。这主要取决于各个部门掌握的资源和影响力杠杆。这种情况是世界上各种类型国家的普遍现象。

在俄罗斯政府各个部门的职权分配方面，强力部门的决策权力相对集中。强力部门包括国防部、内务部、联邦安全总局、对外情报总局、紧急情况部、麻醉剂流通监督联邦局、联邦移民局等，被称作"戴肩章的人"。强力部门一直是有影响力的集团。强力部门决策权力相对集中的原因有：

首先，强力部门拥有同总统接触的直接渠道。由于国家领导人是俄罗斯国家决策机制的核心，在俄罗斯，同国家领导人的关系直接决定着各个部门和各官员的地位。自叶利钦时期，叶利钦就通过总统令把强力部门牢牢抓在自己手中。强力部门是总统用于平衡其他政治势力的重要力量。普京总统更是重视强力部门的工作，他同样对强力部门进行直接领导。此外，作为昔日联邦安全总局局长和安全会议秘书，普京直接领导过强力部门。他担任总统后，强力部门人员成为普京重要的权力保障力量。

---

① ［俄］弗·格尔曼：《中央—地区—地方自治：当代俄罗斯的中央再集权政策》，郝薇薇译，《俄罗斯研究》2009年第4期，第74页。
② Газета «Красная Звезда», 6 января 2001г.

其次，来自强力部门的人在政府部门中的任职比重非常高，这是总统信任强力部门的结果。俄罗斯很多关键部门的领导是强力部门出身的人员，比如前总统办公厅副主任 И. 谢钦。俄罗斯社会学家 O. B. 克雷什坦诺夫斯卡娅 2002 年进行的研究表明，同强力部门有关的人员占政府任职人员总数的 25.1%。并且这个数字在普京任总统期间是迅速增长的。比如，2000—2003 年任命的所有副部长中，34.9% 是军人出身，而经济部门任命的副部长中，军人比重达 7.1%。[①]

强力部门在国家决策中的实际作用远高于正式的法律规定，例如联邦安全总局。联邦安全总局的主要职能是进行反侦察活动和打击犯罪活动，包括排查间谍活动、恐怖活动、有组织犯罪、腐败、非法贩卖毒品和武器、贩卖人口等犯罪活动。2003 年 3 月机构改革后，联邦安全总局扩大了职权范围。联邦安全总局联邦局和联邦政府联络局被合并到联邦安全总局中。联邦安全总局在各地区和武装力量中也拥有一些部门。所有这些地方部门直接归联邦安全总局领导。而联邦安全总局的现实影响力远不止于此。在普京担任联邦安全总局局长前，联邦安全总局的地位低。但现在，联邦安全总局对国家整体政治形势具有直接和间接的影响。安全总局出身的人同原部门保持联系，他们不仅保持官衔，还保持了工资和编制，他们在很多政治机构中担任重要职务，包括总统办公厅和政党组织中。联邦安全总局也同一些大商人有着直接的联系。联邦安全总局最重要的影响力支柱还是普京总统的支持。

内务部的情形也是如此。内务部的职责是维护法律秩序和保障社会安全，但内务部的实际权力范围也比正式职权更为广泛。这首先由于内务部的领导同联邦安全总局有着密切的联系，联邦安全总局是同总统交流的一个渠道。其次，内务部一直在经济和政治领域发挥积极作用。此外，内务部一直通过法律手段控制一些高利润行业，比如赌博业、生产和销售烟酒商品、捕鱼和海产品、出口消费品等。[②]

根据俄罗斯反腐社会接待机构"干净的双手"独立专家制定的影响力指

[①] О. И. Крыштановская, Анатомия российской элиты. М., Захаров, 2005., -C. 274.
[②] Россия: Центры принятия политических решений. Аналитический доклад. Центр политической конъюнктуры России. М., 2003. http://www.ancentr.ru/resources/doc/vnutr-polit.doc.

第六章 当代俄罗斯国家决策机制的结构

数,俄罗斯强力部门掌握的决策影响力相当大,是所有政治机构影响力总和的55%。[①] 这个数据足以显示俄罗斯国家决策机制中强力部门的权力集中程度。

小 结

作为国家决策机制的核心法律基础,宪法确定了国家决策的基本规则。它规定了国家决策机制的基本构成,各国家权力机关和职位的决策权限等。通过本章的分析我们发现,俄罗斯宪法具有灵活的特点。首先,修改和废除俄罗斯宪法的程序比美国宪法简单得多。[②] 俄罗斯宪法第九章规定,重新审议宪法第一、二、九章条款的议案需要应3/5的国家杜马议员和3/5的联邦委员会成员的要求召开宪法会议,宪法会议决定宪法无须修改,或者制定新宪法草案,草案经宪法会议总人数的2/3票予以通过或交付全民投票。如果修改宪法第三到第八章,需要3/4的联邦委员会和2/3的国家杜马议员的票数支持,然后经不少于2/3的联邦主体立法会议批准。俄罗斯宪法通过至今,通过了很多宪法修正案。作为国家决策机制基本规则的宪法如此容易修改,俄罗斯国家决策机制因此也不是刚性不变的。其次,俄罗斯现行宪法对俄罗斯国家权力机关之间的关系进行了灵活的框架性规定。俄罗斯国家权力机关之间关系的进一步明确划分是根据具体政治形势,依靠日后陆续出台的联邦法律、总统令或战略性构想实现的。

根据宪法规定,俄罗斯总统是国家决策机制的总指挥部,拥有保障宪法、立法和执行方面的广泛决策权力。俄罗斯总统不在分权系统之内,他更多的是作为超越国家权力体系的仲裁者。"幸亏俄罗斯总统没有做独裁

[①] Коррупция в России: независимый годовой отчёт Всероссийской Антикоррупционной Общественной Приёмной ЧИСТЫЕ РУКИ, 2 июля 2009 – 30 июля 2010. M., 2010. http: //sartrac-cc. ru/i. php? oper = read_ file&filename = Pub/ovchinsky (06 – 08 – 10). htm.

[②] 美国宪法第五条规定,国会在两院2/3的议员认为必要时,应提出对宪法的修正案,或者根据现有各州2/3的州议会提出请求时,召集修宪大会。以上两种修正案,如经各州3/4的州议会或3/4的州修宪大会批准,即成为本宪法之一部分而发生效力。至于采用哪一种批准方式,则由国会议决。但1808年以前可能制定的修正案,不得以任何形式影响本宪法第一条第九款之第一项和第四项。任何一州,不经其同意,不得剥夺它在参议院中的平等投票权。

·161·

者的野心。因为如果他们想成为独裁者，现行宪法没有办法阻止他们建立独裁。"① 这样，在具体政治形势中，如果总统强势，则可以形成超级总统制。

联邦会议无论是从宪法权力，还是政治实践来说，都是国家决策机制中的重要组成部分。它对总统权力形成一定的制衡。可以看到，从法理上讲，总统和联邦会议具有互相影响的杠杆。

联邦政府在国家决策机制中主要执行国家决策的职能。与议会制不同，俄罗斯联邦政府不由议会多数组阁，与总统制也不相同，俄罗斯联邦政府设有总理职务。由于总统经国家杜马同意可以任命总理，可以解散政府，政府工作会受到总统的制约。而另一方面，国家杜马也对政府具有一定的牵制力，国家杜马可以对政府提出不信任案，政府应该向国家杜马汇报预算的执行情况。在这种体系中，政府具有双重责任：对总统负责，也部分地对议会负责。但不应该就此认为宪法对总统、议会和政府的关系的规定有利于总统，政府与议会之间缺少责任关系，俄罗斯宪法这部分的规定相当灵活。"现行宪法不仅仅规定总统和政府之间只能具有当前这样的关系，当前的状况多半是政治局势的结果，而不是宪法决定的。"② 总统对一些政府重要部门实施直接领导的现状是以总统令的形式生效的，而不是宪法规定的。叶利钦和普京总统先后以总统令的形式确定了总统对政府一些部门的直接领导。《俄罗斯联邦政府法》第30条规定，总统保障政府和其他国家权力机关的协调工作和协作。叶利钦在1996年大选前夕的竞选纲领《俄罗斯：人、家庭、社会、国家》中说道，"必须重新确定国家元首的基本活动，对经济问题负责的应该是政府，而总统的任务是确定经济政策的基本目标，监督落实"。③ 这些可以说明总统和政府关系的灵活性。政府权力表明，政府是社会经济领域的全权执行权力载体。它对该领域的管理行为负责。政府协调和直接指挥下面的各个部门。政府和总统的职能和权力虽然有交叉，但政府职能更具体和有针对性。这表明，总统和政府关系可以随着政治形势的变化而变化。俄罗斯政治进程也可以证明这一

---

① В. Никонов, Конституционный дизайн. //Современная российская политика. Под ред. Вячеслава Никонова. М. , ОЛМА-ПРЕСС, 2003, -C. 23.

② Б. М. Топорни, Комментарий к Конституции РФ. М. , 1997. -C. 470.

③ Б. Н. Ельцин, Россия: человек, семья, общество, государство. Программа действий на 1996 – 2000 годы. М. , 1996.

点，例如梅普组合时期总统和政府关系就有变化。

宪法中提到了总统办公厅，只规定总统办公厅由总统组建，对总统办公厅的职能等未作规定。宪法中提到了安全会议，对其具体地位未作规定。这些机构的权力划分和职能界定都是日后出台的章程补充说明的。这样，随着政治形势的变化，这些重要的总统机构的地位也可以灵活变化。

俄罗斯宪法规定，司法权力机关是与立法、行政机关并列的独立的国家权力分支。

上述分析表明，俄罗斯现行宪法仅规定了国家权力机关在俄罗斯国家决策机制中的大致分工。根据俄罗斯现行宪法的规定，当代俄罗斯国家决策机制是以联邦总统为总指挥部，联邦会议为立法和监督保障，以联邦政府为执行落实保障的制度性安排。上述国家权力机关在俄罗斯国家决策机制中的具体地位和影响力会随着政治现实的变化而变化。图6-6显示了俄罗斯国家决策机制的结构。

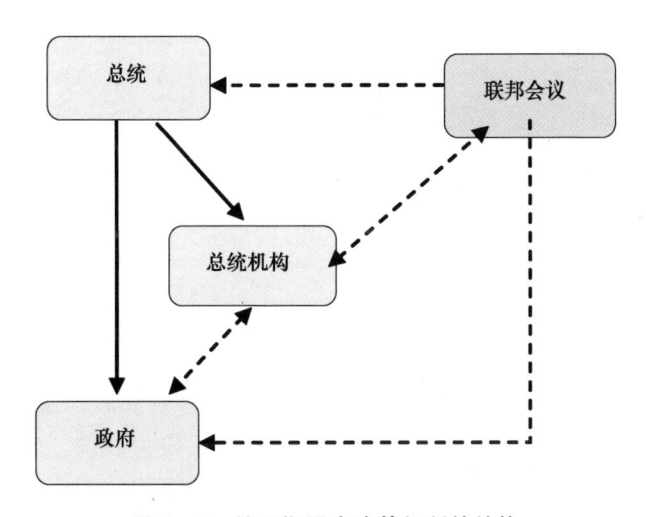

图6-6 俄罗斯国家决策机制的结构

2016年新版《俄联邦外交构想》中明确了俄罗斯外交政策的制定和落实责任者：总统根据宪法和联邦法律规定，确定外交基本方向，指导外交实践，作为国家元首，在国际关系中代表俄罗斯；联邦委员会和国家杜马在权限范围内为俄罗斯国家外交方针和俄罗斯履行国际义务提供立法保障，并协助提高议会外交的效率；联邦政府采取措施落实国家的外交政策；安全会议制定国家外交和军事政策的基本方向，预测、阐明、分析和评估俄罗斯国家安全面临的威胁，为总统起草建议，采取专门经济措施保障国家安全，分析保障安全领域的国际合作问题，协调联邦执行权力机关和联邦主体执行权力机关的行动，落实总统决策，保障国家安全；外交部制定俄罗斯外交总战略，为总统提供相应建议，根据构想和2012年5月7日第605号总统令落实俄罗斯外交方针，根据2011年11月8日第1478号总统令，协调联邦执行权力机关在国际关系和国际合作方面的行动，奉行统一的外交方针；联邦独联体、海外同胞事务和国际人文合作署协助外交部奉行统一的外交方针，包括协调国际人文合作；在起草外交决策方面，联邦执行权力机关长期同联邦会议各院、俄罗斯政党、非政府组织、专家学界、文化人文组织、实业界、大众传媒展开协助，保障其参与到国际合作中。[①]

[①] Концепция внешней политики Российской Федерации, утвержден Указом Президента РФ от 30.11.2016 №640.

第七章　当代俄罗斯国家决策机制的运作

本章将从具体运作过程和运作模式两个角度，考察当代俄罗斯国家决策机制的运作特点。

第一节　当代俄罗斯国家决策机制的运作过程

现代国家的决策机制的运作过程一般具备下列五个基本阶段：信息保障、目标确定、协调立场、贯彻落实、反馈修正。不是国家决策机制的所有组成部分都会参与国家决策机制的每个运作过程。在每个运作阶段，国家决策机制中相应的负责部门就会启动，按照一定的工作程序运作，从而形成负担一定功能的子机制。例如信息保障阶段，国家决策机制中负责信息保障的各部门会根据相应的工作程序启动，负担信息保障功能的子机制也就形成了。当然，也不是所有的决策过程都包括上述五个运作阶段。有时出于任务需要，某些阶段会被跳过。国家决策机制在各流程的功效如何，很大程度上取决于该机制的结构特点。

一　信息保障阶段

信息保障是国家决策机制的重要运作阶段。信息保障系统就像一个机体的神经系统，把外部的需求传输给大脑。决策者掌握信息的质量高低决定了国家决策的质量。国家决策机制应该具有统一的信息空间，在这个空间里，信息来源应该可靠，并且多样化，能够保障信息的全面性和准确性，此外，信息空间中应该存在有效的机制，迅速分析检测信息，从中抽出关键信息，并能够实现信息在所有决策相关方之间的迅速交流和传递。这意味着，信息不仅可以在国家权力机关内部通畅地传递，还可以在政权和社会之间通畅地传递。社会各界的意见可以及时准确地反馈给政权，同时，政权能够排除利益集团的干扰。

俄罗斯国家决策机制也是如此。在信息保障阶段发挥重要作用的国家机关有俄联邦对外情报总局、俄联邦安全总局，此外，各个国家权力机关也设有相应的信息分析部门，例如总统机构、总理机构、政府各部门下属信息分析部门（俄罗斯经济发展部下属的俄罗斯统计局）等。由于俄罗斯国家决策机制中，国家领导人处于核心地位，因此，国家领导人的信息保障机制在整个信息空间中处于核心地位。总统机构的信息分析机构是总统的信息保障基础。根据俄罗斯历史学家 Б. В. 切尔内绍夫的研究，国家领导人的信息来源如图 7-1。

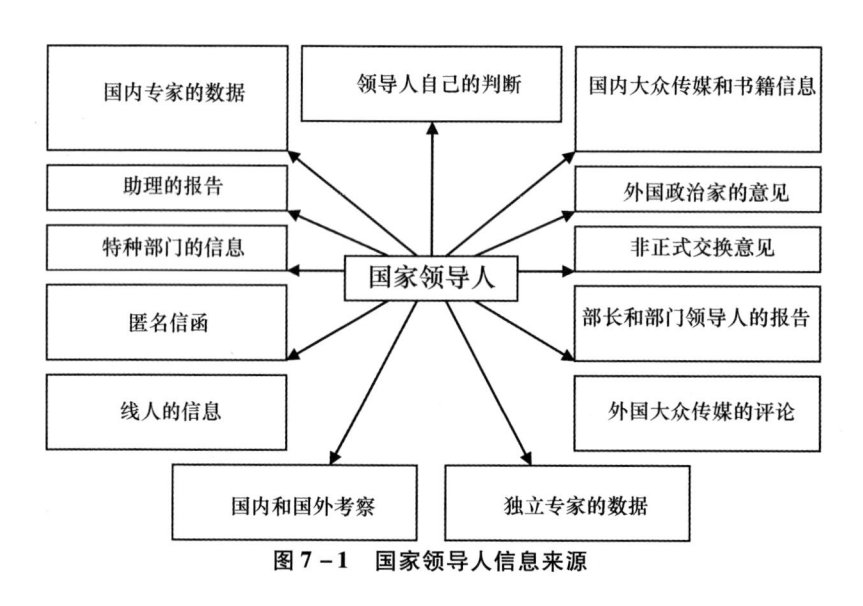

图 7-1 国家领导人信息来源

资料来源：Б. В. Чернышов, разработкаипринятиегосударственныхрешенийвРоссии: урокиистории (XVIII – XXвв.). Саратов, 2003, -C. 165.

从图 7-1 中可以看出，国家领导人可以拥有多种信息渠道。叶利钦总统的信息来源主要是其周围人，或称"家族集团"的人。这些人经常封锁真实的消息，使得叶利钦总统的消息渠道不顺畅。普京总统的信息来源可以称得上是多样化，他喜欢从"第一嘴"里接收信息，他经常同各级别领导人进行会谈。"如果说叶利钦在执政的最后几年里，每周同各级别领导人进行三四次会谈，普京每周同各级别领导人的谈话次数是六七次。"① 普京还从广泛的传媒途径获取信息，普京"尽量阅读所有影响世界舆论的重要信息，阅览所有通讯社的信息、评论、观点"②。此外，普京的信息渠道也尽量保障多样化。间接的例子是普京对是否合并联邦安全总局和内务部的问题的回答："从部门利益出发，两个部门的合并是可能的也是正常的，但从政治利益出发，两个部门的合并则是不利的，从两个渠道获得信息比一个渠道更好。"③

总统班子，特别是普京第三任期新组建的机构，如各种委员会和会议等，是普京总统的重要信息来源之一。在各种委员会会议上，普京总统会根据讨论话题的需要，召集委员会成员、政府有关官员、相关地方官员，以及企业家、专家等各界人士，进行自由讨论，如，总统下属经济会议被普京视为一个自由讨论的平台。普京指出，"经济会议的职能是讨论平台，吸引各界人士加入对话，包括地区领导人、议员们、企业家代表"等。"经济会议主席团的成员持不同观点。有时候，就某些社会经济发展问题，成员们会坚持直接针锋相对的意见"。例如格拉兹耶夫和娜比乌伊琳娜、卡利宁和索比亚宁等。④ 例如，总统下属军事技术对外合作问题委员会负责为总统制定国家对外军事技术合作方面的建议。2016年7月8日，普京主持召开俄罗斯军事技术对外合作问题委员会会议，讨论如何扩展俄罗斯同外国军事技术合作的问题。与会者包括总统办公厅、政府的相关官员和企业界领导。如总统办公厅主任谢尔盖·伊万诺夫、总统助理弗拉基米尔·科任、联邦军事技术合作局局长亚历山大·福明、联邦安全局局长亚历山大·波尔特尼科夫、工业贸易部部长杰尼斯·曼图罗夫、财长安东·希卢安诺夫、政府副总理德米特里·罗格津、总统助理尤里·乌沙科夫、对外侦查局局长米哈伊尔·弗拉德

---

① Р. Медведев, Владимир Путин – действующий президент. М., Время, 2002, -С. 195.
② В. В. Путин, Ответы на вопросы на Всемирном конгрессе информационных агентств «Информация: вызовы XXI века» от 24 сентября 2004 г.
③ В. В. Путин, От первого лица: Разговоры с Владимиром Путиным. М., ВАГРИУС, 2000, -С. 128.
④ Путин засекретил заседание Экономического совета: слишком много разногласий. 25 мая 2016. http://www.mk.ru/economics/2016/05/25/putin-zasekretil-zasedanie-ekonomicheskogo-soveta-slishkom-mnogo-raznoglasiy.html, 上网时间：2016年8月12日。

科夫、俄罗斯技术公司总裁谢尔盖·切梅佐夫、防长谢尔盖·绍伊古、俄罗斯国防出口公司总裁等。[①] 广泛的部门领导参与,有助于为总统更加全面地提供信息。普京建立的与民众的直接对话机制,如全俄统一阵线和"直线"对话节目,以及社会院,在发挥政权和社会对话平台作用的同时,也是普京重要的信息来源之一。

下面考察俄罗斯国家权力机关内部的信息交流情况。俄罗斯国家权力机关各个部门设有信息分析系统,但这些信息分析系统的工作效率不高。例如国家统计系统(俄罗斯统计局负责,隶属俄罗斯经济发展部)由于经济和社会变革,工作效率远低于苏联时期。[②] 并且,国家统计系统的统计数据具有商品属性,国家机关和个人都不能无偿使用。此外,国家机关各部门之间的竞争妨碍了各部门之间的信息交换。

从上面的分析可以看出,由于领导人系统在俄罗斯国家决策机制中的特殊地位,其信息保障工作至关重要。俄罗斯国家领导人的信息保障在很大程度上取决于领导人的个人素质。随着信息技术的发展,俄罗斯负责信息保障的部门的工作效率有所提高,但俄罗斯国家决策机制的信息保障功能仍存在一些不足:俄罗斯国家权力机关内部的信息交流存在障碍,具有信息不对称的特点。

二 目标确定阶段

目标确定阶段的任务是制定国家活动的日程表,确定哪些问题需要解决,哪些问题不需要解决,并确定待解决问题的优先顺序。该阶段需要明确国家的进一步行动方向,阐明国家在某领域的利益,并研究某领域问题的解决方法。很多学者把目标确定阶段细化为一系列连续独立的子功能,但他们同意制定日程表推动某个社会问题,使其得到正式研究和讨论。[③]

[①] Заседание Комиссии по вопросам военно-технического сотрудничества РФ с иностранными государствами. 8 июля 2016 года. www.kremlin.ru, 上网时间:2016 年 8 月 13 日。
[②] 统计能力明显下降的例子是 2002 年居民普查。
[③] R. Kelly, D. Palumbo, Theories of Policy Making, Encyclopedia of Government and Politics, Ed. By M. Hawksworm and M. Kogan, p. 651; J. Manheim, R. Rich, Empirical Political Analysis: Research Methods in Political Science, p. 350; B. Hogwood, L. Gunn, Policy Analysis for the Real World. L., 1984, pp. 7 – 8; W. Jenkins, Policy Analysis, Oxford, 1978.

第七章 当代俄罗斯国家决策机制的运作

国家活动的日程表由政治家"认为有必要在一定时间里对其作出反应的某些要求构成"。① 它是重要社会问题的总和，体现了社会的总体需求或单独利益群体的要求。政治家和行政人员准备并有能力对这些社会问题做出反应，通过决议，采取行动。②

西方政治学家认为，理想的民主的目标确定过程应该是这样的：社会某个群体（倡议群体）发现了问题，他们通过诉诸法庭或借助传媒的手段表达这个问题，倡议群体提出的这个问题引起了社会的关注，该问题被列入日程表。③ 政治现实表明，制定国家日程表是一个非常复杂的过程。在不同的国家，对于不同的问题领域，制定日程表的程序和推动力自然不同。

国家活动的日程表可以分为战略日程表和战术日程表。不同日程表的制定程序也不同。战略日程表指的是国家在一段时期内在某个领域的行动战略总和。它明确提出国家在某领域的战略目标。例如制定战略发展纲要和理论学说、总统国情咨文和预算报告。战术日程表是指根据国家在某领域的行动战略而具体细化的行动方案的总和。例如，2003年总统国情咨文确定的主要社会经济政策优先方向是十年里国内生产总值翻一番。④ 根据这个战略目标，Г.格列夫领导的战略分析中心起草了《落实俄联邦2010年发展战略的优先措施纲要（2000—2004）》，明确了落实该战略目标的具体行动措施。⑤

这样，俄罗斯国家决策机制的目标确定职能分两种情况：战略目标确定和战术目标确定。上述两种功能的负责机构是谁？战略目标确定的职能主要由国家领导人领导的总统班子执行（总统办公厅、各种委员会、安全会议）。各种发展战略和总统国情咨文是由总统下属机构负责草拟，草案有时会提交社会讨论，最后经总统令签署生效。各种社会机构可能对战略目标确定产生影响，但国家领导人的意见发挥主要作用。战术目标确定的职能主要由相关国家权力机关根据相关工作程序确定，在这里，各种社会机构也可能产生影响，但部门领导人的意见发挥主要作用。

---

① J. Anderson. Public Policymaking: An Introduction. p. 85.
② А. А. Дегтярев, Принятие политических решений. М., 2004, -С. 232.
③ А. А. Дегтярев, Принятие политических решений. М., 2004, -С. 234 – 235.
④ Послание Президента Российской Федерации Федеральному Собранию от 16 мая 2003 г. М., 2003. -С. 38.
⑤ Программа приоритетных мер (2000 – 2004) по реализации стратегии Росссийской Федерации до 2010 года. рук. Кол. Г. Греф//《Сегодня》. 2000. 11 мая.

在俄罗斯，制定日程表的依据可以是：各种发展战略、理论学说、总统国情咨文、国家领导人发言和政府备忘录。俄罗斯上述文件体系不健全，对决策的指导意义不大。缺乏资金也是影响文件使用效率的一个重要原因。相比而言，领导人的意见则更加具有指导意义。当前，总统机构和政府机构中也成立了接受民访的机构，梅德韦杰夫甚至开通了博客、播客和微博，以听取民众意见，与民众直接沟通交流。普京倡议建立的全俄统一阵线，以及"直线"节目，也是国家领导人与民众直接对话的重要平台。但从实际效果来看，目前真正发挥作用的主要是国家领导人的意见。民意有时也会发挥作用，但需要同领导人的意见相契合。民意通常是国家领导人出台某项酝酿已久的决议的一个理由或契机。普京非常善于利用民意推动自己准备已久的决策。比如发生公共事件时，利用民众的群情激愤来收回权力。2002年莫斯科杜布罗夫卡剧院事件中，由于独立电视台泄露了警方的行动，独立电视台领导立即被更换。不久，普京提交了《传媒法修改法案》，严格控制媒体在反恐行动中的报道权。2004年9月13日别斯兰人质事件后，俄罗斯总统普京出台了一系列以"维护国家统一和加强国内安全为目标"的反恐新举措，实行了新一轮联邦制改革和政党制度改革。民意也把内务部改革列入了日程表。俄罗斯警察形象一向不佳，由于警察违法乱纪事件频发，俄罗斯民众强烈要求改革内务部。特别是2009年莫斯科察里津诺区警察分局局长Д.叶夫休科夫枪击超市顾客事件引起民愤。在这种情况下，梅德韦杰夫总统2010年2月18日签署了《关于俄罗斯联邦内务部改革措施》的总统令，对内务部进行大规模改革。当然，民众意见也有主导决策的时候，2011年国家杜马选举后，由于民众的不满情绪高涨，普京总统宣布进行政治体制改革，把反对派提出的意见系统地纳入改革方案中。

案例分析

（一）实物优惠货币化改革的倡议者是普京总统的亲信——圣彼得堡帮的自由派官员格列夫、库德林、祖拉博夫、茹科夫等人。他们认为，苏联时期遗留的社会保障和社会救助制度与市场经济的主要原则相矛盾。他们就改革事宜向普京总统进行游说。总理弗拉德科夫由于刚刚上任，对此一直保持沉默。祖拉博夫和戈利科娃是实物优惠改革法律草案的主要设计者和起草者。法案的最初版本被提交国务委员会讨论，但遭到了国务委员会成员的尖锐批评。2004年6月，俄罗斯实物优惠货币化法律草案提交国家杜马各委员会进行审议，但法案遭到很多代表，尤其是来自俄罗斯共产党的代表的激烈反对。社会上，很多专家学者也强烈反对政府所提出的这一法案，在同期进行的一项社会舆论调查中，有60%的被询问者反对取消实物优惠政策，只有14%的人表示赞成。很多大众媒体也发布了大量批评意见。政府不得不对最初的法案进行修改。然而，仅过了一个月，在"统一俄罗斯"党的努力下，8月5日，国家杜马三读通过了该法律。8月8日，该法获得联邦委员会批准。普京总统也在法案上签了字。这个案例表明，总统及其亲信是国家日程表的主要倡议人，专家的意见和民意对法案的推动没有产生实质性影响。

（二）中国习近平主席提出丝绸之路经济带倡议后，2013年索契冬奥会期间，普京第一次公开表态，先从战略角度支持中国的丝绸之路经济带倡议。之后，普京总统务实地提出了具体的合作办法，指出相关各方应该把本国的发展计划同丝绸之路经济带倡议结合起来，在能源、矿产和交通基础设施建设方面建立长期稳定合作关系。在上合组织扩大会议上，普京总统提出，在上合组织框架内建设共同的交通体系，包括利用俄罗斯跨西伯利亚铁路的运载能力和贝阿铁路的运载能力，同中国丝绸之路经济带倡议相结合，这具有非常远大的前景。[①] 2015年5月中国和俄罗斯发表《关于丝绸之路经济带建设和欧亚经济联盟建设对接合作联合声明》，决定把俄罗斯主导的欧亚经济联盟与中国提出的地区合作倡议相对接。在此过程中，国家领导人普京是战略目标确定的首脑。

这样的案例还有决定建立欧亚经济联盟。独联体地区一直是俄罗斯外交的优先方向。在独联体一体化进展不顺的情况下，俄罗斯总统普京2011年提出建立欧亚联盟的构想。俄罗斯希望在关税同盟的基础上与白俄罗斯和哈萨克斯坦一起组建欧亚联盟。为了消除独联体国家的担心，普京总统明确表示建立欧亚经济联盟，从经济一体化做起。2011年10月3日，普京在俄罗斯《消息报》发表了《新的欧亚一体化计划：未来诞生于今天》，阐述了俄罗斯构建欧亚地区一体化的战略目标。

---

① Путин отметил перспективы общей транспортной системы ШОС. http://ria.ru/economy/20140912/1023779024.html.

三 协调立场阶段

协调立场阶段的主要任务是促进相关部门协调有序地工作。苏联解体后，新独立的俄罗斯缺少协调机制。由于各部门之间关系松散，又没有苏共这样的执政党作为纽带，俄罗斯需要建立一个有威望的机制，以协调各部门的立场和工作。在这种形势下，俄罗斯借鉴美国国家安全会议的经验，于1992年成立安全会议。安全会议本来是作为国家安全（内政、外交）领域的主要决策平台建立的，但是，俄罗斯安全会议同美国国家安全会议的地位和作用并不相同。安全会议曾在很长时间里一直处于俄罗斯政治进程的边缘，更无力承担主要协调机制的功能。限制安全会议在国家决策过程中发挥协调作用的因素如下：

首先，安全会议的法律地位不具体。这一点前边已经阐述，此处不予赘述。其次，长期以来，俄罗斯一直没有颁布关于国家决策机制的专项法律，以协调各国家权力机关在国家决策中的具体协作规则和程序。安全会议和其他国家权力机关之间没有明确划分职能和权限。这使得很多工作重复开展，并且滋生了不负责任的现象。再次，由于安全会议秘书没有足够的政治威望，其他国家权力机关领导人经常不服从安全会议的协调，甚至百般阻挠安全会议的工作。例如，强力部门领导人经常阻挠安全会议插手自己的工作。在叶利钦和普京时期，各大部门一致反对把安全会议或者其他机制作为主要协调机构。

因此，俄罗斯国家决策机制在协调立场阶段的运作绩效不佳。政府部门各自为政，政出多门现象屡见不鲜。议会制度发展基金会对国家管理效率的研究数据表明，俄罗斯国家权力机关的相互协作能力占168个受分析国家中的第158位。[①] 例如，叶利钦时期关于俄罗斯加入北约和平伙伴计划的问题。一些部门领导人表示，俄罗斯将在1994年4月加入北约和平伙伴计划。另一些领导人则提出，俄罗斯还没有就这个问题作出决定。外交部和国防部在此问题上发生了严重分歧。对北约东扩问题的态度也是如此。1993年夏天叶利钦访问华沙时就北约东扩问题表态，称是否加入北约是波兰人自己的事

---

① А. В. Старовойтов, реформирование российской государственной гражданской службы и опыт зарубежных стран. Экспертная записка. Фонд развития парламентаризма в России. М., 2003.

情，与俄罗斯无关。叶利钦的讲话立即受到国内外的广泛关注。外界普遍认为这段讲话表明，莫斯科即使不支持北约东扩，至少也会保持沉默。1993年11月，对外情报总局局长普里马科夫向叶利钦递交了关于北约东扩问题的报告，提出中东欧国家加入北约问题应该争求俄罗斯的意见。叶利钦批准了这份报告。外交部则认为："北约东扩并不对俄罗斯构成威胁；任何国家都有权力选择它认为需要的方式捍卫国家的安全；外交部的立场就是总统的立场。"两个部门就此问题互不相让，双方均认为本部门的立场代表俄罗斯国家的立场。最后总统新闻秘书科斯季科夫出面，明确指出总统支持情报部门的立场。[①] 普京时期，这种情况也时有发生。2003年俄罗斯和乌克兰的图兹拉岛冲突事件就是典型事例。对此事件，外交部一直保持沉默。俄罗斯驻乌克兰大使 В. С. 切尔诺梅尔金认为必须暂停修建堤坝，总理 М. М. 卡西亚诺夫也赞同这个观点，但国家杜马国际事务委员会主席 Д. О. 罗戈津则提出应该继续修建堤坝。结果，国际社会不知道俄罗斯官方立场到底如何，具体执行部门得不到明确的指令。

社会院从某种意义上承担了一定的协调社会与政权立场的职能。俄罗斯国家决策机制缺少有效协调机制的局面在2008年以后有所扭转。2008年俄罗斯通过了《俄罗斯联邦外交构想》《俄罗斯联邦安全战略》，2010年12月又通过了《俄罗斯联邦安全法》，作为相关领域国家决策的指导文件。上述文件和法律对相关领域的国家决策机制和流程作出了规定。安全会议的地位也最终以联邦法律的形式得以巩固。根据2010年《俄罗斯联邦安全法》，安全保障的协调工作由俄联邦总统、总统组建和领导的安全会议、俄联邦政府、联邦机关、联邦主体国家权力机关、地方自治机关负责。[②] 梅普组合运行以来，梅德韦杰夫总统和普京总理经常不定期接见政党领导人，就一些重要决策问题进行磋商。这方面虽然尚未建立正式的机制，但上述举措仍然发挥了很好的协调作用。

普京总统采取措施理顺部门间关系，建立更有效的沟通平台，协调各方立场。"大政府"的组建也有这个目标。明琴科咨询公司的报告《政治局2.0》中提出，至2012年，普京建立了非正式的网状管理工具，同苏联时期

---

① [俄] 叶·普里马科夫：《走过政治雷区——普里马科夫回忆录》，周立群译审，世界知识出版社2008年版，第146—147页。

② Федеральный Закон от 15 декабря 2010 года "О безопасности Российской Федерации". Статья 6.

的政治局非常相似。普京的"政治局2.0"成员实际上是俄罗斯国家顶级管理者，每个人负责各自的管理领域。普京是"政治局2.0"的最高仲裁者，协调所有的纠纷，重新划分政治局成员的势力范围。①普京建立"政治局2.0"的前提是，在理顺各权力机关间关系的基础上，通过总统班子建设"大政府"，把各相关部门纳入不同总统班子的垂直管理网络中。在这个管理网络中，对于国家决策有了协调各方立场的正式平台——总统班子（包括总统下属委员会和会议、安全会议、总统办公厅），在一定程度上有助于提高决策效率和质量。2016年5月25日，普京主持经济会议，讨论寻找俄罗斯经济增长的新动力问题。与会者观点分歧很大：有自由主义者，例如战略分析中心主任阿列克谢·库尔德林，他建议不要追求经济的快速增长，而是优化制度，减少预算赤字到1%，也有总统顾问谢尔盖·格拉兹耶夫和大企业家鲍里斯·季托夫，他们建议刺激经济快速增长。经济发展部部长阿列克谢·乌柳卡耶夫和总统助理安德烈·别洛乌索夫认为2018年后，俄罗斯经济能实现4%的增长，但不是依靠发行货币的方式来刺激经济发展，而是依靠投资优惠政策和重要银行的项目融资等手段。与会者唯一观点一致的问题是，长期内（10年里）应该降低国家对经济的参与比重，从超过50%降低到35%。②会后，普京会要求经济发展部进行会议总结。其中有些观点可能会纳入俄罗斯经济发展2025年中期战略，或2030年经济发展战略。③

对于俄罗斯主导的欧亚经济联盟是否应该同中国倡议的丝绸之路经济带相对接，俄罗斯内部进行了激烈的讨论。强力部门人士反对"一带一盟"对接，并对中国的丝绸之路经济带倡议感到不安。俄罗斯经济精英对中国丝绸之路经济带倡议基本持欢迎态度。俄工业企业家联盟副主席维·梦科维奇认为，从宏观讲，丝绸之路经济带倡议不仅在中亚地区，还在欧亚范围内有广泛的空间。从微观讲，这能为俄罗斯企业带来现实好处。④俄罗斯铁路公司

---

① АндрейВинокуров, АлександрАтасунцев, Путинполбираетновеньких. 07 ноября 2016. https://www.gazeta.ru/politics/2016/11/06_a_10311353.shtml, 上网时间：2016年11月7日。

② Маргарита Папченкова, Экономический совет при президенте сошелся на разгосударствлении экономики. //Ведомости. 25 мая 2016. http://www.vedomosti.ru/economics/articles/2016/05/25/642380-putin-rosta-ekonomiki, 上网时间2016年7月12日。

③ АлександрСаргин. Тайна《четвертого доклада》—Сергея Глазьева. // Аргументы Недели. 2 июня 2016. №21 (512).

④ http://raspp.ru/novosti/raspp_ekonomika/konomicheskij_poyas_velikogo_shyolkovogo_puti_reshenie_vernoe/.

总裁维·亚库宁在多种场合对丝路倡议表示欢迎。他认为，丝路经济带有助于建立欧亚国际交通走廊。① 普京总统也在不同场合征求地方官员的意见。奥伦堡州州长尤·别尔戈在同普京总统的工作会谈中提出，对丝路的发展感兴趣，并有很多期待。他认为丝绸之路经济带对俄罗斯和欧亚联盟都会很大的帮助。② 俄罗斯智库对于中国的丝绸之路经济带倡议进行了充分的讨论。最后，在普京的支持下，普京的经济团队获胜。普京总统及其经济团队认为，欧亚经济联盟与丝绸之路经济带对接的利益超过潜在风险。③ 2015年3月26日，俄罗斯政府第一副总理，也是俄罗斯应对经济危机的主要负责人伊戈尔·舒瓦洛夫，在亚洲博鳌论坛表示，欧亚经济联盟准备同中国的"一带一路"倡议进行合作。随后舒瓦洛夫以普京的名义参与讨论合作的框架协议。2015年5月中俄两国签署"一带一盟"对接文件。

然而，部门间职权划分更多的是具有最高仲裁者手动划界意味，而不是长期的制度性安排。例如总统下属经济会议和政府的职权划分，按照普京的说法，没有人指望经济会议能做出解决当下应对危机的决定，这依旧是政府的任务。而经济会议的任务在于"寻找2025年俄罗斯经济中期发展政策的关键方向"。④ 不过有媒体指出，近两年来，经济会议几乎没有讨论过战略问题，至少在公共空间没有这方面的报道。⑤

四　贯彻落实阶段

在贯彻落实阶段，前阶段通过的决定将被运用到实际活动中，以达成预期结果。负责贯彻落实国家决策的机构主要是执行权力机关，公民社会机构也承担部分国家决策的贯彻落实。⑥ 贯彻落实过程包含了国家执行权力机关

---

① http://www.cntv.ru/2014/08/05/ARTI1407204618307859.shtml.
② Рабочая встреча с губернатором Оренбургской области Юрием Бергом, 14 мая 2014 года, http://kremlin.ru/news/21020.
③ Александр Габуев, Евразийский 《Союз Шелкового Пути》: дорога к российско-китайскому консенсусу? Совет по внешней и оборонной политике. 11 июня 2015.
④ АлександрСаргин. Тайна 《четвертого доклада》—Сергея Глазьева. // Аргументы Недели. 2 июня 2016. №21（512）.
⑤ Маргарита Папченкова, Экономический совет при президенте сошелся на разгосударствлении экономики. //Ведомисти. 25 мая 2016.
⑥ В. В. Лобанов, Анализ государственной политики. М., 2001. -C. 72.

一系列连贯、有计划的具体措施和行动。贯彻落实阶段非常重要。在现实生活中我们经常发现,国家出台的政策非常好,但落实的结果却一般。国家决策的目标内容在执行中经常没有完成,甚至被大幅修改,这是因为执行者具有很高的自主性。

俄罗斯国家决策机制在贯彻落实阶段的运作绩效不佳。这一方面由于俄罗斯的行政效率不高。俄罗斯独立后,行政管理在很长时间被视作技术上的问题,没有得到应有的关注。议会制度发展基金会对国家管理效率的研究数据表明,俄罗斯的行政管理效率在150个受分析国家中居第120位。[1] 俄罗斯评论家M.捷利亚津(20世纪90年代他曾在国家机关工作)指出,"在政府中,同一件工作可能在各级部门里重复进行:部、司和副总理秘书处。其他权力分支的运行也相差无几。……缺少责任机制是国家失效的主要原因"。[2] 普京时期俄罗斯行政效率略有提高,但执行纪律依然松散。普京推行了行政改革,目的是改变行政机关的行动风格,建立系统的执行机制。但普京行政改革没有达到预期效果,其行政改革存在问题。第一,俄罗斯执行权力机关臃肿。根据最新功能分析方案,2004年俄罗斯启动了重组国家执行权力机关的工作。根据新方案,权力机关的结构、权力范围、从属关系、责任机制等应该直接由机关的具体职能来决定。[3] 据此,俄罗斯建立了三级执行权力体系:联邦部,负责制定某个领域的政策(纲要、计划、联邦专项纲要、预算),通过标准法案,落实国际合作(谈判、国际条约和协议);联邦局,履行落实和监督职能;联邦署,负责管理国家财产、落实国家纲要和提供国家服务。部和政府成员的数量减少(减少至15个部和18个内阁成员),联邦局规模扩大,联邦署的数量增加。[4] 但没过一年,普京总统就下令把运输和通讯部拆分为交通部与信息技术和通讯部。[5] 俄罗斯政府机构的数

---

[1] A. B. Старовойтов, реформирование российской государственной гражданской службы и опыт зарубежных стран. Экспертная записка. Фонд развития парламентаризма в России. M., 2003.

[2] В. И. Франчук, Полтитическая система как средство выживания общества и основа его реформирования \ \ Социально-гуманитарные знания. 2005. №1. C. 128.

[3] Н. Маннинг, Н. Парисон, Реформа государственной службы: методика проведения функциональных обзоров. M., 2002.

[4] Указ Президента Российской Федерации от 9 марта 2004 г. №11. -C. 2605 – 2620.

[5] Указ Президента Российской Федерации от 20 марта 2004 г. №649. «Вопросы структуры федеральных органов исполнительной власти» \ \ Собрание Законодательства РФ. 2004. №21. - C. 4553 – 4557.

量不仅没有减少，反而逐步增加了。执行权力机关的臃肿不利于提高行政效率。第二，制定行政章程的举措也没能发挥应有作用。作为现代管理技术的组成部分，行政章程用于规范和优化国家权力机关的工作过程，建立国家机关的运行模式，规定执行权力机关行动的标准，保障履行国家职能，包括提供国家服务等。[1] 但由于标准数据出现问题，行政章程实际上被阉割了。因此，普京提高行政效率的途径是干部任命，而不是有效的行政改革。另一方面，普京的联邦制改革没有消除"俄罗斯联邦制的委托封建属性"。[2] 俄罗斯没有实现涵盖中央和地方的统一法律空间。

近年来，俄罗斯国家决策机制的执行能力有所提高。俄罗斯总统办公厅2010年的统计数据表明，2010年俄罗斯执行权力机关的执行纪律明显改善，执行效率也明显提高。总统办公厅监督局局长 K. 崔琴科称，俄罗斯政府2010年执行的总统指令比2009年多出32%，是3762项，完成率是63%，2009年完成1102项，2010年完成1801项。以上数据表明，俄罗斯行政部门的执行纪律大幅改善。俄罗斯政府研制了电脑程序，使用该程序可以在线观看总统委托的完成进度，包括监督局的监督结论。目前该程序正在完善之中。[3]

除了提高行政效率外，迅速有效的宣传解释工作也非常重要。宣传工作可以让决策的直接受众理解和支持国家决策。例如休克疗法，改革者没有及时详细地向社会进行宣传解释工作，这对休克疗法的贯彻落实产生了消极影响。第一次车臣战争中，由于叶利钦当局对民众的解释沟通力度不够，俄罗斯大多数民众对政府出兵车臣也不十分理解和支持。民众的不支持是第一次车臣战争失利的一个重要原因。根据1995年1月进行的社会调查显示，54%的受访者认为政府应该从车臣撤兵，27%的受访者支持继续对车臣用兵，19%的受访者对此问题的态度不确定。63%的受访者不支持总统的军事

---

[1] Концепция административной реформы в Российской Федерации в 2006 – 2008 гг. （Одобрена распоряжением Правительства Российской Федерации от 25 октября 2005г. №1789） \ \ Собрание законодательства РФ. 2005. №46. -С. 13852.

[2] М. Афанасьев, Проблемы российского федерализма и федеративная политика второго Президента. Промежуточные итоги \ \ Конституционное право: Восточноевропейское обозрение. 2002. №1 （38）. -С. 93.

[3] Совещание по вопросу исполнения поручений Президента, 28 марта 2011 года. http：//kremlin. ru/assignments/10750.

行动，只有8%的受访者表示支持。① 而在第二次车臣战争中，普京特别注意认真阐释在车臣和北高加索地区动武的原因和必要性，而不只是夸夸其谈地称坚决在车臣恢复俄罗斯宪法秩序。② 这样，第二次车臣战争获得了多数民众的支持。

五　反馈修正阶段

在反馈修正阶段，国家决策机制的主要任务是保证国家政权同社会的交流，把社会对国家决策的意见反馈给政权，从而继续贯彻或者修正国家决策。该阶段的主要参与者是公民社会机构。

叶利钦时期，俄罗斯国家决策机制在反馈修正阶段的运作绩效不佳。当时的政权同广大社会群体之间缺少联系，民众的意见无法改变政府政策。普京时期，局面逐渐扭转。普京着力保持国家和社会民众间的经常对话。普京采取这种态度的一个重要原因是"颜色革命"的威胁。普京希望通过扩大社会联系，及时把反对意见传达给政权，减少引起社会动乱的诱因。普京在2000年的国情咨文中提出，很多政策失败的根源是公民社会的不发达和政权没有学会同社会进行对话和合作。国家发展在很大程度上依靠负责任的公民、成熟的政党、成熟的社会组织和服务于民众的大众传媒。③ 普京采取的具体措施是扶持政权党，并通过政权党加强同社会的联系。另外，普京着手建立总统垂直权力体系内的"公民"机构。例如建立公民论坛机构、磋商和咨询机关（总统文化和艺术委员会、完善法庭委员会、科学技术教育委员会、总统团体互动委员会、燃料能源综合体理事会、军事工业理事会、农工综合体理事会等），发展亲政权的青年组织（青年近卫军、纳什、万岁、年轻的俄罗斯、地方运动等）。普京的另一个举措是建立社会院。

梅德韦杰夫担任总统时，通过社交网站，如用开通推特（Twitter）的方式，直接与民众建立对话。普京第三任期建立的全俄统一阵线和"直线"对话节目等，也是增强与民众沟通的机制。在反馈修正阶段，智库、

---

① 《Интерфакс》. 12 января. 1995.
② Р. А. Медведев, Владимир Путин. Издательство АО 《Молодая гвардия》. 2008. -С. 136.
③ В. В. Путин, Государство Россия: Путь к эффективному государству. 2000.

传媒、社交网站是重要的公众意见反馈平台。全俄舆论中心会根据克里姆林宫的要求，对一些国家决策的实施效果进行民意调查。克里姆林宫根据民调结果，对决策进行修正。俄罗斯重要的战略规划性文件草案会刊登在《俄罗斯报》，听取社会公众的意见。近几年，俄罗斯几个主要的社交网站开辟了专门的空间，供网民公开讨论国家政策。

正面反馈也很重要。在对乌克兰和叙利亚的行动中可以看出，俄罗斯主要外交优先方向是：封锁北约在东欧的进一步东扩，确定俄罗斯在后苏联空间的大国地位。① 该外交方针得到了俄罗斯民众和精英的高度支持。普京的民众支持率达到了历史的新高。根据列瓦达中心的民调，在俄罗斯政治家中，除普京之外，俄罗斯民众最信任的是国防部长谢尔盖·绍伊古。此外，普京周围负责安全、国防和军工业的政治家，特别是赞同克里米亚回归俄罗斯和在叙利亚展开军事打击行动的人，享有很高的支持率。并且，几乎所有政治精英，从联邦委员会到国家杜马党团，从州长、市长到大众传媒，在爱国主义问题上是相当统一的。民众和精英表示支持普京的果断政策。而少数提出异议的自由派群体和个人，在俄罗斯非常不受欢迎。另一个例子是俄罗斯举办冬季奥运会。2014年索契冬季奥运会，无论对于俄罗斯运动员，还是对于俄罗斯国家形象来说都是非常成功的。普京从第二任期开始，多年来一直关注这个项目。② 索契冬奥会的举办，也得到了俄罗斯民众的积极正反馈。

当代俄罗斯国家决策机制在反馈修正阶段的运作依然存在问题。第一，由于普京垂直权力体系的建立，政权与社会的交流渠道均被纳入垂直权力体系之中。这样，社会公众对国家决策的反馈意见可以通过各种渠道反馈给政权。然而，是否对国家决策做出修正，如何修正，社会公众在这方面通常发挥着消极作用。第二，俄罗斯公民社会机构尚不成熟，政党发育也不完善。公民社会没有作为一个独立的力量，参与到国家决策的反馈修正阶段。

---

① ДмитрийТренин： ВнешняяполитикаРоссии в ближайшиепятьлет： цели， стимулы，ориентиры29.04.2016，http：//svop.ru/main/20112/，上网时间：2016年6月22日。
② 2/3 президентскогосрокаПутина： политикадействий в условияхпротиводействия7 мая 2016http：//tass.ru/politika/3265000.

当代俄罗斯国家决策机制研究

第二节　当代俄罗斯国家决策机制的运作模式

第一节我们已经谈到，不是所有的决策过程都包括上述五个基本阶段。在俄罗斯国家决策机制的运行实践中，针对不同的国家决策的类型，国家决策机制的运作过程会有选择地包括几个阶段。例如情况非常危急的时候，国家决策机制的运行可能会直接选择确定目标、贯彻落实两个运作阶段。这种运作实践逐渐固定下来，形成了相对固定的运作模式。国家决策可分为战略决策、日常操作决策和紧急情况决策。一般来说，战略决策解决涉及居民根本利益的社会政治问题，包括大规模的利用和分配资源、改革国家制度、改变政治力量格局等。① 俄罗斯国家决策机制也随之形成三种运作模式：战略决策模式、日常事务决策模式和紧急情况决策模式。

一　战略决策模式

战略决策模式适用于战略型国家决策的制定过程。战略型国家决策涉及国家某领域发展战略，国家政策方针等具有长期性、全局性和宏观性的议题。由于战略型国家决策涉及国家的未来发展规划和全民族的福祉，它需要国家权力机关之间的通力合作：全面准确的信息保障、协调一致的立场、高效的贯彻落实和全面及时的反馈意见。战略型国家决策模式也需要社会各群体的广泛参与，这样，国家决策才能代表更广泛阶层的利益。《俄联邦2020国家安全战略》（2008年）规定，战略规划类文件（社会经济长期发展构想、短期社会经济发展纲要、某经济部门发展战略、联邦区发展战略、联邦主体社会经济发展战略和纲要、联邦专项纲要、国防采购、国家安全领域和内政外交方面的战略、理论学说等）由俄联邦政府和相关联邦执行权力机关在联邦主体国家权力机关的参与下，根据俄联邦宪法、联邦法律和俄联邦其

---

① А. А. Дегтярёв, Механизм принятия политических решений: попытка разработки комплексной модели. //Российская политическая наука. Том 5. под ред. А. Ю. Мельвиль, А. И. Соловьев. М., РОССПЭН, 2008, - С. 230 - 248.

他标准法案制定。2008年通过的《俄联邦外交构想》和2010年12月通过的联邦法律《俄联邦安全法》也对战略型国家决策模式的流程作出了相关规定。战略决策模式包含所有运作过程：信息保障、目标确定、协调立场、贯彻落实、反馈修正。图7-2展示的是俄罗斯国家决策机制战略运行模式。

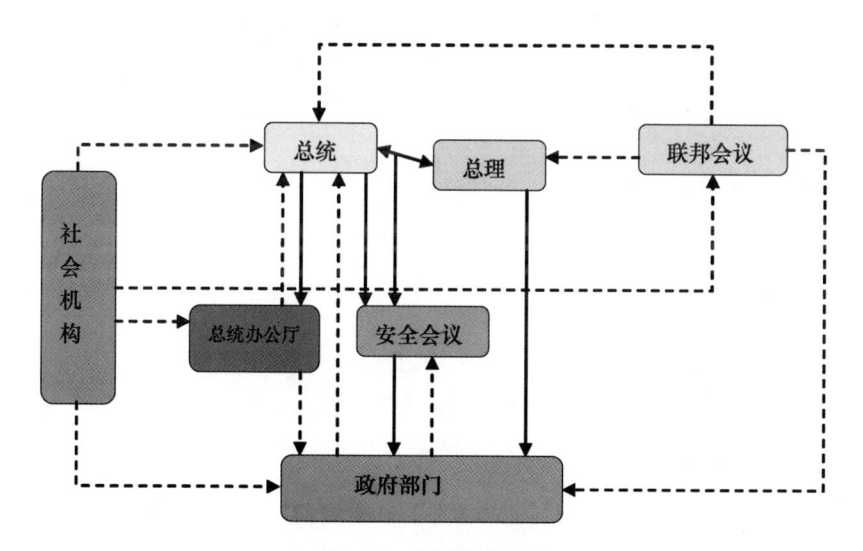

图7-2 战略决策模式

如图7-2所示，总统在战略型国家决策模式中发挥核心作用，负责战略型国家决策的领导工作。总统首先根据获得的信息确定国家行动日程表，即确定哪项议题需要解决。在讨论和协调立场过程中，总统对该议题的意见具有主导作用，并且，总统具有最终决策权。总统提出政治日程表后，再通过工作程序下达指示，交由总统办公厅、安全会议、政府相关部门具体操作。此外，根据宪法和2010年联邦安全法的相关规定，总统还负责各权力机关之间的协调工作。在梅普组合时期，俄罗斯实际的国家领导人是梅德韦杰夫和普京两个人。虽然总统和总理的宪法权力没有发生变化，但梅德韦杰夫和普京具有各自的活动领域。在各自的领域内，梅德韦杰夫和普京具有倡议权和最终决定权。而在一些至关重要的问题上，两个人都有倡议权，决定权归两个人共同所有。

由于在这种国家决策模式中，国家领导人占据核心地位[①]，国家领导人的信息来源以及国家领导人的认知特点对战略决策都具有重要影响。前边我们已经谈到，国家领导人的信息来源包括国家领导人助手的报告和意见、大众传媒、官员学者的报告、视察、情报部门的信息等。上述渠道的工作效率均会对战略型国家决策的质量产生影响。国家领导人信任的人的意见非常重要，他们可以把自己的意见表达给国家领导人。此外，国家领导人个人的兴趣、喜好、价值观和认知能力也会对国家决策产生决定性的影响。心理认知模型适用于分析战略型国家决策。[②]

俄罗斯学者特列宁认为，俄罗斯外交方面的主要问题——安全和国防决策依然是普京自己来决定。普京是世界上最有经验的政治领袖之一。普京的外交决策主要是依靠特殊部门获取的信息来制定。同时，安全问题专家在制定和落实普京外交决策中扮演着重要作用。[③]

安全会议在战略型国家决策模式中占据重要地位。在战略型国家决策模式中，安全会议的任务范围是：根据总统的决定，内政外交问题的文件可以提交安全会议审议。[④] 研究保障安全问题，组织国防、军事建设，国防生产，军技合作，其他涉及保护宪法秩序、主权、独立和领土完整的问题，以及安

[①] 叶利钦和普京时期，国家领导人指的是总统。梅普组合时期，国家领导人指的是梅德韦杰夫和普京两个人的集体领导。

[②] 心理认知模型认为，决策是人的认识过程，是决策者自身价值观和其他心理倾向的反应。俄罗斯心理学家 А. В. 柳宾提出，"一个人在重复的决策环境中的行为具有稳定性，其心理基础正是一定的决策风格"。心理认知模型重点分析领导人的决策风格。这方面的俄文著作可参见：А. В. Любин, Стиль человека: психологический анализ. М.：Смысл, 1998. -С. 175；Под ред. Е. В. Егоровой-Гантман, Имидж лидера. Психологическое пособие для политиков；М. В. Гаврилова, Когнитивные и риторические основы президентской речи（на материале выступлений В. В. Путина и Б. Н. Ельцина）. СПб., 2004；А. В. Селезнева, И. И. Рогозарь-Колпакова, Е. С. Филистович, В. В. Трофимова, Е. П. Доббрынина, И. Э. Стрелец. Российская политическая элита: анализ с точки зрения концепции человеческого капитала. \ \ Полис. 2010. №4. – с. 91；Ю. Козелецкий, Психологическая теория принятия решении: пер. с польского. М.: "Прогресс", 1979.

[③] Дмитрий Тренин: Внешняя политика России в ближайшие пять лет: цели, стимулы, ориентиры29.04.2016，http://svop.ru/main/20112/，上网时间：2016年6月22日。

[④] Стратегия национальной безопасности Российской Федерации до 2020 года. Утверждена Указом Президента Российской Федерации от 12 мая 2009г. № 537.

全保障领域的国际合作问题。① 首先，安全会议负责制定和明确国家安全战略、其他构想性和理论文件，以及保障国家安全的标准和指数。其次，负责对总统的信息保障工作。安全会议负责预测、排查、分析和评估安全威胁、评价军事威胁和军事危险，制定消除危险的措施，并负责向总统起草相关建议。最后，安全会议负责协调联邦执行权力机关和联邦主体权力机关在落实外交决策方面的工作，评价决策效率。安全会议的决议须经总统签署后方可生效。生效的决议国家机关和官员必须执行。

"安全会议的职权范围远大于国家安全的范畴。安全会议可以处理任何具有广泛社会意义的问题，包括经济、金融、人口甚至文化。普京的一群高职位的助手就在安全会议任职，负责有关工作。"②

梅普组合成立以来，联邦政府在战略决策模式中的地位不断上升。2010年安全法更是以法律的形式巩固了联邦政府的相关权限：联邦政府参与确定国家政策基本方向，并且负责制定联邦专项纲要和保障纲要的落实，决定联邦执行权力机关在相关领域的权限。③ 具体政府部门在战略型国家决策模式中属于决策基层单位，它们的主要任务是负责信息保障工作，就本部门战略规划向总统提出建议，落实战略决策，并在职权内负责本部门的协调工作。

新普京时代，"大政府"范畴内的总统下属委员会，例如总统附属燃料能源综合体和生态安全战略发展委员会，在战略性国家决策模式中发挥着积极的作用。由于委员会的主席就是普京总统，委员会成员范围广泛，包括相关领域的各级官员和人员代表，从总统办公厅代表、政府有关部门代表、地方政府代表，到有关领域实业家代表。参与成员代表的广泛性和高级别，让战略决策在信息保障和立场协调方面更加充分，可以提高决策质量。

联邦会议在战略型国家决策模式中的作用相对有限。联邦会议负责通过相关领域的联邦法律。在叶利钦时期，联邦会议没有干预战略型国家决策的直接杠杆，因为总统和政府的活动无须向联邦会议负责。总统制定战略决策无须征得联邦会议同意。联邦会议对总统的年度国情咨文也只有倾听的权

---

① Федеральный закон " О безопасности " . (Принят Государственной Думой 7 декабря 2010 года. Одобрен Советом Федерации 15 декабря 2010 года)

② Дмитрий Тренин: Внешняя политика России в ближайшие пять лет: цели, стимулы, ориентиры 29.04.2016, http://svop.ru/main/20112/, 上网时间: 2016年6月22日。

③ Федеральный закон " О безопасности " . (Принят Государственной Думой 7 декабря 2010 года. Одобрен Советом Федерации 15 декабря 2010 года.) Статья 10.

力。并且，联邦会议的议员不是安全会议的常委，因此没有表决权。当然，根据国内政治格局，联邦会议可以对总统形成间接压力，间接影响战略型国家决策。普京时期至今，由于国家杜马主席和联邦委员会主席均属于安全会议常委，在决策中同其他常委一样，拥有平等的权力。这样，联邦会议在安全会议的平台上拥有干预国家决策的直接杠杆。

各种社会群体，如实业界、大众传媒、社会组织、智库、政党等在自己的利益和兴趣范围内，可以通过游说国家领导人、执行权力机关等途径，对战略型国家决策产生间接影响。2008年《俄联邦外交构想》规定，在起草外交决策中，联邦执行权力机关长期同联邦会议两院、政党、非政府组织、专家界和实业界协会进行互动，广泛吸引公民社会参与外交决策过程。可以认为，俄罗斯战略决策模式具有越来越民主的发展方向。2000年的《俄罗斯联邦军事学说》的制定过程就吸纳了社会各界人士。《俄罗斯联邦军事学说》初稿由安全会议制定，经大众传媒吸引社会各界人士的广泛讨论，得到很多意见后被安全会议和有关部门采纳。修改过的学说草案被安全会议采用，经总统批准后生效。

2016年春天，外长谢尔盖·拉夫罗夫在外交和国防政策委员会会议上说，根据总统的命令，外交部正制定新的外交构想。在草案的基础上应该加入"国际关系转向多中心结构，未来应该依靠主要力量中心的互动，共同解决全球问题"。"国际事务的不确定其仍在持续"，当前国际局势"依然纷繁复杂，充满矛盾"，这些发展趋势应该体现在新外交构想中。[1] 与会的专家充分参与讨论，为新版外交构想和俄罗斯外交优先方向提出建议。[2]

二 日常事务决策模式

日常事务决策指的是国家根据某领域的行动战略制定具体的行动方案。例如2010年梅德韦杰夫总统宣读总统致联邦会议国情咨文后，联邦政府根据总统委托，制定落实国情咨文规定任务的细则。因此，在日常事务决策中，国家权力机关一般是依照本部门的职权和工作章程，按照组织管理程序

---

[1] МаксимМакарычев. Наедине с Западом. МИД готовит новую концепцию внешней политики. // Российская Газета. 10.04.2016.
[2] Сергей Караганов. Российская внешняя политика: новый этап? //Российская газета. 25 мая 2016.

第七章 当代俄罗斯国家决策机制的运作

逐级审批决议。官僚组织决策模式适用于分析这种情况。组织管理模型的代表人物 G. 艾里森提出，一些国家决策的出台不是因为精密地分析局势，不是取决于既定目标，而是响应政府机关的内部文化。在管理方面，最终决定常常是各个参与者讨价还价的结果。政府在这个模型中不是具有某个共同目标的统一体，而是一些独立势力的大杂烩。[1] 在这种情况下，日常事务决策有时未必到达最高决策者的级别。最高决策者所扮演的角色只是在必要时协调政府机构之间的关系，或对逐级递交上来的决议方案予以认可。

在日常事务决策模式下，政府部门拥有一定的决策权，它们有权通过权限内的决定。此外，政府部门还具有协调组织本部门工作的职能。

联邦会议在日常事务决策中也具有更多的权力。第一，联邦会议有权在自己的权限内通过决议，并且具有协调和组织本部门工作的职能。第二，联邦会议还在宪法权限内监督总统和政府工作。[2]

在日常事务决策模式中，总统办公厅和安全会议的常设机构发挥重要的作用。第一，总统机构为保障总统实现宪法权力创造条件；第二，总统机构负责向总统起草相应的决策建议；第三，协调国家权力机关的工作；第四，监督执行权力机关落实总统决策的情况，并评估决策效率；第五，组织权限内的科研工作。

日常事务决策模式的议题一般涉及某个具体领域，因此，相关的社会群体更加积极地参与到日常事务决策模式之中。而日常事务决策模式中政府按部就班的官僚作风也为社会群体的积极参与提供了便利。

在世界金融危机及其余波的持续影响下，俄罗斯中央银行和俄罗斯政府意识到，必须进行结构性改革，并开始制定措施来落实改革。2016 年俄罗斯中央银行和俄罗斯政府的举动和应对危机计划表明，实体经济重新成为比金融更优先的领域。

案例分析
俄罗斯 21 世纪初的电能系统改革

俄罗斯国内关于电能系统改革的方案有五十多个，但经过长时间的

---

[1] Хейвуд Э. Политология：учебник для студентов вузов//пер. -С. Англ. Под ред. Г. Г. Водолазова，В. Ю. Бельского. М. ：ЮНИТИ-ДАНА，2005. -С. 492.
[2] 详见第四章第二节关于联邦会议决策权限的内容。

讨论后，部门垂直一体化方案和根据活动类型划分电能系统的水平方案胜出。俄罗斯国内因此也形成了两派势力，一派支持垂直方案，另一派和支持水平方案的。

水平改革方案是把能源动力系统公司的所有权分为两个部分：自然垄断和市场竞争。前者控制在国家机关手中，其生产的电能用于供应运输和分配电能的企业。电能企业应该实现进一步的私有化。该方案的支持者包括统一能源系统公司经理（他们起草了一揽子决议的主要文件）、政府自由经济派（Г. 格列夫、A. 沙罗诺夫等）、总统办公厅的"圣彼得堡帮"、俄罗斯天然气工业公司等大型企业、右翼和部分中派的国家杜马和联邦委员会党团和议员。丘拜斯和统一能源系统公司的领导们建立了强大的联盟，他们先在政府，然后在议会游说自己的改革方案。

垂直方案的支持联盟也很强大。根据这个方案，电能部门应该根据地域，而不是根据功能进行改革。应该在现有的地区能源公司的基础上建立一些大型地区间垂直一体化的公司。该方案的推动者首先是很多严重依赖电能的大型原料企业的代表。他们在政府和议会也就自己的方案积极展开院外活动。

在这次国家决策中，国家领导人的意见具有指导性意义。普京本人也是水平方案的推动者。此外，总统信任的人也具有重要的影响和作用，例如总统办公厅中的"圣彼得堡帮"。当时的总统办公厅主任沃洛申是俄罗斯统一能源系统公司的联合主席，他积极推动水平方案。由于总统班子的意见对政府和国家杜马具有重要影响，水平方案先后在政府和国家杜马的讨论中胜出。

三　紧急情况决策模式

紧急情况是指突发事件，在这种情况下，社会紧张程度迅速提升，迫使政权迅速做出反应。政治学中也经常称之为危机事件、紧急状况等。紧急情况的特点是突然爆发，冲突尖锐，多样威胁并存，强烈冲击居民的认知和心理，且紧急情况的事态发展迅速，要求政治家迅速做出决策。由于紧急情况具有上述特点，紧急情况决策模式不同于前两种决策模式。在俄罗斯，紧急情况决策模式的核心是总统。根据宪法和其他法律、战略规划性文件，总统拥有在危机环境中决策、实行军事和紧急状况的绝对权力。总统的决策具有法律意义，所有人员、组织、机关都要执行。这样，总统主观因素在国家决策中的作用增强。紧急情况考验政治家的智慧和成熟性：解决问题的热情程度、责任感、判断能力。这些个人素质在紧急情况中非常重要。

由于各国决策机制不同，战略和日常事务决策模式的差别比较明显。但是，各种国家决策机制的紧急情况模式却非常相似。因为紧急情况决策模式缩减了一些决策阶段和流程，程序非常简单。紧急情况运行模式参见图7-3。

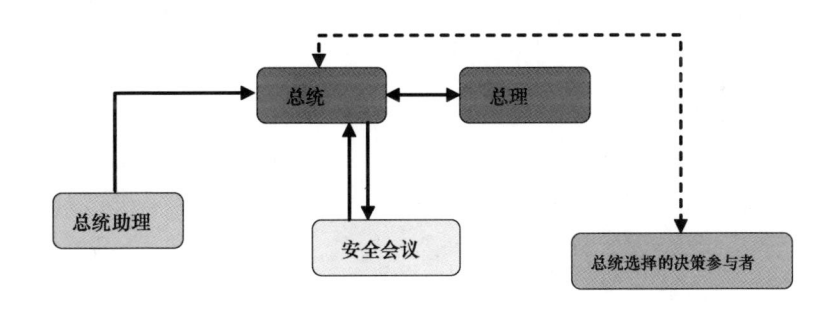

图7-3 紧急情况决策模式

如图7-3所示，国家领导人是整个决策过程的直接指挥，为应对紧急情况，总统通过安全会议进行决策，或者临时成立特别机制作为决策平台，负责情报分析、方案选择和确定。20世纪90年代，俄罗斯军队多次遵照叶利钦总统的秘密命令维持秩序，这些决策违反了宪法和其他法律。

由于紧急情况的决策时间有限，社会群体很难影响决策过程。

案例分析
别斯兰事件

2004年9月1—3日，俄罗斯发生了别斯兰恐怖事件。恐怖分子占领了奥赛梯市别斯兰第一中学。普京总统召集内务部部长努尔加利耶夫、联邦安全总局局长帕特鲁舍夫、总检察长乌斯季诺夫和边防部队司令员普尼切夫举行临时会议。听完报告并对形势进行讨论后，普京确定了特工机关在极其复杂的形势下采取行动的主要方向。9月3日晚，普京在别斯兰同奥赛梯和南方联邦区的全体领导人和强力部门

· 187 ·

人员举行了会议。普京总统在组建直接归自己领导的临时指挥部,选定援救行动的主要方案后,还做出了一系列决策,其中包括争取国际社会的道义支持。并且,普京也充分争取国内民众的理解和支持。9月4日,普京在电视上发表告全国书。他宣布,近期将严格按照俄罗斯宪法的规定出台一整套措施,以加强全国的团结,更有效地引导和监控北高加索局势。普京的讲话得到俄罗斯大多数公民的重视和支持。

莫斯科多莫杰多沃机场爆炸案

2011年1月24日,莫斯科多莫杰多沃机场恐怖事件发生后的1个小时,梅德韦杰夫总统召集总检察长Ю.柴卡、总检察院调查委员会主任А.巴斯特雷金和交通部长И.列维京举行紧急会议。梅德韦杰夫责成建立调查小组,调查恐怖事件,并令全国所有飞机场和大型交通枢纽实行紧急状态。

克里米亚回归俄罗斯

2013年11月,乌克兰爆发政治危机。克里米亚不承认乌克兰新政府。乌克兰新政府的一系列举动引起克里米亚地区俄罗斯族社会群体的不满。大部分俄罗斯族的克里米亚人被动员起来,反对乌克兰新领导人。俄罗斯大众传媒在其中也发挥了动员作用。2013年2月22—23日,普京下令采取特别行动,营救乌克兰亚努科维奇总理及其家人。2月23日早晨,普京对强力部门领导人下令,启动将克里米亚纳入俄罗斯的任务。23—24日,在亲俄积极分子的压力下,塞瓦斯托波尔执行权力机关更迭。2月26日,克里米亚议会大楼被广场示威人士占领。27日早晨,俄罗斯特种部队占领克里米亚政府大楼。克里米亚最高委员会议员们辞退了政府总理,任命新领导人,并要求俄罗斯协助克里米亚自治共和国维和。3月1日,俄罗斯联邦委员会批准普京关于允许在乌克兰动用俄罗斯军队的命令。俄罗斯军队和志愿者一起包围了克里米亚半岛的所有设施和乌克兰军队。在俄罗斯的全面支持下,3月16日克里米亚举行全民公投,97%的克里米亚共和国选民和95.6%的塞瓦斯托波尔市选民投票赞成回归俄罗斯。3月17日克里米亚宣布克里米亚共和国独立。3月18日俄罗斯与克里米亚共和国签署条约,克里米亚正式加入俄罗斯,更名克里米亚共和国和塞瓦斯托波尔联邦市。俄罗斯政府宣传工作也非常及时，2015年3月推出普京总统亲自参演的电影《克里米亚，回家之路》。① 2014年3月21日普京以总统令的形式宣布成立克里米亚联邦区，② 2016年7月28日，为提高管理效率，普京以第375号总统令的形式，把克里米亚共和国和塞瓦斯托波尔市并入南方联邦区。③ 在克里米亚回归俄罗斯的决策中，普京总统是决策首脑，强力部门是决策执行者，联邦委员会为普京是否可以在外国动用俄罗斯军队提供了法律保障。克里米亚回归俄罗斯后，普京的决策得到俄罗斯民众的普遍支持，普京的支持率再获新高。

小　结

表7-1　　　　　　　　各权力机构在各决策流程的作用

	总统	安全会议	总统办公厅	联邦政府	联邦会议
信息保障		重要作用	重要作用	相关部门重要作用	立法保障 监督政府工作
目标确定	决定作用	提出建议	提出建议	参与确定基本方向
协调立场	重要作用	重要作用	重要作用	
贯彻落实		监督落实		相关部门重要作用
反馈修正		提出建议	提出建议	相关部门重要作用

从表7-1可以看出，俄罗斯国家决策机制的每个组成部分在各自相关的决策阶段发挥不同的作用。当代俄罗斯国家决策机制是在国家社会发生重大变革的条件下形成和发展的。该机制的运作也从矛盾混乱逐步走向稳定。

---

① Присоединение Крыма к РФ. https://ru.wikipedia.org/wiki/Присоединение_Крыма_к_Российской_Федерации，上网时间：2016年2月5日。
② Указ Президента РФ от 21 марта 2014 г. №168 г. Москва《Об образовании Крымского федерального округа》, дата подписания 21 марта 2014г. // Российская Газета.
③ Подписан Узак о Южном федеральном округе. 28 июля 2016 года. http://www.kremlin.ru/events/president/news/52608，上网时间：2016年10月24日。

第一，从1993年宪法通过至今的近二十年里，俄罗斯国家决策机制的运作过程逐步实现制度化。它形成了信息保障、目标确定、协调立场、贯彻落实和反馈修正这样五个基本的运作过程，各部门在决策流程中的分工越来越具体化。

第二，俄罗斯国家决策机制也逐渐形成了根据任务转换的三套相对稳定的运作模式。这也是俄罗斯国家决策机制运作灵活的一个表现。根据任务选择不同的运作模式，可以更加高效地解决问题。

第三，俄罗斯国家决策机制的结构特点对机制运作产生直接影响。各国家机关在决策流程中的作用见表7-1。在总统机构的协助下，总统在整个决策流程中发挥关键作用。梅普组合成立后，政府的决策地位得以提高。2010年安全法以法律的形式确立了政府参与确定国家政策基本方向的权力。联邦会议主要负责立法保障和监督政府工作。

新普京时代，政府又回归为技术型机构。普京总统建立的"大政府"，在国家决策的各个阶段发挥着重要作用。

第八章　当代俄罗斯国家决策机制与社会群体

我们将从人影响制度结构的能力出发，分析俄罗斯不同社会群体参与和影响国家决策的途径与特点。俄罗斯国家决策机制中整合了哪些人和群体？哪些社会群体对俄罗斯国家决策机制产生影响？他们之间的关系如何？他们在俄罗斯国家决策机制中的地位和作用如何？这些人反过来又对俄罗斯国家决策机制产生什么样的反作用？本章试图对上述问题作出回答。

根据在国家决策中的作用，各种社会群体可以划分为代理人、委托人和直接受众。"代理人"指以国家权力所有者（全体公民）的名义行使国家决策权力的人，包括选举和任命产生的所有国家决策参与者。"委托人"指对国家决策产生持续影响的社会群体，它们不在国家决策机制之中。国家决策委托人实际上是国家决策的共同参与者，或者有意愿参与的人，它们有兴趣同政权在决策过程中保持一贯的联系。"委托人"不等同于决策的受益人。[①] 对于国家决策委托人的清单，А. И. 索洛维约夫提出，国家决策委托人可以包括：（1）社会（公民组织，公民群体）；（2）国际机构（单独的国家，协会，跨国公司等）；（3）法团角色（政党，院外集团，大众传媒等）；（4）专家学院机构。[②] 或者，А. И. 索洛维约夫提出一个更加详细的划分方法，把最有影响力的国家决策委托人划分为：（1）政治家（作为选举产生的国家政治精英）；（2）国家机关、官员、国家官僚（作为非选举产生的国家政治精英）；（3）金融工业集团；（4）社会舆论；（5）政治反对派；（6）政党；（7）大众传媒（包括媒体持有者和广告商）；（8）专家学院机构；（9）有影响力的公民机构；（10）国际机构

---

① А. И. Соловьев, Принятие государственных решений, М., КНОРУС, 2006, -С. 79.
② А. И. Соловьев, Принятие государственных решений, М., КНОРУС, 2006, -С. 78.

(大的民族国家和国际机构)。А. А. 捷戈加廖夫把国家决策代理人划分为三组：最广泛的形式上的委托人群体是普通公民，他们具有选举权，可以参加全民公决和选举。第二组委托人是国家机关官员，在各个权力分支机构起草和落实决定，以及政治共同体中的非国家部分，包括议会和其他合法政党的党务职能人员、社会组织和社会运动的积极分子、大众传媒的工作人员、公开和影子压力集团的人员、分析咨询中心的专家等。第三组参与者是最小范围的特权决策者、政治精英，他们拥有签署或发言权，并有权以所有人的名义通过和落实决定。[①] 上述两位学者的划分方法实际上混淆了委托人和代理人的概念。在国家决策机制中，代理人是乙方，它代表委托人行使决策权力，而委托人是甲方，它授权乙方行使决策权力。因此，笔者认为，国家决策代理人包括领导人、精英和官员；国家决策委托人包括金融工业集团、大众传媒、智库、政党、社会组织；普通民众是国家决策的直接受众。事实上，普通民众是最广泛意义上的委托人，他们授权代理人进行决策。本书把普通民众单独划分出来，是为了更加清晰地反映各个社会群体在俄罗斯国家决策中的不同作用。代理人、委托人和普通民众在国家决策中的关系如图 8-1。

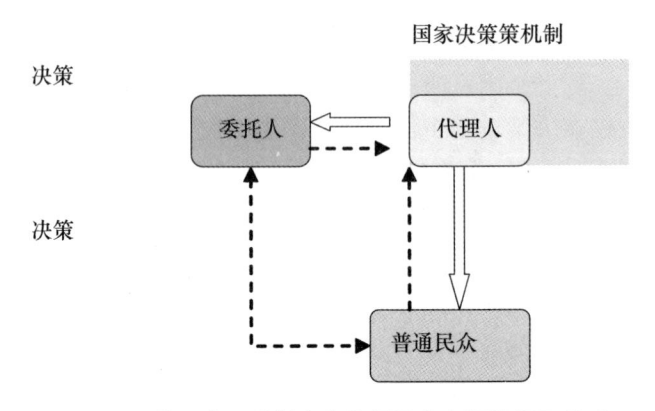

图 8-1 代理人、委托人和普通民众之间的相互关系

[①] А. А. Дегтярёв, Механизм принятия политических решений: попытка разработки комплексной модели. // Российская политическая наука. Т. 5. под ред. А. Ю. Мельвиль, А. И. Соловьев. М., РОССПЭН, 2008, -С. 230 – 248.

如图 8-1 所示，代理人处于国家决策机制之中，它代理委托人进行决策，代理人决策的受众是普通民众或委托人。委托人和普通民众对代理人的决策过程施加影响。委托人和普通民众之间也会相互影响。

第一节　俄罗斯国家决策机制的直接参与者——代理人

一　俄罗斯国家决策机制中的国家领导人

俄罗斯国家领导人在决策中一直发挥着至关重要的作用，这不仅由国家组织管理的性质决定，也受到俄罗斯历史传统的影响。从国家组织管理讲，国家领导人能够确定决策规则和决策目标，组织决策过程，并保障通过决策。从历史传统看，在俄罗斯国家管理的历史长河中，以领导人为核心的最高权力一直凌驾于其他国家权力机关之上。许多历史学家提出，俄罗斯具有"四权分立"的国家管理经验：最高权力、执行权力、立法权力、司法权力。其中，最高权力凌驾于其他权力之上，其他权力和最高权力之间的关系是上下级关系。[1] 俄语中"国家"（государство）来源于"领主的"（государь + ство），从这个构词也可以看出领导人在俄罗斯国家中的特殊地位。"俄罗斯政权的个人化使得我们的政策严重依赖于个人的兴趣和喜好，但另一方面，使得国家元首在必要的情况下启动所谓的国家管理手动系统。"[2] 从当代俄罗斯的政治实践中，我们也可以看出，国家领导人在决策机制中依然保持着核心地位。俄罗斯现行宪法赋予国家领导人广泛的决策权力，从提出倡议、选择方案，到最后拍板通过决策，领导人都发挥关键作用。

领导人在国家决策机制中的地位和作用不仅取决于该国家决策机制的结构，还取决于领导人的个人能力。[3] 国家决策机制的结构设置直接决定

---

[1] Ю. С. Пивоваров, Русская власть и публичная политика. Заметки историка о причинах неудачи демократического транзита. //Полис. 2006. №1. -С. 15–16.

[2] А. Рябов, Ручное управление//«Газета». 2004. №52. -С. 2.

[3] А. А. Дегтярёв, Принятие политических решений. М., УНИВЕРСИТЕТ, 2004, С. 202–204.

国家领导人的地位和作用。比如议会制和总统制国家的总统就具有不同的决策地位和作用，在同样实行总统制的国家里，由于国家决策机制的结构框架不同，总统的地位和作用可能也存在差异。领导人的个人能力自然也会影响他的地位和作用。从当代俄罗斯国家决策机制的运行中也可以看出，在国家决策机制的宪法框架未发生变动的情况下，叶利钦总统、普京总统和梅德韦杰夫总统在国家决策机制中的地位和作用均发生了变化。政治学家常举这个例子：罗斯福总统是积极的领导人，而约翰逊总统是消极的领导人。

（一）俄罗斯国家决策机制的结构特点与领导人

在俄罗斯，国家领导人指的是总统。当然，梅普组合时期情况有所变化，国家领导人实际上是总统和总理二人组合。俄罗斯国家决策机制的结构特点限定了总统的地位。第一，宪法和决策规则赋予总统广泛的决策权力；第二，俄罗斯国家决策机制具有总统集权的特点，以总统为首的执行权力居于其他权力之上，这使得俄罗斯总统具有更为广泛的决策权限；第三，从决策权限的地理分布看，随着普京中央集权政策的推行，中央决策权限的增加也巩固了总统在国家决策机制中的地位和作用；第四，俄罗斯国家决策机制显然缺少制度性的权力制衡机制。俄罗斯独立二十年的政治实践表明，在宪法没赋予联邦会议和联邦政府应有权力的前提下，俄罗斯国家决策机制缺少有效的制度性制衡机制。更为重要的是，俄罗斯司法权力缺少独立性。由于没有独立的法院，俄罗斯总统的决策权力得不到有效的法律限制；第五，俄罗斯总统的产生方式决定着，民众支持率是俄罗斯政权合法性的来源。国家领导人的高支持率，保证了决策权力在同一团队中的传递。在不修改宪法的条件下，国家领导人的实际地位和作用得以保持，例如梅普组合的出现。总统选举失去了对总统的制约意义。

另外，社会群体对国家决策的影响程度也会制约领导人在国家决策中的作用。叶利钦时期的一些重要社会群体窃取了总统决策权力，在俄罗斯国家决策中发挥着影子中心的作用。地方精英、金融工业寡头、俄共等政治反对派，都对叶利钦的决策权力形成掣肘。普京总统采取措施，限制一些社会群体对国家决策的干预，从而确立了总统在国家决策机制中的绝对权威。

（二）国家领导人的个人能力

根据以上的分析结果，我们可以得出这样的结论，即在同一个政治体制中，国家领导人在国家决策机制中的地位和作用也不完全相同。因为国家领导人的个人能力也发挥着至关重要的作用。国家领导人的个人能力通常由两个参数所决定。①

其一是领导人所控制的政治资源的额度、质量、类型和结构。政治资源可以包括：行政、组织、物资、资金与信息等。例如叶利钦总统、普京总统和梅德韦杰夫总统，由于三位总统掌握政治资源的质量不同，他们在国家决策机制中的地位和作用也有差别。

其二是领导人将所控资源转化为现实权力的能力。在这方面，普京动员手中资源的能力显然比叶利钦要强。尽管1993年宪法赋予总统巨大的权力，但叶利钦并没有有效利用这些权力整合各种政治资源（包括政治支持、行政资源、军事、资金等），以达到推进社会发展的目的。②

"普京具有绝对的权力，权力基础是普通俄罗斯公民的史无前例的一贯的高支持率。普京的外交旨在恢复俄罗斯大国地位，是普京获得高支持率的最重要原因之一。"③ 克里米亚纳入俄罗斯，以及俄罗斯在叙利亚的军事行动，为普京的民众支持率创下了历史新高度。

二　俄罗斯国家决策机制中的政治精英

政治精英不仅是俄罗斯国家决策最重要的参与者，还是俄罗斯政治进程的垄断参与者。④ 列宁对十二月党人的评价也同样适用于评价当代俄罗斯的政治精英，"他们的圈子狭小，脱离人民的程度惊人"。什么是政治精英？俄罗斯精英理论专家О. В. 加曼－戈卢特维娜指出，政治精英是"决策者共同体，即管理社会的共同体"。⑤ 笔者认为，政治精英是可以直接影响并参与国家决策的政治最高层，即联邦级别国家权力机关的上层。它包

---

① А. А. Дегтярев, Механизм принятия политических решений: попытка разработки комплексной модели.//Российская политическая наука（1995 – 2006гг.）. Т. 5., Под. Ред. А. Ю. Мельвиль, А. И. Соловьев. М. , РОССПЭН, 2008., -С. 230 – 248.
② А. В. Павроз, Группы интересов и трансформация политического режима в России. СПб. , Изд. -Петербургского университета, 2008, -С. 154.
③ Дмитрий Тренин: Внешняя политика России в ближайшие пять лет: цели, стимулы, ориентиры29. 04. 2016http: //svop. ru/main/20112/, 上网时间：2016年6月22日。
④ О. В. Гаман-Голутвина, Процессы современного элитогенеза: мировой и отечественный опыт. //Полис. 2008. №6. -С. 67.
⑤ О. В. Гаман-Голутвина, Процессы современного элитогенеза: мировой и отечественный опыт. //Полис. 2008. №6. -С. 67.

括国家权力机关（立法机关、执法机关和司法机关）的代表和负责人、总统班子的高级工作人员、体制内的政党领导人和高级军官、大型国有企业领导人等。从这个意义上说，政治精英也包括高级官员。俄罗斯政治精英内部也可以划分几个层次。

外围政治精英是立法机关的代表（联邦会议议员）。联邦委员会议员是地方利益的代理人，有地方立法会议和执行机关代表担任。而国家杜马议员是代表社会各阶层的代理人，由选民直接经选举产生，为了谋求连任，理论上应该对选民负责。俄罗斯国家杜马议员的社会代表作用一直有限。由于政党制度不发达和俄罗斯政治进程的特点，俄罗斯国家杜马尚未能代表广泛的社会阶层。表8-1显示了俄罗斯历届国家杜马议员的社会成分。

表8-1　　　　　　　　历届国家杜马议员社会成分

国家杜马任期	第一届国家杜马（1993—1995）	第二届国家杜马（1996—1999）	第三届国家杜马（2000—2003）	第四届国家杜马（2004—2007）
社会成分	国家部门代表（54%） 商人和管理者（32%） 高级国家公务员（14%） 职业政治家（10%） 知识分子（9%） 军人（3%）	国家部门代表（52%） 商人和管理者（39%） 高级国家公务员（9%） 知识分子（9%） 职业政治家（8%） 军人（4%）	国家部门代表（50%） 商人和管理者（44%） 军人（9%） 知识分子（9%） 职业政治家（9%） 国家高级公务员（8%）	国家部门代表（50%） 商人和管理者（44%） 军人（11%） 知识分子（11%） 职业政治家（9%） 国家高级公务员（6%）

资料来源：国家杜马议员社会成分的数据来自：Ю. В. Харламова，Взаимоотношения законодательной и исполнительной ветвей власти в современной России（1993 - 2007гг.）\ \ Вестник МГУ. Серия 18. 2008.

表8-1所示，俄罗斯历届国家杜马议员的社会成分稳定，表明国家杜马中政治精英的社会职业成分相对稳定。同一些欧洲国家一样，俄罗斯国家杜马议员的社会成分比重与俄罗斯社会成分比重也不一致。并且，俄罗斯国家杜马选举中，选民投票率并不高。这也限制了国家杜马的代表作

第八章 当代俄罗斯国家决策机制与社会群体

用。俄罗斯立法机关代表的外围地位是由国家决策机制的结构特点决定的。从法律基础和政治实践看，联邦会议的外围地位决定了立法机关代表的地位和作用。

从出生地、年龄、社会工作和收入看，第五届国家杜马各党团的议员出身基本相同。议员主要来自拥有百万人口的大城市，共281位。其中，59％的"统一俄罗斯"党和74％的公正俄罗斯党来自百万人口的大城市。245位议员为46—60岁，105位议员为36—45岁，年龄超过60岁的和25岁以下的议员人数非常少。俄共议员年龄依旧偏大，33％的俄共议员超过60岁。而"统一俄罗斯"党议员同一指标是14％，公正俄罗斯是8％。只有7％的俄共议员为36—45岁。65％的俄共议员是各级人民代表，其中包括多次当选的代表，属于职业议员。从社会代表性看，55.6％的国家杜马议员来自地方立法机关，8.7％来自联邦或地方执行权力机关，16.4％人来自企业，18.9％人来自非政府组织，2人是工人。来自企业的议员占自民党党团人数的40％，公正俄罗斯党团人数的24％，"统一俄罗斯"党团人数的13％，俄共党团人数的12％。[1]

第七届国家杜马议员更新率达48％（第五届和第六届约为32％），主要发生在"统一俄罗斯"党团。"统一俄罗斯"党团更新率高达60％，公正俄罗斯党团更新率为30％，自民党团更新率为28％，俄共党团更新率最低，为21％。13.5％来自企业，12.3％人来自执行权力机关，11.3％来自地方立法机关，社会活动家有12人。[2]

处于核心地位的政治精英是国家领导人信任的高级官员，包括执法机关和司法机关领导人、高级军官、政权党领导人、大型国有企业领导，以及国家领导人的助手和谋士。政治精英在国家决策中的影响力取决于10个因素：与普京的亲密程度、非正式影响力、金融资源掌握度、地区精英支持度、正式行政职权、媒体资源掌握度、个人形象、政党支持度、强力部门资源、外交资源。[3]例如，2015—2016年，随着俄罗斯外部局势的紧张化，俄罗斯军工集团的影响力明显增强。在这个背景下，俄罗斯军工集团的主要精英——俄罗斯技术集团

---

[1] Алена Корпусова, Дмитрий Орлов, Госдума: прощание с мифами. //Российская Газета 25 августа 2008. https://rg.ru/2008/08/25/gosduma.html, 上网时间：2016年2月15日。

[2] Антон Быков, ГОсдума. Найди различия. 21 октября 2016 г. http://polit.ru/article/2016/10/21/parlament/, 上网时间：2016年10月21日。

[3] Политбюро 2.0: демонтаж или перезагрузка? Минченко консалтинг. 11 июля 2016 C8.

· 197 ·

总经理切梅佐夫团队对国家决策的影响力也随之提高。切梅佐夫团队在为普京总统提供人力资源方面发挥了重要作用，如任命总统办公厅工作人员和地区领导人。① 图 8-2 是截至 2016 年 11 月，俄罗斯几位重要政治精英的决策影响力状况。雷达图从与普京的亲密程度、非正式影响力等上述 10 个维度，评估几位政治精英对俄罗斯国家决策的影响力。

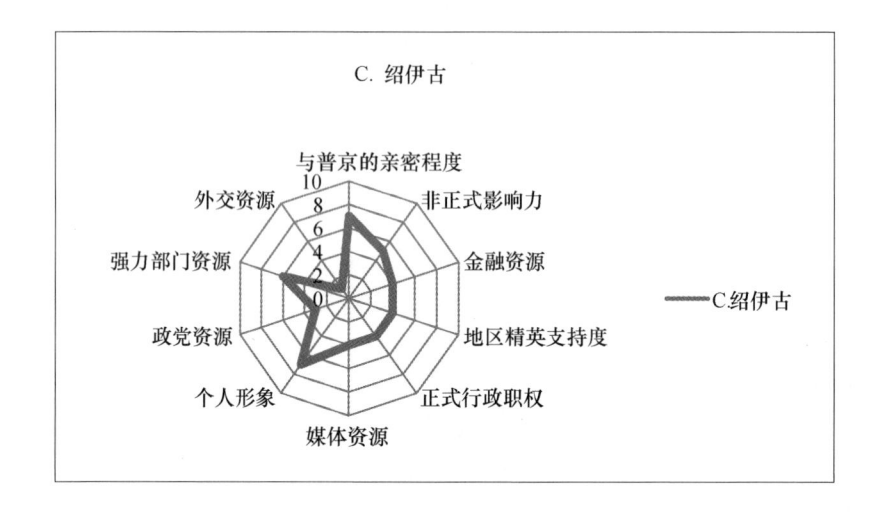

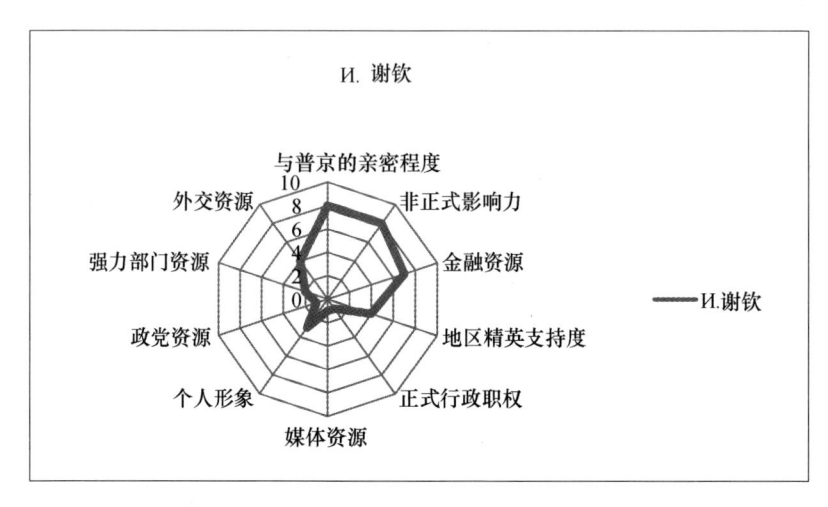

---

① Политбюро 2.0: демонтаж или перезагрузка? Минченко консалтинг. 11 июля 2016 С8.

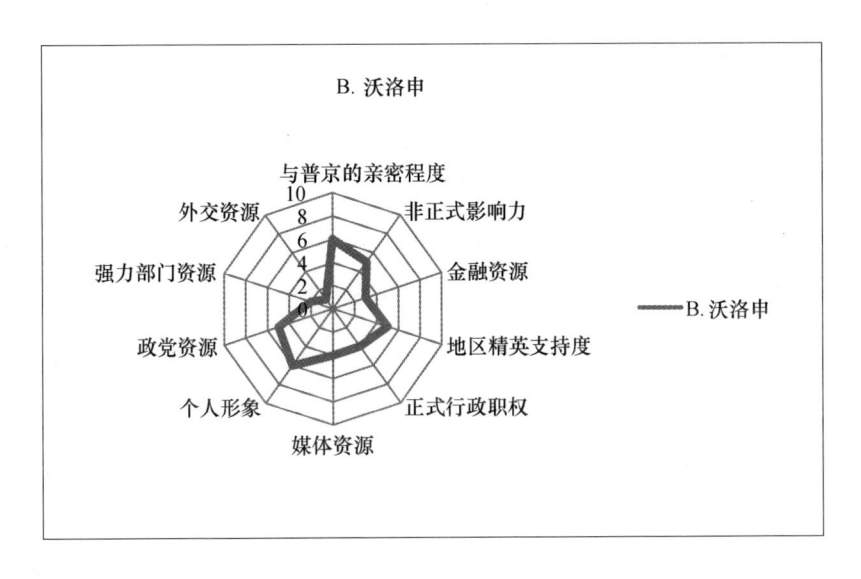

第八章　当代俄罗斯国家决策机制与社会群体

B. 沃洛申

与普京的亲密程度
非正式影响力
金融资源
地区精英支持度
正式行政职权
媒体资源
个人形象
政党资源
强力部门资源
外交资源

——B. 沃洛申

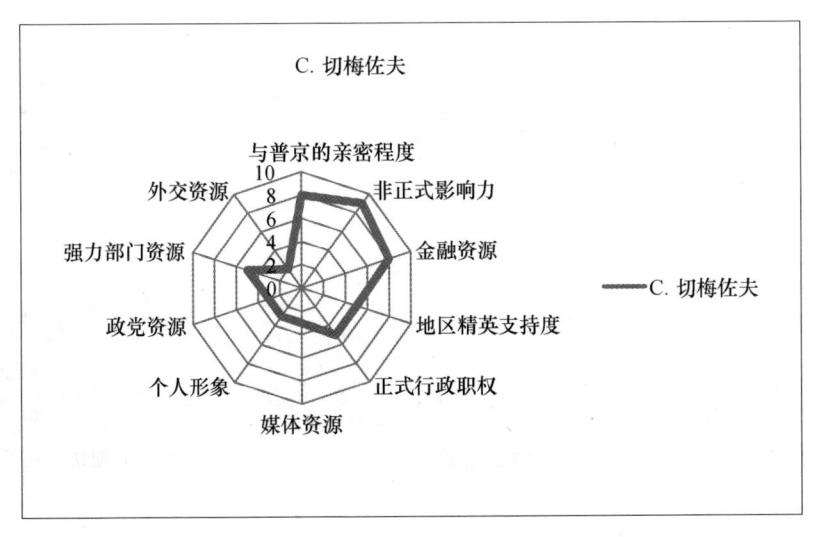

C. 切梅佐夫

与普京的亲密程度
非正式影响力
金融资源
地区精英支持度
正式行政职权
媒体资源
个人形象
政党资源
强力部门资源
外交资源

——C. 切梅佐夫

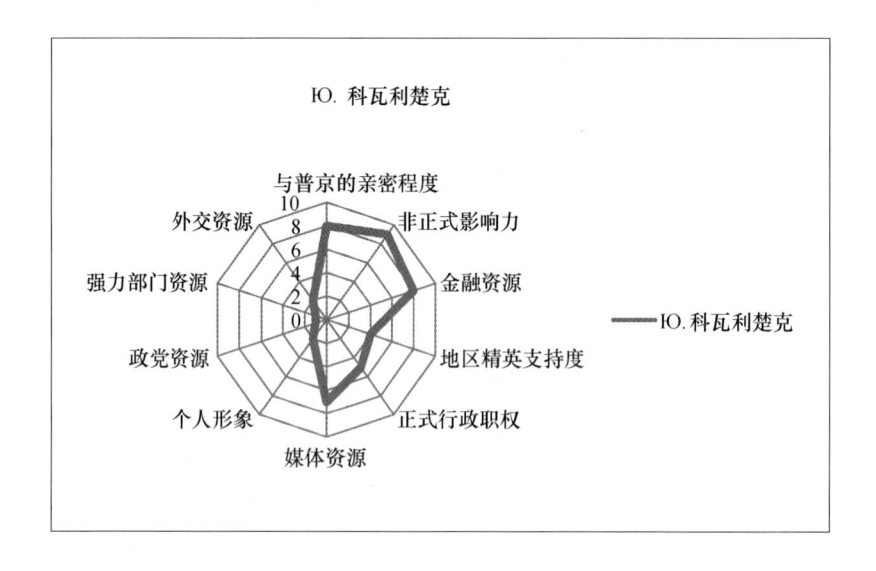

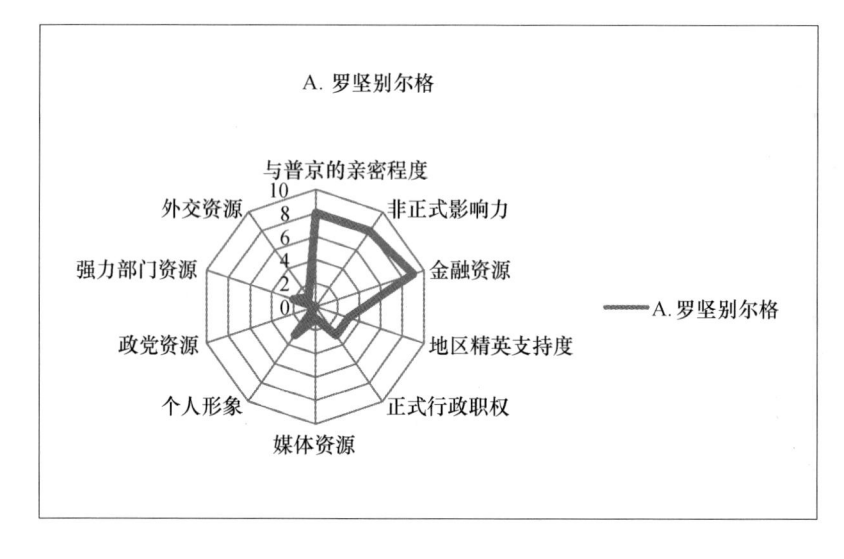

第八章 当代俄罗斯国家决策机制与社会群体

[雷达图：Д.梅德韦杰夫，维度包括：与普京的亲密程度、非正式影响力、金融资源、地区精英支持度、正式行政职权、媒体资源、个人形象、政党资源、强力部门资源、外交资源]

[雷达图：С.索比亚宁，维度包括：与普京的亲密程度、非正式影响力、金融资源、地区精英支持度、正式行政职权、媒体资源、个人形象、政党资源、强力部门资源、外交资源]

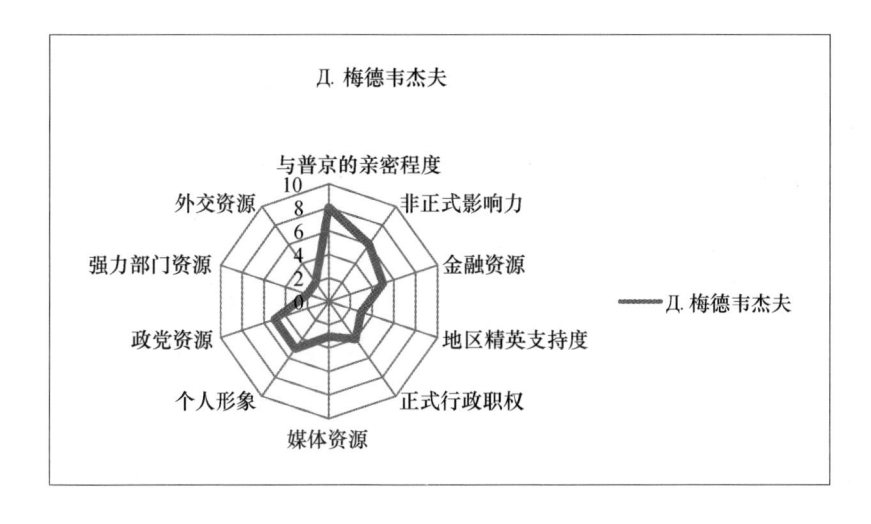

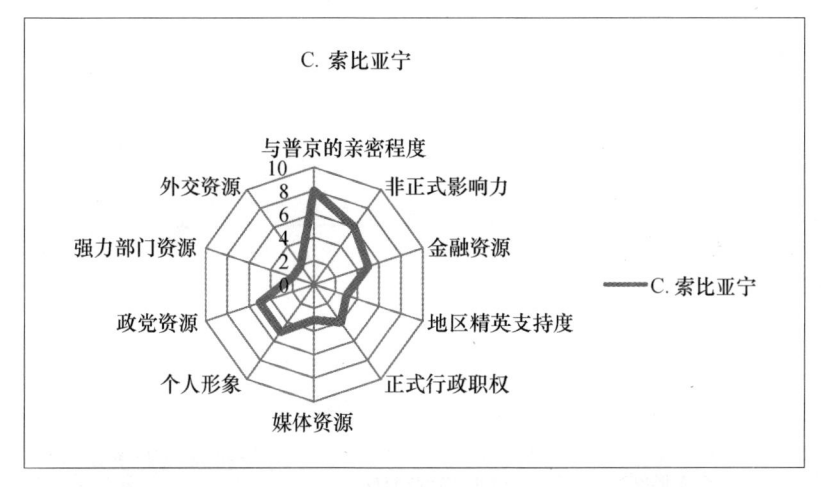

图 8-2　2016 年 11 月俄罗斯几位政治精英的决策影响力状况

数据来源：Политбюро 2.0：демонтаж или перезагрузка? Минченко консалтинг. 11 июля 2016.

根据明琴科咨询公司的报告，普京第三任期以来，俄罗斯主要精英来自以下几个阵营：[1]

第一，梅德韦杰夫总理、副总理德沃尔科维奇，以及第一副总理舒瓦洛

---

[1] Политбюро 2.0：демонтаж или перезагрузка? Минченко консалтинг. 11 июля 2016 С5-6.

夫。他们是金融工业集团驻政府的纽带，也是提高俄罗斯国际经济竞争力的重要团队。这个联盟提出很多倡议，如建立公开政府、莫斯科国际金融中心等。但是由于外部环境不利，这个联盟的倡议没有取得预期效果。

第二，普京总统的经济学智库，负责制定经济改革方案。这个联盟的成员有Ю.科瓦利楚克和М.科瓦利楚克（俄罗斯天然气银行、俄罗斯联邦科学组织协会、战略分析中心），总统下属经济委员会副主席库德林和俄罗斯储蓄银行总裁Г.格列夫。总统办公厅第一副主任基里延科是这个联盟的盟友。他们负责预算财政政策改革，支持俄罗斯参与全球无碳化能源发展竞争。

第三，俄罗斯大型国有企业领导人，其领袖是俄罗斯技术集团总经理С.切梅佐夫、俄罗斯石油公司执行总裁И.谢钦。但管理成本问题是限制该联盟力量增长的一个因素，例如前俄罗斯铁路公司总裁В.亚库宁的失势。另外，由于担心一个集团控制俄罗斯国家经济关键部门的命脉，普京总统通过平衡与制衡的方法，保持该集团几个主要成员之间的力量平衡（能源领域的几个大型国企，例如乌拉尔车厢工厂、俄罗斯天然气工业公司、石油运输公司和俄罗斯原子能公司，上述公司处于基里延科非正式控制下）。

第四，基础设施项目操笔者，包括А.罗金别尔格家族、VolgaGroup创立者和持股人Г.季姆琴科、俄罗斯天然气公司Novatek总裁Л.米赫尔森等。他们推动的思想是，他们负责的大项目应作为俄罗斯国家发展的驱动。莫斯科市长索比亚宁也属于该联盟，联邦首都预算后，索比亚宁是在联邦大精英集团之间，以及有野心的共和国领导人（鞑靼斯坦共和国总统米尼哈诺夫和车臣总统卡德罗夫）之间分配项目的具体操作人。

第五，已退休的强力部门老将们。他们没有离开总统的怀抱，而是得到了新的地位。在一定条件下，他们的决策影响力可能重新增强。这样的人包括政治局2.0曾经的成员，例如总统自然保护、生态和交通特别代表谢尔盖·伊万诺夫和Г.季姆琴科，他们由于个人原因成为自由代理人。谢尔盖·伊万诺夫作为总统特别代表拥有广泛的职权，包括交通和自然资源部门的非正式监护员，而Г.季姆琴科一直拥有很大的财政资源，与地方官员关系密切。[①]

[①] Политбюро 2.0: демонтаж или перезагрузка? Минченко консалтинг. 11 июля 2016 С5–6.

三 俄罗斯国家决策机制中的官员

现在分析俄罗斯国家决策机制中的另一类重要代理人——国家官员。苏联解体后，由于政党的弱小，官员的影响力开始上升。俄罗斯社会中有影响力的人员不断扩充到官员队伍之中。"统一俄罗斯"党的形成和壮大也是官员阶层聚集现象的一部分。[①] 官员阶层虽然无法承担统治阶层的作用，但却是俄罗斯国家决策机制中的重要组成部分。

由于官员是任命产生，不受选举周期的限制，所以他们在国家决策机制中的地位更加稳定。稳定的地位决定了官员在国家决策机制中的重要性。第一，官员可以参与决策的目标确定阶段。由于工作经验丰富，官员掌握本领域的专业知识，可以为领导人提出决策建议，在制定日程表阶段参与决策。官员还可能负责起草决策草案。

第二，官员在贯彻落实阶段也发挥基本作用。官员负责执行政治精英作出的战略决策，并制定相应的日常事务决策。此外，官员并不是简单地执行上级的指令，而是经常在实际落实中修改已通过决定的内容。

第三，在日常事务决策中，官员通常在自己权限内具有决定权。由于日常事务决策实际上是各级官员按照各机关的组织管理程序，流水线一样地进行决策作业。官员在这种模式中拥有更高的自主性。为执行上级决定，官员必须做出具体的决策。例如政治精英提出了发展战略，官员负责把发展战略细化为具体的落实纲要。

由此，官员在国家决策机制中的重要作用可见一斑。但是，俄罗斯官员又具有特殊性。第一，俄罗斯官员具有利益集团化的特点，这降低了国家决策机制的效率。在俄罗斯独立初期的私有化进程中，一些官员机构也开始了自身的私有化过程。官员阶层意识到了自己的利益，逐步形成了一个个具有部门利益的官僚利益集团。[②] 在叶利钦时期，俄罗斯官僚集团不仅形成了特殊的利益集团，而且同经济利益集团建立了联系。具体地说，是经济利益集团依附于官僚利益集团。这妨碍了俄罗斯国家决策的公正。

[①] [俄] 罗·麦德维杰夫：《普京——克里姆林宫四年时光》，王晓玉、韩显阳译，社会科学文献出版社2005年版，第432—434页。

[②] А. В. Павроз, Группы интересов и трансформация политического режима в России. Изд. Петербургского университета. СПб. , 2008, -С. 239.

第二，苏联时期的官僚作风保留至今，俄罗斯官员整体办公效率低下。叶利钦在第二任期已经认识到这个问题的严重性。他在1997年国情咨文中提出："为了提高国家管理效率"，必须"对执行权力实行根本改革"。① 普京也反复强调："国家的巨大能力正是被笨重迟钝、低效率的国家机关消磨掉了。"② 普京执政后，首先制定了全面实施行政改革的基本方针，随后又提出了建立总统权力垂直管理体系的一个重要措施——建立新的官员机构体系。为实行行政改革，俄罗斯政府制定了一系列法案，规定组织原则和官僚机关的运行秩序。其中，《关于确定国家公务员办公行为共同原则》的总统令规定了公务员的基本职业行为规则。③《俄罗斯联邦国家机关职务体系法》规定了国家机关职务的基本运行原则和参数，实现了联邦民事、联邦军事、联邦护法和联邦主体国家民事机关职务的多样化，并采取一系列措施，以完善国家机关职务的活动。④

一是官僚主义和腐败问题仍未得到解决。政府近年通过了《反腐败法》和《国家反腐败战略》，设立官员财产公示制度等。但反腐工作并未取得"重大进展"。2011年国家杜马议会选举后莫斯科爆发数万人示威，反腐败是主要问题之一。二是政府下大力气提高福利、解决民生，可是，工资和退休金的上涨幅度赶不上物价上涨。面对民怨，普京在议会选举后举行的"统一俄罗斯"党会议上表示，他将在2012年3月总统选举后改组政府，还将对地方大员进行换血。

---

① Б. Н. Ельцин, Порядок во власти—порядок в стране. Послание Президента РФ. Федер. Собр. М., 1997.
② В. В. Путин, Сделать Россию зажиточной и процветающей страной. Послание Президента РФ. Федер. Собр. М., 2002.
③ Указ Президента РФ от 12 августа 2002г. №885 " Об утверждении общих принципов служебного поведения государственных служащих"\ \ Собрание Законодательства РФ. 2002. №33. -С. 8200 – 8202.
④ Указ Президента РФ от 27 мая 2003г. №58 " О системе государственной службы Российской Федерации"\ \ Собрание Законодательства РФ. 2003. №22. -С. 4522 – 4530.

第八章　当代俄罗斯国家决策机制与社会群体

第二节　当代俄罗斯国家决策机制的影响者——委托人

俄罗斯国家决策的委托人主要包括金融工业集团、智库、大众传媒、政党、社会组织，等等。不同委托人对国家决策的影响力不同。

一　金融工业集团

在当今的市场经济条件下，没有一个国家的决策能够忽视大型企业的利益。大型企业一直对国家决策产生重要的影响，它们不仅是国家政权的主要伙伴，还是国家决策的重要影响者。大型企业之所以能够发挥上述作用，主要是由于它们在构建政治空间和稳定政治局势方面具有相当大的影响。在俄罗斯，不是所有大型企业都发挥消极作用。它们在同外国跨国公司的角逐中维护俄罗斯的国家利益，并且为俄罗斯人创造就业机会。此外，大型企业在俄罗斯国家决策中越来越多地承担代表社会利益的职能，对国家决策过程进行监督。大型企业和国家政权的互动"最终把大型企业变成公民社会的有机组成部分，以自己的方式为社会的利益服务"。[1] 具有重要影响力的俄罗斯大企业主要指金融工业集团。它们或控制巨额金融资源，或垄断自然资源，或垄断传媒市场，从而掌握了影响国家决策进程的政治资本。

俄罗斯历史上一直有仇视商人的传统。20世纪90年代的私有化浪潮推动了商人阶层的成长。与其他国家不同，当代俄罗斯金融工业集团的出现和兴起，不是民众艰苦创业的结果，而是国家选择的结果。就是说，国家决定扶持哪些公司的发展。叶利钦的私有化政策，意在培养大批私有阶层，形成新政权的经济基础。金融工业集团因而依附国家的力量发展起来。金融工业集团的出身决定了它同国家互动的特点。作为一支重要的政

---

[1] В. И. Якунин, Партнерство в механизме государственного управления. \\ Полис. 2007. №2. – С. 58.

治力量，金融工业集团成熟于叶利钦总统第一任期结束之际。叶利钦第二任期里，由于国家中央政权的衰落，部分金融工业集团的领导（所谓的"寡头"）开始试图干预国家决策，窃取国家权力和资源。这严重影响了国家管理效率和社会公正。别列佐夫斯基1996年曾经说过，俄罗斯七位银行家掌控了俄罗斯一半的经济命脉。普京上台后，决心改变这种不健康的局面。但是，普京仅是采取措施打击干政的寡头，而对于整个商业界，普京采取措施予以大力扶持。21世纪初，俄罗斯国家政权重新恢复了主导管理地位。以普京总统为首的国家政权与大型企业建立了新型关系。在这种关系模式中，国家政权是"规则制定者和仲裁人"，大型企业是"代理人"。① 普京总统第一任期里，规则制定者是一个集体的角色。在同企业互动中，卡西亚诺夫领导的政府是一个关键环节。最开始，"总统—政府—企业"的三方关系的运行基本令人满意。② 由于执政精英的寡头之间具有相互依赖的关系，21世纪初，企业影响国家决策的能力，在自由主义经济改革中实现了制度化。普京团队当时面临着艰巨的任务：经济改革和解决社会问题，为此，普京团队需要同大型企业磋商利益。大型企业也需要国家支持，以实现在国内和国际市场的扩张。大型企业必须遵守的规则是：不直接干预国家决策。这时期，企业大幅扩大了自己在国家权力机关中的存在。企业代表在立法和执行权力机关中的代表人数明显增加。正如俄罗斯政治学家巴别所言，"20世纪90年代，没有哪届政府像卡西亚诺夫政府这样集中了这么多商人"。③ 祖亭称这种关系模式是"磋商机制"。这种模式的平衡点在于，国家政权恢复了对国家决策权力的垄断，而大型企业负责国家的经济发展，参与投资具有重要战略意义的项目。

　　大型企业的利益代表体系不均衡。在国家国策机制中，代表大型企业利益的是俄罗斯工业企业家协会局（РСПП）和总统下属企业委员会，成员仅有政权所选择的一些代表，他们喜欢通过私人关系来解决问题。④ 正

---

① М. М. Сакаева, Крупный бизнес и государство при Путине. Трансформация агентских отношений. //Российская полития. 2013 г. №4（71）. С 94 – 105.
② М. М. Сакаева, Крупный бизнес и государство при Путине. Трансформация агентских отношений. //Российская полития. 2013 г. №4（71）. С 94 – 105.
③ Паппэ, Государство и крупный бизнес：что осталось старого в их отношениях（2000—начало 2001）// Заславская Т. И. Кто и куда стремится вести Россию. – М. 2001. С. 209.
④ Зудин, Неокорпоративизм в Росси?（Бизнес и власть при В. Путине）// ProetContra. № 4 2001. С. 215 – 217.

第八章　当代俄罗斯国家决策机制与社会群体

是在这种磋商机制中，政府和以总统下属企业委员会及俄罗斯工业企业家协会为代表的企业共同做出了相关的国家决策，既有经济改革的整体方向，如税收、银行、货币法，也包括更具体的问题，如俄罗斯加入 WTO，俄罗斯统一电力公司改革等。在 21 世纪初，企业在俄罗斯国家决策中不仅仅发挥着员外人士的作用，也是有效管理经济和落实改革的专家，体现出了职业化精神。[1]

这种模式看似平衡，实际上存在着很大的风险。尤科斯事件就是这种矛盾的一种体现。代理人的发展壮大会打破力量平衡，挑战规则制定者的地位。尤科斯公司利用规模效应，并通过签订第三方，变身为跨国公司，打破了这种"规则制定者——代理人"之间的平衡，冲出国家政权的控制。尤科斯领导层采取的发展战略不仅减少了尤科斯公司对国家的依赖，还通过控制战略意义的资源，加强了国家对尤科斯公司的反向依赖。[2] 换句话说，霍多尔科夫斯基的计划，对实施有利于国家的能源政策形成威胁。[3] 尤科斯公司试图通过结构性优势（在石油市场的领导地位）获得战略性优势，巩固在政治经济生活中的地位。对国家来说，打击尤科斯这样危险的参与者，是建立结构性优势的第一步。[4] "尤科斯事件"是国家政权和大型企业之间条约关系的结束。

由于"规则制定者—代理人"模式中，国家与私人企业的磋商利益机制不稳定，很容易被打破。强有力的私人所有者潜在或实际上威胁到规则制定者的权力，为了让这种风险降到最小，需要把私有部门在经济中的占比降低。随着普京垂直权力体系的建立，国家治理能力不断加强，加上大量石油美元的流入，以总统为首的执政集团需要重新审定与企业的关系。在自由主义私有化过程中，与普京亲近的经济精英得以发展壮大，包括谢尔盖·切梅佐夫，弗拉基米尔·亚库宁，科瓦利楚克兄弟、格纳季·季姆

---

[1] М. М. Сакаева, Крупный бизнес и государство при Путине. Трансформация агентских отношений. //Российская политика. 2013 г. №4（71）. С 94–105.

[2] М. М. Сакаева, Крупный бизнес и государство при Путине. Трансформация агентских отношений. //Российская политика. 2013 г. №4（71）. С 94–105.

[3] В. Милов, И. Селивахин, Проблемыэнергетической полити-ки // Рабочие материалы Московского центра Карнеги. No 4. 2005, С. 20.

[4] М. М. Сакаева, Крупный бизнес и государство при Путине. Трансформация агентских отношений. //Российская политика. 2013 г. №4（71）. С 94–105.

琴科等,这改变了经济精英的力量分布。① 为了规避尤科斯事件这样的风险,俄罗斯对涉及国家经济命脉的重要战略领域实施了国有化战略。一方面,大型国有企业是俄罗斯经济的新增长点,集中了大部分资金资源和工业基础。另一方面,国有企业是重新分配所有权和"秘密私有化"的机制。② 取代寡头的是,国家政权任命的政府官员来管理国有企业。企业的政治忠诚比经济效益重要。如果 2004 年,上市企业中国家持股达到 24%,则 2007 年,国家已经占股 40%。③ 意外的政治风险让总统有理由把决策权集中在自己手中,④ 规则制定者不再是一个集体角色。

未被国有化的大企业与国家政权之间也在 2004 年签署了非正式条约,弗拉德科夫总统在当时是大型企业的公开代表。尽管时至今日,大型企业在权利体系中的地位和作用发生了很大变化,大型企业依然履行代理人的责任。⑤ 国家对企业社会责任的理解,以及对企业家的态度更加多元化。"俄罗斯商业资讯"(РБК)的一篇报道能够形象地体现当今俄罗斯国家和企业的关系。2015 年 12 月 24 日,普京总统接见了大型企业的代表。在普京总统出场前,紧张的与会者围着大桌子而站,不敢坐下。当记者问企业家们,为什么要站着,新利佩茨克钢铁公司总裁弗·利辛表示惊讶:"是吗,可以坐下吗?"利辛刚下决心坐到自己的座位上,一个商人说:"利辛坐下了!"所有人大笑起来。利辛非常窘迫,重新站起来。几分钟后,普京走进大厅,会谈开始了。这个场景非常能够体现当前俄罗斯国家和企业的关系。在俄罗斯当代国家与企业的关系中,国家早就成为发挥主导作用的玩家,而大企业是重要的参与者,即使相对独立的企业也不愿同政权产生任何冲突。⑥ 俄罗斯政治学家德·特列宁也曾指出,俄罗斯大型企业事

---

① Татьяна Становая, Судьба госкорпораций в России. // Политком. 23.03.2009. http://politcom.ru/7834.html,上网时间:2016 年 6 月 20 日。
② Татьяна Становая, Судьба госкорпораций в России. // Политком. 23.03.2009. http://politcom.ru/7834.html,上网时间:2016 年 6 月 20 日。
③ Русский Бизнес: от рождения до наших дней (Научный семинар Е. Ясина). 2008 http://www.liberal.ru/articles/1464,上网时间:2016 年 10 月 18 日。
④ М. М. Сакаева, Крупный бизнес и государство при Путине. Трансформация агентских отношений. //Российская политика. 2013 г. №4 (71). С 94 – 105.
⑤ Татьяна Становая, Бизнес и власть: к новой модели отношений. // Политком. 28.12.2015. http://politcom.ru/19421.html,上网时间:2016 年 6 月 19 日。
⑥ Татьяна Становая, Бизнес и власть: к новой модели отношений. // Политком. 28.12.2015. http://politcom.ru/19421.html,上网时间:2016 年 6 月 19 日。

实上不对政治问题发表个人观点，但是担心同美国对抗和同欧盟关系恶化的经济后果。实业界支持俄罗斯恢复同发达国家的正常贸易联系，不满意西方制裁和俄罗斯的反制裁，不希望进一步恶化的俄美关系。然而寡头们，他们依靠克里姆林宫，不准备提议更换外交方针。国有企业全面跟随政府方针。很多中小企业也弥漫着爱国主义情绪，支持普京。①

目前，金融工业集团仍然对俄罗斯国家决策具有重要影响力。俄罗斯金融工业集团影响国家决策的渠道如下：

第一，金融工业集团的出身决定了它们对国家政权的依赖性。所以，俄罗斯金融工业集团影响国家决策的传统渠道是在国家权力机关中寻找代理人，或者安排自己的代表进入国家权力机关。金融工业集团通过这种途径保障自己的经济利益。比如丘拜斯身后就有雄厚的经济利益集团。目前，金融工业集团是强力部门以外，输送政治精英的最大来源。金融工业集团还以向政权提供智力支持的方式，影响国家决策。例如成立智库，或者提供谋士。

近年来，俄罗斯与西方关系不断恶化，特别是乌克兰危机以来。俄罗斯对西方奉行强硬外交政策的支持者，多来自安全和防务部门的精英，他们"从心里不喜欢美国，认为国际关系是大国之间争夺霸权和影响力的斗争。持这种观点的典型代表就是安全会议秘书尼古拉·帕特鲁舍夫。在同美国斗争中，国防部门的影响力不断上升，他们是武装力量高层领导和军工部门的代表。该精英集团认为，动用武力是俄罗斯实现外交的一个工具。他们提出，大规模武装力量现代化计划，是俄罗斯新工业化的火车头"。②

第二，通过非制度性方式影响国家决策。俄罗斯的金融工业集团往往参与或资助国家杜马和总统选举等方式，增强对国家的政治影响力。

第三，普京时期，由于国家加强对经济领域的干预，许多公司开始建立专门部门，负责同国家权力机关的联系。这些部门不仅推动同国家的合

---

① ДмитрийТренин： ВнешняяполитикаРоссии в ближайшиепятьлет： цели， стимулы，ориентиры29.04.2016，http：//svop.ru/main/20112/，上网时间：2016年6月22日。
② ДмитрийТренин： ВнешняяполитикаРоссии в ближайшиепятьлет： цели， стимулы，ориентиры29.04.2016，http：//svop.ru/main/20112/，上网时间：2016年6月22日。

同项目，还为国家决策提供智力支持。① 政府一些部门也开始为商业设立平台，金融工业集团可以公开表达自己的意见，影响官员。例如能源工业部的专家委员会。② 秋明英国石油公司在公关部门下设立了三个部门，负责保持同政权之间的联络。俄罗斯石油公司设有两个部门，负责与政府联络。卢科伊公司也设有相应机构，负责同国家权力机关的联络。

第四，通过企业协会和联合会的途径，增强企业同国家谈判的筹码。成立企业协会和联合会的唯一目的是成立利益政治代表机构，在同国家的谈判中形成利益合力。比如各种企业协会、工会、联盟、基金会。最积极的是俄罗斯工商部和俄罗斯工业企业家联合会。

第五，借助各种战略和社会责任议题影响国家决策。普京重新制定国家和商业互动规则后，国家和商业的关系逐步朝伙伴关系演变，呈现出去个人化和制度化的发展趋势。俄罗斯社会也开始积极影响商业和政权的关系。这样，金融工业集团开始承担更广泛的社会责任。普京总统2006年国情咨文提出发展国家私人伙伴关系的任务。俄罗斯联邦政府批准了《2006—2008年行政改革构想》，国家和金融工业集团合作落实各种金融和管理项目的行动越来越多。例如，新西伯利亚州、托尔马切沃机场和工业发展投资集团就签署了三方协议。

二 智库

智库是国家决策过程的重要影响因素。一方面，智库为国家提供政治思想，另一方面，智库作为决策者和社会、利益集团和决策者之间的中间人，发挥桥梁作用。智库是俄罗斯国家决策机制中的智力资源，它决定着国家决策的质量。尽管苏联解体后，俄罗斯的科研实力一落千丈，但仍然拥有雄厚的智力资源——智库。苏联解体后，俄罗斯政府开始建立新的信息分析机构，以保障权力机关和专家学者之间的联系，其中包括叶利钦时期建立的总统分析中心和普京时期的战略分析中心。20世纪90年代，俄罗斯科学院国家与法研究所曾担负着总统办公厅主要智囊团的职能。

---

① Министерство Промышленности и Энергетики России 《Совершенствование механизма взаимодействия государства и бизнеса для разработки и реализации стратегий и планов развития отраслей промышленности》. М., 2007.
② Н. Готова, Спецсвязи решают всё. //《BusinessWeek Россия》. 16.07.2007. № 27.

第八章 当代俄罗斯国家决策机制与社会群体

俄罗斯重要的智库可以分为几类。一些独立智库的领导人同俄罗斯国家高层领导人之间建立有紧密的私人联系，甚至一些智库的领导人就是政府重要官员。这些智库创建的目的就是负责起草和提供国家决策建议。例如国家安全和战略研究所，该研究所成立于1991年，所长 С. 布拉戈沃林是总统顾问。一些智库的建立是为一些辞职的国家高层官员提供工作岗位。例如应用政治学研究中心（民主信息学），该中心的领导人是前总统助理 Г. 萨塔罗夫。这些智库对俄罗斯国家决策产生相当重要的影响。

外交和国防政策委员会是非政府社会组织，成立于1992年2月25日的莫斯科。组织者是一群政治家、实业协会领导人、企业家、社会和国家活动家、强力部门代表、军工综合体代表、科学和大众传媒代表。该组织的任务是协助制定和落实俄罗斯发展战略构想，外交和国防政策，国家构建和公民社会建设。外交和国防政策委员会紧密地同议会、政府机构进行合作：总统办公厅、外交部、国防部、国家杜马委员会、联邦委员会国际事务理事会等，以及俄罗斯国内外智库和分析机构。[①] 在制定2016年《俄罗斯外交构想》之前，俄罗斯外长拉夫罗夫在外交和国防政策委员会召开会议，征集意见。

另一类智库是政治机构直属智库，这类政治机制为各级权力机关决策提供智力支持。例如总统直属的科研机构主要有总统国家公务研究院（Российская академия народного хозяйства и государственной службы при Президенте РФ）和俄罗斯战略研究所（Российский институт стратегических исследований）。战略研究所主要负责为俄罗斯国家权力机关制定国家安全战略提供信息支持。隶属总统办公厅和地区政府工作的分析机构主要有政治局势中心（Центр политической конъюнктуры России）。该中心领导人是 К. 西蒙诺夫，中心负责分析俄罗斯外交、内政、经济和地区四个领域的即时发展进程，并为国家提供相关的政策建议。列瓦达中心建立于1988年。它本由俄罗斯社会学家 Ю. 列瓦达创立，2003年，当局设法从列瓦达手中接管了该中心。定名为全俄舆论中心（Всероссийский центр изучения общественного мнения），它现在依然是俄罗斯总统办公厅的基本社会学研究中心。列瓦达随后建立了以自己姓氏命名的个人民意调查机构（Левада-Центр）。俄罗斯政治技术中心（Центр политических техно-

---

① Советповнешней п оборонной политики. http://svop.ru/about/.

логий）也相当重要，它的学术领导人是 И. 布宁。该中心积极参与俄罗斯政治进程，为所有联邦权力分支、政党和运动服务。该中心负责培训总统驻地区全权代表，起草选举纲领。另外，"统一俄罗斯"党下设的国家发展现代价值观研究所（национальный институт развития современной идеологии）也非常重要，它是"统一俄罗斯"党保守主义价值观的主要阐释者。

除此之外，俄罗斯重要智库还包括科学院系统和一些高校，以及很多独立智囊库，等等。例如俄罗斯科学院的一系列研究所（世界经济和世界政治研究所、管理问题研究所，等等）、莫斯科国立大学、圣彼得堡国立大学等高校，以及莫斯科卡内基中心等独立智囊库。

对于处于变革时期的俄罗斯来说，智库不仅能够为国家决策提供信息保障和决策可选方案，还承担着许多其他功能。第一，为国家决策提供指导思想和理论支持；第二，协调精英之间的立场，用共同的思想团结精英；第三，为国家决策提供智力咨询和决策方案；第四，对国家决策提供科学鉴定，监督国家决策；第五，为国家决策代理人提供专家咨询和进行院外活动；第六，为国家决策制造舆论宣传，为国家决策寻求民众的理解和支持。

有学者提出，俄罗斯智库在国家决策中没有发挥应有的作用。俄罗斯当局仅需要专家们把当局的决定合法化。2001 年 8 月 29 日，教育界、国家杜马理事会和国务委员会共同讨论了《俄罗斯联邦 2010 年实现教育现代化构想》。专家给出很多具体建议，包括优化使用教育资金，提高教育工作者的生活水平和社会地位。俄罗斯政府 2001 年 12 月制定了该构想，专家给出的具体建议都被删除了。这是政府公开藐视集体讨论的结果。[①] 联邦委员会主席助理 О. 卡尔普欣不得不承认："我们国家教育事业的战略决策有时不是社会多数做出的，而是少数人做出的，缺乏任何科学依据。"[②] 但也有学者对此问题提出反对意见，俄罗斯科学院社会学所博士 А. Е. 齐里科娃强调，智库仅在莫斯科和联邦政权层面，不参与制定政治方针。而在很多地区情况却大不相同。很多地区建立了分析中心，专家积

[①] И. Мельников, Правительство «поправило» Госсовет//Новая и новейшая история. 2002. №5. -С. 98 - 99.

[②] И. Мельников, Правительство «поправило» Госсовет//Новая и новейшая история. 2002. №5. -С. 101.

极参与地区决策，分析地区局势。例如叶卡捷琳堡，那里的专家群体实际上影响着地区的政治进程。①

应该说，俄罗斯智库在国家决策中发挥着越来越重要的作用，科学鉴定是俄罗斯国家决策中的重要环节。并且，科学鉴定在任何情况下都不会成为一个国家实行决策的主要依据。即使在美国，领导人的意见对国会讨论草案的影响力也大于先进机器的分析结果。② 例如外交与国防政策委员会负责为当局提供内政外交发展的战略报告。1999年，外交与国防政策委员会为普京撰写了报告《俄罗斯战略：总统的议事日程》。这份报告几乎成为普京内政外交政策的战略指南。2008年，该委员会又为梅德韦杰夫撰写了报告《未来十年：俄罗斯的周围世界——梅普组合的全球战略》。该报告也对梅普组合的战略决策选择产生了影响。梅德韦杰夫担任总统期间，现代发展研究所积极为梅德韦杰夫提出的现代化战略献计献策。梅德韦杰夫需要"懂行的人"。③

近年来，政治家对民意调查和其他社会学数据的关注度越来越高。全俄舆论中心总裁瓦列里·费多罗夫在2015年8月接受《部门》采访时说，全俄舆论中心的主要订单来自国家的各个层面：总统办公厅、政府、州长和国有企业。例如克里姆林宫的订单价格从15万卢布到更高。全俄舆论中心主要为总统办公厅做两类研究：预先评估一些可能的决策，看人们对此作何反应；第二类是在决策实施后，研究这些决策的效果。例如2011年，俄罗斯政局非常不确定，"统一俄罗斯"党的支持率在整个竞选期间一直下滑，在很多地区的支持率也非常低。这期间，全俄舆论中心为政府做了大量的研究工作。2012年总统大选期间，全俄舆论中心的研究发现，智库、莫斯科居民和中产阶级对普京的态度不一。对于五月总统令的执行情况，民调显示，37%的俄罗斯居民认为，普京已经完成了大部分许诺，而47%的公民相信，一部分许诺已经实现或者正在实施中。④ 俄罗斯当局

---

① Публичная политика в России//Полис. 2005. №3. -С. 152 – 162.
② Т. Ю. Руссо. Процесс принятия политических решений в США: институциональные аспекты. Автореф. канд. дис. М.，2005. -С. 18.
③ Е. Б. Шестопал， "Медведев не из тех, кто даст себя легко подвинуть//«Независимая газета》. 19 мая 2009.
④ ВалерийФедоров — РБК：《ЗадачаПутина — победить с хорошимрезультатом》, http://www.rbc.ru/interview/politics/23/01/2017/5880ae389a79473751d5a09e.

非常重视社会调查结果。智库在俄罗斯国家决策中的作用不断提高。

三 大众传媒

社会政治制度影响着国家权力机关、大众传媒和公民之间的关系。根据社会政治制度的不同，У. 施拉姆、Ф. 西伯特和 Т. 彼得森把权力机关、大众传媒和公民的关系分为 4 种模式：专制模式、自由意志模式、社会责任模式和共产主义模式（《四种媒体理论》）。在现代国家中，大众传媒应该作为政权和社会之间的双向联系渠道。大众传媒是针对社会群体传播信息的渠道，它的受众不受群体划分的限制，目的是及时传递关于时间和现象的信息。有人把大众传媒称作第四权力。大众传媒应该成为舆论和政治机构之间的重要交流渠道。

俄罗斯大众传媒与国家权力机关的关系发展具有历史延续性。俄罗斯新闻机构成立于彼得大帝时期，目的是向国民宣传和解释国家改革。随后的两个世纪中，大众传媒也是用于寻求社会大众的支持。这在十月革命以前和苏维埃时期非常明显。在苏联时期，国家权力机关、大众传媒和公民的关系是专制模式的变体。在苏联大众传媒用于单方面向公民传递官方意识形态，动员、鼓励公民加入官方意识形态主导的政治活动中。在叶利钦时代，由于叶利钦和亲叶利钦的寡头掌握国家重要大众传媒，大众传媒对国家决策影响力非常大。但当时的大众传媒主要掌握在寡头手中，形成了独立的"传媒王国"。大众传媒体现的不是社会舆论，而是少数寡头集团的利益诉求。俄罗斯社会舆论没有成为独立积极的社会力量。在普京时期，普京总统以别斯兰事件为契机，加强了对大众传媒的控制，把主要的大众传媒纳入垂直权力体系之中。政府通过被控制的大众传媒形成有利于政权的社会舆论，而大众传媒对社会的道德反馈信号也是经过政权"处理"的，以实现政权的宣传目的。

尽管如此，当代俄罗斯大众传媒反映民意的作用越来越明晰。俄罗斯科学院综合社会研究所 1995—2002 年进行的全俄罗斯民众调查结果证明了这一点。详见本章第三节表 8-3。

据 2013 年列瓦达中心的民调，可以看出大众传媒在莫斯科居民中的流行程度。

表8-2　　　　　　　从莫斯科人处调查获得的信息源

关于城市、国家和世界的新闻你通常从哪里得知？（多选）	被调查者（%）
联邦电视频道	85
报纸、杂志	29
互联网出版物（报纸、杂志，包括互联网—电子媒体和平面媒体网站）	27
从个人的朋友、亲戚、邻居和同事处得知	24
互联网社交网络	22
广播	20
有线/人造卫星/互联网—电视	12
随机链接到互联网/其他网络资源	12
其他	<1
对这些不感兴趣	1
很难回答	1

资料来源：列瓦达中心。

从上表可以看到当代俄罗斯不同媒体的受众格局。从电视新闻获得信息的受众依然占多数（85%），其中主要是50岁以上的居民（90%）；此外，互联网、报纸、社交媒体有平分天下的趋势。从互联网获得信息的主要是中层业务经理（44%）；从社交网络中获取信息的主要是大学生（55%）以及24岁及24岁以下的青年人（42%）。脸书使用人群中大多数是年龄在25—39岁（30%）且受过高等教育（受过高等教育人数：受过中等教育人数为28%：8%）的人。然而，在莫斯科所有类型调查受众中，"同伴同学"的需求量是最大的（包括受过高等教育的人占32%）。20%的预算领域负责人、15%的公职人员以及11%的大学生都使用推特。[①] 社交网络的使用是一个值得注意的新现象，它在社会的自我组织中发挥着重要的作用。

在俄罗斯，大众传媒和国家权力机关之间有着不同的关系传统，国家权力机关和大众传媒、公民之间的关系处于共产主义模式向社会责任模式过渡的阶段。媒体自由正在寻求与承担社会责任相协调，表达共同利益、

---

① 列瓦达中心。

整合社会、促进共同价值观的形成,也帮助陈述不同的观点、表达不同社会阶层的想法和立场。

四 政党

当代俄罗斯的政党体系依旧发育不成熟。政党没有发育成一支成熟的政治力量,以决定国家的政治发展方向。政党的发展是由政权决定的。政权根据需要来塑造政党格局。政党可以分为政权党和政治反对派两个阵营。

俄罗斯政权党经历了叶利钦时代的不景气后,在普京时期迅速壮大,逐渐成为政权的可靠依托力量,在俄罗斯国家决策中发挥重要作用。特别在梅普组合时期,"统一俄罗斯"党是俄罗斯国家决策机制中重要的平衡力量。

俄罗斯至今没有形成真正可以与政权党竞争的反对派。俄罗斯反对派目前可以分为体制内反对派和体制外反对派两类,他们在俄罗斯政治生活中的最重要作用就是参与。体制内反对派基本对现状感到满意,对于在现行体制内能够发挥的作用感到满足,因为,他们更倾向于做出参与竞争的姿态,竞选结果并不重要。而体制外反对派非常松散,相互之间缺少信任。体制外反对派提不出可以替代现行体制的方案,缺少鲜明的发展纲领,在当前俄罗斯社会思潮趋向保守的情况下,对俄罗斯民众没有吸引力。并且,他们的主要成员或者是刑事案件获刑者,或者和国外有联系,或者20世纪90年代曾在政府部门任职。2011—2012年,由于出现了共同反对的目标,加上普京支持率的下降,体制外反对派得到了一些人的关注。但克里米亚事件后,这些人失去了共同的敌人,更失去了人们的关注。[①] 此外,俄罗斯反对派领袖至今仍没有得到足够的民众支持,更不用说和普京团队相竞争。在谈到反对派能否在2018年俄罗斯总统大选中获胜时,俄罗斯学者阿列克塞·穆欣认为,反对派曾出现过几位有影响力的人物,例如米哈伊尔·霍多尔科夫斯基,但他没有被选举权。还有阿列克塞·纳瓦里内伊,但他可以做在线游戏:发起网络选举和赢得网络总统竞选。其他反对派只能模拟参与竞选,并不意获胜与否。俄罗斯最有潜力的

---

① http://www.mk.ru/politics/2015/03/09/chetvertyy-srok-putina.html.

第八章 当代俄罗斯国家决策机制与社会群体

候选人集中在总统团队中。俄罗斯政坛中有才华的政治家非常多，但他们没有政治野心。他们不想成为总统和总理。①

尽管如此，反对派对俄罗斯国家决策发挥着一定的影响力。历史上，政治反对派的声音从来都难以体现在国家决策之中，但具有一定的制衡作用。例如叶利钦时期的主要政治反对派——俄共。俄共在叶利钦时期的势力比较强大，在第二届国家杜马选举中几乎夺取一半的席位，在俄罗斯国家决策中发挥了一定的牵制作用。到了普京时期，俄罗斯反对派自身存在很大的缺陷，加上俄罗斯社会保守主义思潮的传播，人心思定，俄共逐渐衰落，右翼反对派政党甚至长期未能进入国家杜马。普京也采取了一系列措施，如拒绝为反对派政党登记、追究反对派政党领导人的刑事责任、对反对派实行严格的金融检查，等等，大大限制了俄共和右翼反对派的生存空间。尽管如此，在第六届国家杜马中，除政权党外的其他党团，在立法工作中发挥着非常积极的作用。据俄共官网统计数据，在通过的法案数量方面，第六届国家杜马比第五届国家杜马工作更加高效。"统一俄罗斯"党的提案通过率是45%，俄共是27%，自民党是17%，公正俄罗斯党是16%。② 在2011—2012年间，以及2015年2月涅姆佐夫被杀事件后，反对派号召人们举行了大规模的抗议活动，对俄罗斯国家决策发挥了重要的反馈作用。

2016年俄罗斯提前举行国家杜马选举事件充分体现了各派政治势力在国家决策中的互动。从2000年普京当选总统后至今，每届国家杜马选举的前一年，关于提前举行国家杜马选举的问题都会被提出来。只是一直没有被纳入国家决策日程中。2011年12月国家杜马选举后，提前选举的话题变得火热。把该议题纳入政治日程的是体制外的激进反对派，他们在抗议活动中提出提前选举这个要求。克里姆林宫被迫采取了强硬立场。2015年5月以前，克里姆林宫认为，提前选举不利于俄罗斯政治体系的稳定。随着第七届国家杜马选举的临近，政权党认为，提前选举有利于政权党的选举活动。且有智库研究表明，2016年9月，俄罗斯公民对生活的满意程度将会高于12月份。而到了2016年底，公民对政权的信任度可能会度过高峰期，选民对"统一俄罗斯"党的支持率可能会进一步下降。近年来的

---

① http://www.mk.ru/politics/2015/03/09/chetvertyy-srok-putina.html.
② https://wek.ru/analitiki-podveli-itogi-raboty-gosdumy-shestogo-sozyva.

选举结果表明，对政府最有利的选举结果正是出在 9 月份。[1] 2016 年 5 月 20 日，自民党领袖日历诺夫斯基提议，把计划于 2016 年 12 月进行的国家杜马选举提前到 9 月。国家杜马主席 5 月 21 日谢尔盖·纳雷什金说，提前选举是一个理性的举措。一份法案，只有在获得国家杜马所有政党代表同意的情况下才能提交。当时的国家杜马党团中，只有三个议会党团："统一俄罗斯"党、自民党和公正俄罗斯党签署了提前选举的法案。最大的反对党团是俄共。6 月 16 日，国家杜马通过决议，向宪法法庭询问对一系列宪法条款的解读。6 月 19 日，国家杜马一读通过提前选举的法案，339 票支持，101 票反对。所有俄共党团代表均投反对票。7 月 1 日，宪法法庭针对联邦委员会的问询，对宪法条款做出解读，认为可以短期缩短国家杜马工作年限。7 月 3 日，国家杜马二读通过提前选举法案，339 票支持，102 票反对。7 月 8 日，联邦委员会 105 票一致通过提前选举法案。7 月 14 日普京总统签署法律。该案例很好地体现了政党在俄罗斯国家决策中的地位和作用。反对派，无论体制内外，他们提出的主张，在有利于当局的情况下，才会被纳入国家日程表。公正俄罗斯党和自民党，在多数情况下满意自身的状况，与政权党多采取合作态度。俄共是传统的反对党，不过，俄共经常在扮演反对党的角色，且在国家杜马的力量对比下，经常"反对无效"。

五 社会组织

不发达国家的主要缺陷是社会组织的发育不成熟。由于社会力量弱小，国家政权在国家决策中发挥主要作用。俄罗斯的社会组织一直处于不成熟的发育状态。根据官方的统计数据，20 世纪 90 年代末，俄罗斯社会组织数量是 27.5 万，其中 7 万个组织进行积极的活动，这些社会组织的参加人数达 250 万人，包括在编工作人员和志愿者。[2] 但是，这些社会组织几乎不具备公民社会的性质。它们一般远离民众，仅仅是形式上代表民众的利益。民众大多不信任这些社会组织，不认为它们是自己利益的

---

[1] Перенос Выборов в Государственную Думу на сентябрь 2016 года: Причины, следствия, новые возможности. Центр Политической конъюнктуры. Москва. 2015 г. С 3.
[2] Г. Г. Дилигенский, Существует ли в России гражданское общество? \ \ Поговорим о гражданском обществе. М., 2001, -С. 15.

第八章　当代俄罗斯国家决策机制与社会群体

保护者（20世纪90年代末90%的雇佣工人对工会表示不满，3/4的选民对政党表示不满）。① 可以说，俄罗斯社会组织对国家决策的影响力相当低。

在社会组织中，相对有一定影响的是那些被称为"商业协会"或"商业联合会"的商业组织。20世纪90年代，一些商业部门自发组织起来，试图在政治领域保护自己的利益。这些组织发展迅速，但不系统，影响力也比较小。一些金融工业集团组成的商业协会，如："俄罗斯工业企业家联盟""俄罗斯工商会""商品生产者联盟""私有化和私有者协会""俄罗斯商业圆桌会议""俄罗斯实业界大会"，以及各种部门和地区商业协会等。这些协会的人员成分非常复杂，彼此缺乏合作。几乎所有协会都想代表整个俄罗斯商业界，这引发了协会内部的激烈竞争和争斗。结果，这些商业协会的影响力也大大降低。② 2001年俄罗斯社会又出现了一些专门代表中小企业利益的新协会，主要包括："实业俄罗斯议员联合会"和由50个企业组织倡议成立的"支柱联合会"。此外，部门领域的企业组织也在积极活动，例如"石油工业者联盟和俄罗斯天然气协会"等。目前，俄罗斯工商会、俄罗斯工业企业家联盟、实业俄罗斯、俄罗斯支柱等商业媒介机构的作用微乎其微。众所周知，虽然俄罗斯工商会依法有权鉴定联邦法律草案，③ 但在实际立法程序中，政府部门并没有责任或义务执行工商会的鉴定结果。

在俄罗斯的历史中，政权一直处在国家政治进程的主导地位。社会组织——工会、护法者、妇女和青年运动始终处于边缘地位，它们始终没有进入过国家决策领域。普京任期内，政府进一步加强了对社会组织的监控力度。一些社会组织由政府出面成立，成为民众与政权双向沟通的渠道。例如立法者委员会、市政教育委员会、全俄地方自治委员会、高校校长委员会、俄罗斯科学院共同大会、法院委员会和律师联盟全俄统一阵线等。另外，一些代表各个年龄层的社会团体也相继出现，如退休者组织、老兵

---

① Г. Г. Дилигенский, Существует ли в России гражданское общество？ \ \ Поговорим о гражданском обществе. М., 2001, -С. 19.
② А. В. Павроз, группы интересов и трансформация политического.
③ Закон РФ от 7 июля 1993 г. N 5340 – 1 « О торгово-промышленных палатах в Российской Федерации »（с изм. от 19 мая 1995 г., 21 марта 2002 г., 8 декабря 2003 г.）, п."а" ч.1 ст. 12//Ведомости CYL РФ и ВС РФ. 1993. №33. -С. 1309.

组织等。俄罗斯的社会组织仍没有成为影响俄罗斯政治发展的独立政治力量。

第三节 俄罗斯国家决策的直接受众——普通民众

国家决策的直接受众是普通公民或者他们中间的一部分。公民影响国家决策的方式有：通过参加公民社会组织表达自己的利益诉求；通过大众传媒表达自己的思想和意愿；通过参加全民公决和选举，表达自己的政治倾向；[1] 通过集会、游行、罢工等方式表达自己的言论和政治主张。

一 普通民众参与俄罗斯国家决策的传统途径

在前边的分析中我们看到，由于社会组织的发育尚不成熟，以及一些主要大众传媒处于政府监督之中，因此，俄罗斯公民参与国家决策的前两种方式在某种程度上受到了一定限制。根据俄罗斯科学院的社会调查结果显示，俄罗斯公民参加社会政治生活的主要形式分别有：通过个人关系的独立行动（10.2%）；参与竞选运动和全民公决（10%）；诉诸法庭（7.4%）；参与罢工（5.8%）；参与表达个别社会群体利益的组织活动（5.8%）；参与政党活动（3.2%）；参与集会和游行（2.7%）。其中，半数以上的俄罗斯人（53.5%）认为俄罗斯目前不存在有效影响政权的方法。[2] 详见表8-3。

---

[1] 2008年4月，国家杜马对《俄联邦全民公决法》进行修改，禁止把联邦预算开支和国家金融义务问题移交全民投票的条款。对此，俄罗斯共产党向宪法法院提出了诉讼。宪法法院批准了诉讼的有效性，但指出，全民公决不能解决当前的国家开支问题，而能解决未来的开支问题。之后这条禁止条款被取消。见：Федеральный Конституционный Закон " О внесении изменений в ФКЗ О референдуме РФ " от 24.04.2008. No1 – ФКЗ.

[2] М. К. Горшков, Российское общество в условиях трансформации: мифы и реальность (социологический анализ). 1992 – 2002гг. М., 2003, -C. 90.

第八章　当代俄罗斯国家决策机制与社会群体

表 8-3　俄罗斯人对影响政权，以捍卫自己利益的方式的有效性评估　　（%）

影响政权的方式	1995	1997	2000	2001
参加选举活动和全民公决	22.4	21.4	22.2	19.8
参加游行集会	2.4	6.7	3.5	5.9
参加罢工	4.3	5.9	2.7	6.0
参加政党活动	3.2	4.2	2.4	6.1
参加表达某社会群体（医生、教师、公认、企业家、农民、工程师等）利益的组织的活动	15.0	6.5	4.2	10.6
诉诸大众传媒	3.7	5.4	7.4	19.3
通过个人关系独立行动	4.2	4.6	4.4	8.3
诉诸法庭	2.8	5.5	9.4	18.2
认为没有有效影响政权的方式	42.0	53.4	56.7	59.6

资料来源：该表格是根据俄罗斯科学院综合社会研究所 1995—2002 年进行的全俄罗斯比例抽取的数据绘制。

如表 8-3 所示，从 1995—2001 年，多数受访者认为，俄罗斯民众没有影响政权的有效方式。持这种观点的人数具有逐年增加的趋势。在诸多影响方式中，参与选举和全民公决的方式得票最多。值得注意的是，认为诉诸法庭有效的民众越来越多。这表明普京时期，司法系统对执行机关的依赖性依然很大，但普京推行的司法改革增强了法院的独立性。

事实上，俄罗斯民众对国家决策的影响力并不是这么让人悲观。从叶利钦时期至今，社会舆论对国家决策的影响力越来越大。当然，这种影响主要限制在反馈修正阶段。普京和梅德韦杰夫比较尊重民意。例如 2004 年俄罗斯实物优惠改革时，由于社会反对意见强烈，各地抗议游行不断，且适逢独联体"颜色革命"的多事之秋，于是普京政府在这个问题上被迫作出了让步，最终停止了该项改革。作为 2009 年国情咨文的草案，梅德韦杰夫 2009 年 9 月 10 日在博客中发表了《俄罗斯，前进吧！》的文章，并广泛征求民众的意见。

2011 年 12 月国家杜马选举和 2012 年 3 月总统大选，以及平时的反对游行，充分表达了中产阶级希望更多的政治经济诉求。俄罗斯中产阶级正在成长。普京总统察觉到了这种信号，他不是保守人士。政治体制正在从刚性威权主义向柔性威权主义转变。这也是人民群众参与决策的结果。

二 当代俄罗斯公民社会的发展

俄罗斯公民社会的发展具有两个特点：一方面，公民社会依旧在个人—国家关系中处于不确定地位；另一方面，俄罗斯公民社会具有积极的发展趋势。公民的活动积极性在增长，公民对政治非常感兴趣。但在公民积极性增长的背景下，抗议活动的积极性在下降。[①] 2015年发生的很多事件表明，俄罗斯民众在需要的时候会站出来，保卫自己的立场。最明显的例子就是各种机构、群体和公民对"王朝"基金会的支持。该基金会因有外国代理人参与而停止活动。很多机构对王朝基金会表示支持，包括总统下属人权委员会、公民倡议理事会主席阿·库德林、俄罗斯工商企业家联合会主席亚·邵欣、科学工作者协会、教育部下属社会委员会、Corpus 出版社等，他们呼吁重新审定《外国代理人法》。普京总统在同企业家的闭门会议上也讨论了此事。

但不能说俄罗斯公民社会发展迅速：俄罗斯科学院社会学所2014—2015年进行的研究表明，77%的俄罗斯公民缺乏参与社会活动的兴趣，俄罗斯全国的抗议活动越来越少。[②] "公民社会身份对于公民来说是一个奇怪的问题：2015年56%的受访者不能回答俄罗斯是否有公民社会。"然而，也不能说俄罗斯国内政治和社会生活熄灭：因为表达立场的主要平台是互联网，在线参与社会政治讨论的俄罗斯公民占比7%，其中6%的受访者工作在地方管理机构的社会前沿，4%在创造性机构。俄罗斯公民社会发展不快的另一个证据是，2015年项目框架内分析的出版物中，公民社会这个术语和同义词的使用频率与2014年持平，没见对其解释的增多。

当前的一个新趋势是民众喜欢在社交网络和自媒体中参与讨论公共事务，特别是青年人。青年人在自媒体中参与讨论的主要特点是，非常开放地理解公民参与的新鲜事。大学生积极参与社会事务，参与各种地方倡议。80%的系统用户是年轻人。另一方面，青年人总体满意生活，非常支持俄罗斯当局，参与政治运动很少。

[①] Е. В. Михайлова, А. П. Скогорев, Протесты как форма гражданской активности в современной России. https://www.civisbook.ru/files/File/cs/CSM_2016_1.pdf.
[②] Синицын А. 2015. Обществобезграждан. - Ведомости, 03.11.

当前的俄罗斯社会中，平衡的心理情绪占主要地位，极端的大众情绪处于边缘地位。俄罗斯科学院社会学研究所所长 M. 戈尔什科夫认为，"局部地区表达不满有可能，但 20 年的改革历程里，俄罗斯公民意识中的极端的大众情绪已经大部分都消失了，平衡的心理情绪环境占主要位置。"① 尽管 89% 的俄罗斯公民公开表示支持为捍卫自己的利益做积极斗争的权力，可以通过罢工和游行，但重要的是细节和共同背景。绝大多数任何职业的俄罗斯人（77%）不支持直接冲突，认为冲突可能威胁整个社会。多半人认为，俄罗斯社会不存在那种只有通过暴力才能解决的矛盾。②

小　结

在俄罗斯国家决策中，不同的社会群体发挥不同的作用。通过考察我们发现，总统、政治精英、国家官僚是国家决策的参与者和代理人，他们在国家决策中占据至关重要的地位。国家决策委托人包括金融工业集团、智库、大众传媒、政党、社会组织。它们是俄罗斯国家决策的影响者。民众是俄罗斯国家决策的直接消费者，他们对俄罗斯国家决策的直接影响不大，但通过舆论和参加选举等手段可以间接影响决策。

在这一章的分析中，我们可以发现，上述社会群体在国家决策中具有下列互动特点：

第一，政权一直处于主导地位。无论在历史上，还是在现代，政权总是社会改革的领导者。无论是叶利钦时期的自由主义，还是普京时期的国家资本主义，都是在国家政权的推动下实行的。

第二，当代俄罗斯的很多委托人，包括金融工业集团、一些重要智库、大众传媒、政权党，是依靠政权力量发展壮大的。它们的生存和发展严重依赖于政权。这极大地限制了委托人代表社会利益和监督政权决策的职能。

第三，俄罗斯国家政权同委托人之间建立单线联系。正如俄罗斯政治

---

① Михаил Горшков: Средний класс сегодня в массе своей—бедный// Коммерсанть, 04.04.2016
② Добрынина Е. Рабочая полночь// Российская газета, 12.01. 2016.

学家C.别列古多夫所指出的,俄罗斯政权试图单独同商业和公民社会进行互动,构建两个平行的机构。而这两个机构又被纳入政权的垂直体系之中,接受政权的控制。政权的这种做法是为了防止委托人联合起来,形成监督政权的政治合力。

第四,俄罗斯代理人和委托人之间具有共生关系,主要是金融工业集团、政治精英和重要官员之间。这些集团之间没有清楚的界限。俄罗斯20世纪以来推行的社会改革中,重要官员拥有影响商业发展的特殊权力。金融工业集团如果不和重要官员协作,是不可能崛起的。

第五,委托人的影响力不均衡,影响力大小不但同它们掌握的资源相关,还取决于它们同国家领导人的关系。甚至政权党"统一俄罗斯"党也是严重依附普京个人的影响力而发挥作用的。重要的委托人能够直接接触政权核心人物,把自己的利益诉求传达给总统或总统周围的人,例如有国家资本参与的大型原料公司。普京下属的数十个总统委员会中,一半是针对专项问题的,另一半相当于委托人的代表处。[①]

[①] 其中包括文化艺术委员会、完善司法委员会、完善民法委员会、科技教育委员会、宗教团体委员会、体育运动委员会、发展公民社会和人权委员会。

第九章　当代俄罗斯国家决策机制的生成因素

前几章我们分析了当代俄罗斯国家决策机制的初步形成和演化。由此可以看到，当代俄罗斯国家决策机制自形成起，其政治面貌就在不断发生着变化。那么，是什么因素决定了俄罗斯国家决策机制的政治面貌？本章试图对这个问题做出解答。笔者认为，决定俄罗斯国家决策机制政治面貌的因素有很多，可以归纳为客观环境因素和主观因素两类。其中，客观环境因素是决定性因素，主观因素对俄罗斯国家决策机制的政治面貌产生重要影响。

第一节　客观环境因素

前边我们已经谈到，除了制度因素的作用，很多客观因素在很大程度上也直接导致俄罗斯国家决策机制政治面貌的变化。其中，俄罗斯国家决策机制的运行环境决定着国家决策机制的政治面貌。任何国家的决策机制都存在于一个具体的运行环境中——时间、地理、社会、心理等条件。同样的制度，比如选举制度、多党制、权力分立等，在各个国家的运行情况不尽相同。这说明环境对包括决策机制在内的政治机制具有重要影响。本节主要对俄罗斯国家决策机制运行的国内环境和国际环境，即内部环境与外部环境进行研究。在上述两种环境因素中，国内环境是主导性因素，但国际环境对国家决策机制的政治面貌形成也会产生十分重要的影响。

一　国内环境因素

（一）政治势力格局

叶利钦时期，政治势力格局客观上决定了叶利钦时期多中心决策体系的面貌。首先，在总统和国家杜马关系方面，国家杜马中议会党团的政党成分是总统和国家杜马之间经常发生对立的主要原因，但由于最大的反对党俄共没有达到关键的2/3席位，这样，在宪法赋予总统更多权力的情况下，虽然国家杜马同总统的观点相左，却没有足够的权力约束总统的行为。其次，由于司法部门在财政上严重依赖执行权力，所以很难表现出完全的独立性。另外，在总统和政府的关系中，政府主要由纯技术人员组成，他们往往没有政治背景，在政治上完全依赖总统。政治势力格局同样决定了政权同国家决策代理人之间的关系。叶利钦时期形成了强大的影响中心——地方精英和金融工业寡头。它们控制了相当数量的资源和财富，使得政权经常需要借助它们的势力同政权反对派相抗衡。

普京时期的单一中心决策体系客观上也是政治势力格局的产物。普京总统打造了强大的政权党，国家杜马中的政党格局发生了极大的变化，国家杜马同总统的关系发生了变化。普京时期的政府更是技术型政府，对总统的依赖程度更高了。司法机关依然软弱。普京总统依靠国家机关的力量顺利把一些重要的决策代理人纳入垂直权力体系之中。

梅普组合现象以及文后的王车易位，也是政治势力格局的客观产物。由于普京总理掌握很多可以牵制总统的重要权力资源，总统和总理之间的决策权限划分发生了很大变化，政权开始向总理倾斜，总统、政府和议会的关系也发生了变化。随着普京再度当选总统，总统再次成为俄罗斯国家决策机制的单一中心。

以上分析可以看出，政治势力对比是决定俄罗斯国家决策机制政治面貌的一个客观因素。

（二）俄罗斯国家发展的政治现实需求

荷兰历史学家 F. 安科斯密特指出，政治制度的任何历史模式都是对必须解决某个重要问题的回应,并具有那个特别问题的烙印。① 国家发展的现实需求导致了俄罗斯国家决策机制面貌变迁。不同的时期,国家政权面临不同的威胁。俄罗斯国家决策机制的建立和变革主要是为了应对这些威胁。

双重政权时期,议会权力过大对俄罗斯经济社会改革带来了一定的掣肘。叶利钦总统以武力的方式建立了以总统制为核心的国家决策机制。国家决策权力向总统倾斜,以保证执行权力可以顺利推行改革。在接下来的政治实践中,由于叶利钦时期的俄罗斯政权一直面临着俄罗斯共产党复辟的威胁,所以,叶利钦总统充分利用宪法赋予自己的权力,依靠议会上院,扶持金融工业寡头和地方精英,降低中左色彩的国家杜马的决策作用。这样,叶利钦时期俄罗斯国家决策机制具有多中心体系的特点。

而在普京总统时期,俄罗斯国家面临分裂的威胁。为阻止国家分裂,普京顺利建立了垂直权力体系,不仅把国家权力机关,还把重要的决策影响中心实际上纳入垂直权力体系之中,这样,俄罗斯国家决策机制的政治面貌呈现出以总统为核心的单一中心体系的特点。

梅普组合决策机制的产生也是如此。该决策机制的出现是为了实现政权在同一个执政团队内部的权力交接,确保普京时期国家政策的连续性。为了保障"普京计划"的顺利实施,国家决策权力在执政精英内部实现了重新分配,俄罗斯国家决策机制的政治面貌再次发生变化。俄罗斯形成了双中心模式的国家决策机制。

二 国际环境因素

俄罗斯国家决策机制的国际运行环境也对决策机制的政治面貌产生影响。

---

① F. Ankersmit. Representation Democracy: An Aesthetic Approach to Conflict and Compromise//Common Knowledge. 2002. Vol. 8. №1. pp. 24 – 46.

(一) 国际关系行为体

一些国际关系行为体①积极活动，努力对俄罗斯国家决策机制产生影响。例如美国对俄罗斯积极施加影响，促使俄罗斯向西方民主制度转变。国际关系行为体影响俄罗斯国家决策机制的途径如下：

第一，信息攻势。普京改造的以总统集权为特征的国家决策机制引起了以美国为首的西方国家的深深不安，它们努力通过信息攻势等途径，试图把俄罗斯国家决策机制引导到西方国家熟悉的路径上来。西方学者和政治家经常借助人权和民主的话题向俄罗斯发难，认为俄罗斯国家决策机制具有集权特征，扼杀民主。俄罗斯当前推出了现代化发展战略，该战略的一个重要前提是吸引西方的资金和技术。也就是说，俄罗斯当前的发展战略不能离开西方的支持。然而，俄罗斯继续运行普京时期的总统集权的国家决策机制是不能为西方接受的。这种国际环境因素对俄罗斯国家决策机制的发展仍将有很大影响。

第二，通过输送顾问学者的手段。20世纪90年代初俄罗斯经济改革中的很多顾问直接来自西方或者在西方接受过教育。例如美国哈佛大学教授萨克斯就曾担任俄罗斯政府特别经济顾问。俄罗斯前总理E.普里马科夫在自己的回忆录中谈到，1992年俄罗斯经济决策的主要责任人"享有西方的全力支持"。②他们同美国芝加哥学派有关联。这些学者顾问对俄罗斯国家决策，而且对国家决策机制的建立和改革产生了很大的影响。

(二) 社会科学的理论思想

现代世界是一个信息化的世界，任何国家都不可能孤立存在，都会受到国际上其他成员的影响。在信息技术发达的条件下，社会科学的理论思想会对一个国家的决策机制产生影响。

社会科学的理论思想为俄罗斯国家决策机制的建立和存在提供合法化基础。叶利钦时期，正是受到了世界民主浪潮、社会经济新自由主义理论

---

① 国际关系行为体指能够独立地参与国际事务，并在其中发挥影响的政治实体。（见：张季良《国际关系学概论》，世界知识出版社1989年版，第42页）国际关系行为体包括国家和国际组织。广义的国际组织包括政府间组织、国际非政府组织和跨国公司。（见：李少军《国际政治学概论》，上海人民出版社2005年版，第124页）。

② [俄] 叶·普里马科夫：《走过政治雷区——普里马科夫回忆录》，周立群译审，世界知识出版社2008年版，第213页。

第九章　当代俄罗斯国家决策机制的生成因素

和民主转型理论的直接影响，苏联国家领导人才对苏维埃体制实行了一系列重大的政治变革。在后来的实践中，上述理论虽然不总是被俄罗斯领导人作为指导思想，但这些思想和理论却是当今俄罗斯政权合法化的基础。

（三）世界其他国家的政治实践

世界其他国家新政治实践对俄罗斯国家决策机制的发展产生重要影响。普京上台初期，同俄罗斯一样的所谓现代化后进国家，如一些东亚国家和拉美国家，在以西方民主原则为基础的国家决策机制运行受阻的情况下，重新确立了以威权主义为指导原则的国家决策机制，并在各自国家建立了正常的社会秩序。这股发展潮流对普京的国家决策机制改造难免不产生影响。

第二节　主观因素

之所以探讨主观因素对国家决策机制的影响，是因为人在国家决策机制中发挥相当重要的作用，人是政治实践的积极行为者。人既是社会发展和运行的成果，又是社会发展和运行的推动力。[1] 观念是人影响政治机制的重要途径。本节将探讨观念对国家决策机制的影响。什么是观念？观念是很多人所持有的关于世界本质的特定信念，这些信念涵盖的范围很广，从一般道德准则到某领域的科学知识。[2] 在政治领域，由于群体的不同，观念的具体所指也不同。对于政治精英来说，观念具体指的是执政理念。对于普通民众来讲，观念具体指的是社会文化。从一个国家的历史来讲，观念指的是政治传统。

一　政治精英的执政理念与俄罗斯国家决策机制

执政理念是政治精英对国家治理的特定信念，它的外延包括国家治理

---

[1] К. Г. Холодковский, Г. Г. Дилигенский об опыте постсоветских преобразований. Итоги двадцатилетия реформ. М., ИМЭМО, 2006, -С. 5.
[2] Judith Goldstein and Robert O. Keohane, *Ideas and Foreign Policy*: *Beliefs, Institutions, and Political Change*, Cornell University Press, 1993, p. 7.

的价值观、意识形态、道德准则和科学技术。政治精英的执政理念是国家决策机制发展变化的指导原则。执政理念的变化会直接导致国家决策机制的变化。但是，执政理念对于国家决策机制的发展变化发挥的是指导性作用，而不是决定性作用。因为观念对于国家决策机制的影响是基于具体的物质基础。

俄罗斯独立初期，作为政治精英的民主派当时选择欧洲—大西洋主义作为执政理念的基础。欧洲—大西洋主义认为，俄罗斯民族是欧洲民族，俄罗斯是欧洲的一部分，俄罗斯理应走西方式的发展道路。欧洲—大西洋主义否定俄罗斯落后的历史传统。在这种理念的指导下，俄罗斯照搬了西方的民主政治制度，形成以三权分立为原则的国家决策机制，在具体实践中，这种思想主张政权仅发挥"守夜人"的作用。1993年宪法为俄罗斯分权原则的国家决策机制奠定了法律基础。借鉴别国发展经验本身没有什么错误，民主派的失误在于制度决定论。他们认为引进新制度，一切就会自发地走上正轨。他们没有考虑到制度在俄罗斯实践中会发生变形，也没有致力于教育培养社会参与者。[①] 经济改革的沉重代价和政权混乱产生的危机，让政治精英对欧洲—大西洋主义指导的西方式道路产生怀疑。面对经济不景气、国家权力机关内部政治纷争不断、地方离心倾向越来越严重的趋势，以叶利钦为核心的政治精英先后提出了"巩固国家""国家机关的效率""整顿国家秩序"的治国理念，开始强调政权的作用。1994年2月，叶利钦发表"关于巩固俄罗斯国家"的国情咨文，提出俄罗斯国家发展的总理念是巩固俄罗斯国家。提出发展联邦关系，保证俄罗斯国家统一和领土完整，形成法律意识。1995年2月16日叶利钦的国情咨文中提出提高国家机关效率的理念。确立法治的威信，加强司法权力机关，发展公民社会。1997年3月6日叶利钦在国情咨文中提出了整顿政权秩序的理念。以法律秩序为主导，为提高权力机关的工作效率，我们需要整顿制定法律规范的秩序，整顿执行权力机关的工作秩序，加强国家的监督职能。采取措施最大限度地发挥现有的权力手段和对执行权力机关体制进行改革。整顿三级行政区划的工作秩序，建立统一的法律空间。可以说，叶利钦看到了当时俄罗斯国家决策机制运行的弊端：第一，政权应该在国家决

---

① К. Г. Холодковский, Г. Г. Дилигенский об опыте постсоветских преобразований. Итоги двадцатилетия реформ. ИМЭМО. 2006, -С. 5 – 13.

策中占据主导地位；第二，从中央到地方应该奉行统一的法律空间，决策机制的运行应该是连贯有序的；第三，加强法律对国家决策机制运行的协调作用，国家权力机关的决策秩序应该由法律协调；第四，国家权力机关之间的关系应该理顺。但由于客观条件的限制，以叶利钦为核心的政治精英的执政理念没有完全体现在制度之中。

普京时期，对于叶利钦时期国家现实的反思引起政治精英的执政理念的变化。俄罗斯国家衰落，地缘政治环境恶化，俄罗斯国家面临再分裂的危险。这一系列的威胁让政治精英在思想上达成了一定的共识，这就是强化俄罗斯国家。普京总统最初在国情咨文中对自己的治国理念有零星的表述，首先以1999年12月《千年之交的俄罗斯》、2000年2月的《致选民的公开信》和2000年7月普京发表的第一份国情咨文为基础，普京提出了以俄罗斯传统价值观为思想基础的"俄罗斯新思想"。后来经专家解读，形成主权民主的价值观。该理念遵循民主政治的普遍性，又强调俄罗斯民主政治的传统性和特殊性。在主权民主价值观的指导下，普京对俄罗斯国家决策机制进行大刀阔斧的改造，建立了垂直权力体系。

当前俄罗斯政治精英治国理念的观念基础是俄罗斯保守主义。作为主权民主理念的发展和延续，俄罗斯保守主义的提出具有深刻的背景，并且对俄罗斯国家决策机制的发展产生了重要的影响。2008年11月20日，俄罗斯政权党"统一俄罗斯"党提出，保守主义是该党意识形态的基础。2009年11月21日，"统一俄罗斯"党第十一次代表大会通过了新的党纲，规定俄罗斯保守主义是"统一俄罗斯"党的意识形态。并且，"统一俄罗斯"党还提出了保守主义现代化的口号。俄罗斯保守主义的核心观念是反对一切激进的革命，主张以妥协手段调和社会利益冲突，强调走中派主义的国家发展道路。在这种理念的影响下，俄罗斯国家决策机制的设计主要是为了保障普京路线的延续，梅普组合的特殊机制应运而生。

二 社会文化与俄罗斯国家决策机制

社会文化是一个国家范围内各种社会群体对社会生活的一定信念。它是各种价值观、公民思维方式和行为方式相互交汇的结果。社会文化体现出一定社会群体对国家决策相关问题的特殊情感和认同倾向。任何政治机制的发展和运行都需要得到社会的认可，国家决策机制也不例外。国家决策机制的政治面貌需要符合社会在这方面的观念，这样，它才能够获得合法性的基础。社会文化是国家决策机制发展变化的道德准绳。

由于俄罗斯具有特殊的地缘政治条件和历史上特殊的社会生活组织方式，俄罗斯也因而产生了不同于别国的社会文化。独特的社会文化为俄罗斯国家决策机制的发展变化提出了不同于别国的道德标准。例如俄罗斯人对待"民主"和"秩序"的态度。经历了苏联后期的改革后，"民主"的概念得到俄罗斯社会的承认。俄罗斯科学院综合社会研究所1995—2002年进行的社会调查数据表明，"自由和民主"的观念已经深入人心（见表9-1）。2007年12月的一个民调显示，大约67%的民众认为俄罗斯需要民主。多数俄罗斯人认为需要国家权力机关的选举、个人倡议权等权力和自由。① 普京一直拥有相当高的支持率，甚至有人呼吁修改宪法，支持普京总统谋求第三任期。但普京还在坚持着民主的底线。如果他违反宪法的规定，或者修改宪法，就会失去民心。2007年11月，一个俄罗斯民调向受访者提问："是否应该将普京定为终生总统？"调查结果是三分之二的人反对。② 这样，俄罗斯国家决策机制只能采取民主的形式。

表9-1　　　　　俄罗斯人对民主价值观的支持程度　　　　　（%）

民主价值观	1998	2001
法律面前人人平等	53.9	83.0
人民直接选举总统	25.9	41.5
自由表达政治观点的机会	37.2	22.5
出版自由	47.6	30.2
政权选举自由	39.4	26.2
宗教信仰自由	23.	15.4
司法独立	41.7	46.4

资料来源：本表根据俄罗斯社会和国家问题独立研究所1995—2002年的全国社会调查结果绘制。

---

① В. В. Петухов, Политическая активность и гражданская самоорганизация россиян. \\ Общественные науки и современость. 2002. №6. -С. 65.
② Идея "Единой России" объявить Путина "отцом нации" расколола общество: за "отца" только каждый третий россиянин. 16 ноября 2007 г. http://kprf.ru/opponents/53077.html?print.

第九章　当代俄罗斯国家决策机制的生成因素

但是，俄罗斯人对民主观念的理解与西方不同，尤其经历了叶利钦时期的混乱之后。从表9-1可以看出，一些西方普遍遵循的民主观念，如"自由表达政治观点的机会"、"出版自由"等的俄罗斯民众支持率呈下降趋势。俄罗斯社会文化对民主的这种态度，允许了普京对国家决策机制的改革，特别是普京把主要大众传媒纳入垂直体系的做法。

在民主和秩序的选择方面，俄罗斯社会文化更加倾向于秩序。全俄舆论中心2010年4月12日的调查显示，多数俄罗斯人确信，对于俄罗斯来说，秩序比民主更重要（72%比16%）。41%的受访者认为，秩序意味着政治和经济稳定。俄罗斯人认为，民主的基本定义是言论自由、出版自由和宗教信仰自由（44%）。[①] 当代俄罗斯社会文化对于秩序的认同，肯定了普京建立垂直权力体系、重整国家和社会秩序的做法。

另外，俄罗斯人比较倾向于接受中央集权的治理方式，认可巩固中央政权的做法。根据2010年3月18日列瓦达中心的民调结果显示，近10年来，俄罗斯社会支持巩固中央政权权力的人数增加了近一倍。1998年，25%的受访者认同建立中央集权国家，中央任命地方政府领导人，现在，认同者的比重增加为46%。[②] 当代俄罗斯社会文化对于自由民主的特有理解，为俄罗斯国家决策机制选择了不同于西方的，所谓的"主权民主"的运行轨道。

三　政治传统与俄罗斯国家决策机制

政治传统是经自然淘汰后存活下来的政治生活的道德规范。政治传统是政治体系内各成员长期以来惯常化的行为规则，它体现了该社群成员对某一事物的相对固定的信念，可谓一定历史时期内社群共同智慧的结晶。政治传统内化于国家决策机制之中。俄罗斯的政治传统主要表现在：

[①] ВЦИОМ，《Что важнее -демократия или порядок?》. 12 апреля 2010. http：//wciom. ru/index. php? id = 268&uid = 13394.

[②] Опрос：сторонников укрепления центральной власти возросло вдвое \ \ Независимая газета. 18 марта 2010. http：//www. ng. ru/politics/2010 - 03 - 18/3_ opros. html.

（一）总统集权

它体现了植根于俄罗斯历史中的国家政权运行传统。很多人文学科的研究都能证明这一点。社会学家 О. 克雷什坦诺夫斯卡娅在分析普京总统时期形成的政权轮廓时提出，现代俄罗斯应该属于单一中心国家。在这个国家中，权力金字塔是一体的，缺乏权力分配。除了执行权力、立法权力和司法权力分支外，还有在所有决策方面拥有垄断权的最高权力。这个最高权力拥有国家机器的所有部门。对于最高权力，专业管理机关不是伙伴或竞争者，而是下属。①

（二）国家权力机关之间制衡能力弱

反对分权原则在俄罗斯有着深厚的历史传统。在建立苏维埃国家的时候，时任全俄苏维埃代表大会执委会主席的 Я. М. 斯维尔德洛夫 1918 年提出，把国家权力划分为立法和执行不符合苏维埃共和国的活动。人民委员会就是全权机关，包括立法、司法和执行。②

（三）议会代表制度不成熟

政治学家 О. 加曼－戈鲁特维娜研究俄罗斯议会制度时提出，俄罗斯议会制度的主要特点是议会选举法律不稳定。③ Ю. 皮沃瓦罗夫在分析 16 世纪上地会议开始的代表权力历史时指出，在俄罗斯历史上，议会的执政形式是不可接受和不典型的。"政权需要这些大会首先是为了以大会的名义让个人的决策合法化，第二是为了解决人手不足问题，提高行政效率"。俄罗斯一直是专制国家，典型特点就是权力集中。政权是历史进程的主要领导者和执行人，变化的仅是领导人的名字：沙皇、皇帝、总书记、总统。④

（四）缺乏法律意识

俄罗斯历史上一直没有通过关于国家决策的法律，这样，国家领导人可以不受法律束缚，把自己的意愿强加到国家决策之中。

---

① О. Крыштановская, Анатомия российской элиты. М, 2004, -С. 217.
② -С. Н. Землянов, Невидимая рука Учраспреда. Отечественные записки, 2004. №2.
③ О. В. Гаман-Голутвина, Российский парламентаризм в исторической ретроспективе и сравнительной перспективе (II) .//Полис. 2006. №3. -С. 74.
④ Ю. С. Пивоваров, Русская власть и публичная политика. Заметки историка о причинах неудачи демократического транзита. //Полис. 2006. №1. -С. 15 – 16.

第九章　当代俄罗斯国家决策机制的生成因素

（五）政权在国家发展中的主导作用

俄罗斯国家政权在国家发展方面一向居于主导地位，委托人的产生和发展都是依附国家政权，它们是政权选择的结果。

（六）在很大程度上扮演政党角色的行政体系各部门

俄罗斯没有政党间的斗争，但有部门间斗争。① 俄罗斯执行机关各部门之间一直存在竞争关系。官僚机构之间争夺国家决策主导权的现象司空见惯。这种现象具有历史根源，它一方面是不同利益的聚合方式，一方面降低了国家决策机制的运行效率。

由此可以看出，在俄罗斯国家决策机制的形成和发展中体现出很多俄罗斯政治传统的典型特点。俄罗斯强权主义的政治传统为什么能够承袭至今，一个重要原因是俄罗斯的自然环境一直没有发生大的变化。俄罗斯是平原国家，一直具有幅员辽阔和人口稀少的特点。因此，俄罗斯不断进行领土扩张，对外建立战略缓冲区，对内设立殖民点。为了巩固对殖民点的统治，俄罗斯需要建立集权管理体制。叶利钦执政初期，对地方充分放权，俄罗斯地方出现了分裂的趋势。为了应对国家解体的现实威胁，普京建立了中央集权的国家决策机制。

小　结

本章从客观环境因素和主观因素两个方面讨论了俄罗斯国家决策机制政治面貌的生成因素。作为客观因素，决定俄罗斯国家决策机制政治面貌的因素不仅仅是俄罗斯现行宪法，国家决策机制运行的国内和国际环境，以及人的观念，都会对国家决策机制的政治面貌产生影响。俄罗斯国家决策机制的政治面貌就是上述因素相互作用的结果。

从生成因素看，特别是发挥决定性作用的客观环境因素，当代俄罗斯国家决策机制的政治面貌尚未定型。由于俄罗斯目前仍处于国家发展的过渡阶段，社会经济的变迁过程尚未结束，政治现实需求的变化频率远高于

---

① Ю. С. Пивоваров, Русская политическая традиция и современность. //Российская политическая наука. Т. 5. 1995－2006 гг. М. , РОССПЭН, 2008. -С. 679.

成熟定型的社会，这样，为了满足政治现实需求，俄罗斯国家决策机制仍会继续发生变化。

在分析主观因素时，政治传统对俄罗斯国家决策机制的影响力非常大。俄罗斯虽然从制度上引进了分权原则的决策机制样式，但俄罗斯国家决策机制的发展却具有俄罗斯本土化的倾向。政治精英的执政理念对此具有指导性意义。俄罗斯社会文化条件也无形中对决策机制进行了重塑。并且，俄罗斯历史的国家决策经验潜移默化地体现在了国家决策机制之中。

结　语

俄罗斯国家决策问题向来受到各国政治家和学者的高度关注。成为独立国家二十年来，俄罗斯建立起了独特的国家决策机制，从某个单一的角度去解释和评价它十分困难。因而，本书在对俄罗斯国家决策机制形成与发展的历史和现实背景进行全面考察的基础上，着重探讨了宪政制度、社会群体与决策机制运行环境等因素在俄罗斯国家决策机制实际运行中的相互作用。

通过对俄罗斯国家决策机制历史发展进程和现实状况的深入分析，并根据政治学、社会学和管理学的一些相关的基本原理，我们对当代俄罗斯国家决策机制的形成、发展、特征、绩效和影响等关键问题可以得出如下结论。

一　当代俄罗斯国家决策机制是在西方民主制度、俄罗斯政治现实和政治传统共同影响下形成的，并且逐步实现本土化

1993年宪法规定了当代俄罗斯国家决策机制的制度框架。该宪法借鉴了西方民主制度，确立了总统的核心地位，并且依据分权原则构建了国家决策机制的结构。从1993年宪法通过迄今，俄罗斯国家决策机制的宪政制度框架没有发生重大原则性变化。由此可见，西方民主制度与俄罗斯国家决策机制有着密切关系。它为俄罗斯国家决策机制提供了宪法框架。我们也要看到，尽管借鉴了西方民主制度，但俄罗斯国家决策机制却相当清晰地表现出俄罗斯本土特征。

除了西方民主制度因素外，俄罗斯的政治现实和政治传统对国家决策

机制的形成和演变也产生了重要影响。俄罗斯政治现实使俄罗斯不可能全盘照搬西方民主制度。即使在俄罗斯刚刚独立时，叶利钦也没有全盘照搬西方制度。由于俄罗斯是一个多民族大国，又处于转型时期，激烈的政治斗争和紧迫的转型任务，不断地向当局提出一个又一个的尖锐要求。这就迫使俄罗斯国家决策机制不断发展变化。

同时，俄罗斯政治传统也对国家决策机制产生影响。俄罗斯国家决策机制中保留了政治传统的痕迹。例如强人集权、中央集权、政权在国家发展中居于主导地位，等等。俄罗斯政治传统独具特色，不会轻易改变。在与西方民主制度的冲突中，俄罗斯政治传统表现出顽强的生命力。这些特点在俄罗斯国家决策机制以后的发展中仍然会表现出来。

俄罗斯国家决策机制的发展不会脱离上述三个因素的影响。国家决策机制的发展会受到宪政制度的约束，但政治现实和政治传统又会对国家决策机制不断提出调整的要求，迫使国家决策机制在宪政制度的框架内发生变化。这说明，任何制度设计若要成功，必须符合一个国家的政治传统和政治现实。

二 俄罗斯国家决策机制自形成起，经历了叶利钦时期的多中心模式、普京时期的单一中心模式，梅普双中心模式，以及当前新普京时期的单一中心模式的演化

1993年宪法通过后，俄罗斯虽然建立了以总统为核心的国家决策机制，但实际上国家决策权力并没有完全集中在总统手里。反对派在国家杜马中占据相当分量，这在一定程度上对总统权力形成了掣肘。地方精英和寡头也是很有影响力的政治势力，削弱了总统的核心决策地位。所以，叶利钦时代的国家决策机制是一种多中心模式。

普京担任总统时期，建立了垂直权力体系，把国家决策权力集中在总统手中。普京通过扶持政权党，实际上把议会权力变成执行权力的延伸，实行联邦制改革，建立了中央对地方的相对集权，并且极大地限制了地方精英和寡头对国家决策的影响力，从而建立了单一中心模式的国家决策机制。

梅普组合时期是俄罗斯政治发展进程的过渡阶段。这一时期的俄罗斯国家决策机制呈现出"主—辅"双中心的特色。梅德韦杰夫总统和普京总

理都是俄罗斯国家决策机制的核心。梅德韦杰夫是副中心，普京是主中心。这两位国家领导人分工协作，两人在自己的主管领域具有决定权，而在一些重大问题上，两人共同拥有决定权。并且，同前两种模式一样，梅普组合时期的双中心模式并不是俄罗斯国家决策机制的最终模式。新普京时期，俄罗斯国家决策机制恢复了单一中心模式。

三　俄罗斯国家决策机制具有集权型结构特点，因此，它的决策权力分配具有不平衡的特征

俄罗斯国家决策机制具有总统集权和中央集权的结构特点。梅普组合时期，俄罗斯国家决策机制的强人集权特点也没有改变。俄罗斯国家决策机制的该特点一方面是由俄罗斯宪政制度规定的，另一方面是出于俄罗斯政治现实和政治传统的需要。该机制的这一结构特点既遵循了俄罗斯政治传统，又满足了俄罗斯过渡时期稳定政治局势的需要。此外，俄罗斯国家决策机制的这一结构特点也同国家领导人的资源和能力有直接关系。从俄罗斯的政治实践可以看出，由于叶利钦、普京和梅德韦杰夫掌握的政治资源和运用资源的能力不同，俄罗斯不同时期的总统集权程度和中央集权程度也不相同。

由于俄罗斯国家决策机制具有集权型结构特点，因此，该机制的决策权力分配具有不平衡的特点。俄罗斯国家决策机制中各权力机关之间的相互制衡能力较弱，该机制的制度稳定性也存在欠缺。俄罗斯国家决策机制的发展过程实际上也是执行权和立法权之间寻求平衡的过程，但这个平衡点是相对和可变的。俄罗斯国家决策机制的集权型结构特点和决策权力不平衡的特点还将长期存在。梅德韦杰夫出任总统以来，俄罗斯国家决策机制在实现制度化方面有所努力，但仍需要相当长的时间。同样地，俄罗斯建立法治国家的道路也很漫长。

四　俄罗斯国家决策机制的结构特征决定，国家领导人和政治精英对国家决策具有最直接的影响力

从在国家决策中的作用来看，俄罗斯社会群体可以分为代理人、委托人和普通民众。代理人包括国家领导人、政治精英和官员，是以国家权力

所有者（全体公民）的名义行使国家决策权力的人。委托人包括金融工业集团、大众传媒、政党、智库等，是对国家决策产生持续影响的群体。普通民众是国家决策的直接消费者。

由于总统集权，国家领导人是俄罗斯国家决策机制的核心。国家领导人对俄罗斯国家产生直接影响。例如普京总理提出成立人民阵线的倡议，国家领导人的个人决策立刻转化为俄罗斯国家的决策。为数不多的核心政治精英也左右着俄罗斯国家决策机制的质量和发展。政治精英集团之间的实力对比和争斗直接体现在国家决策之中。俄罗斯国家决策机制实际上是以国家领导人为首的少数政治精英为核心组成的国家权力体系。根据同领导人的私人关系和自身掌握的政治资源的多少，委托人对国家决策过程的影响程度不相同。总体上说，由于俄罗斯公民社会制度发育不成熟，委托人和普通民众对国家决策的影响力有限。俄罗斯国家决策机制的这一特点也决定了其结果最终是少数人对多数人的决策。因此，俄罗斯国家决策的质量在相当程度上取决于国家领导人和政治精英的素质。从长远看，这一切将取决于俄罗斯公民社会的发育程度。

五 衡量国家决策机制绩效的基本原则是：是否符合社会发展阶段的要求，是否能够准确、及时地解决国家重大问题并维护社会的良性发展。根据这个原则，俄罗斯不同时期国家决策机制的绩效有所不同

对于不同国家，或者同一个国家的不同发展阶段，衡量其决策机制绩效的具体指标应该有所不同。尽管国家决策机制的绩效没有统一的具体衡量指标，但应该有统一的衡量原则。这个原则是：能否满足国家现阶段的发展需要，能否妥善地解决政治、经济、社会、外交等各个领域的重大问题。根据这个原则，我们可以判断，叶利钦时期的俄罗斯国家决策机制相对低效。这一时期的国家决策机制没能满足社会转型提出的要求，并且很多重大问题没有得到有效的解决，社会动荡、人民生活水平下降、国家面临分裂的威胁、国际地位也急剧下滑。相比而言，普京时期国家决策机制的绩效有了很大的提高。普京时代，国家分裂的威胁被逐步消除，社会稳定，经济复苏，国力增强。梅普组合时期，俄罗斯国家决策机制基本上继

续了普京总统时期的态势。

六 当代俄罗斯国家决策机制的特点对俄罗斯社会未来发展的影响具有两面性

一方面它符合了俄罗斯社会的现实要求，基本满足了社会发展的需要；另一方面由于社会缺乏有效的权力制衡和监督职能，国家决策的公平、公正性难以得到保证，随着国际国内形势的变化，俄罗斯国家决策机制运行的有效性也将会逐步降低。

当代俄罗斯国家决策机制的优势在于：集权型决策机制往往更有效率和效力，特别是在社会发生重大变革的历史时期。然而，如同一个硬币的正背两面，当代俄罗斯国家决策机制的优势同时也是它的劣势，集权型决策机制在为国家发展赢得效率的同时，也隐含了极大的政治风险。至于俄罗斯国家决策机制的哪一面会发挥主要作用，这将取决于内外部环境的影响。

鉴于俄罗斯国家决策机制正处于发展变化阶段，因此在未来一段时期内，该机制对俄罗斯国家的发展将取决于它能否跟得上社会环境的变化。如果俄罗斯国家决策机制的发展跟不上社会环境的变化，其负面影响将会直接成为俄罗斯社会发展的严重阻碍。

参考文献

一 与俄罗斯国家决策相关的法律文件、重要官方文件和国家领导人的讲话

（一）与俄罗斯国家决策相关的法律文件

Закон РСФСР от 24 апреля 1991 года № 1098 – 1 « О Президенте РСФСР »//ВСНД и ВС РСФСР. 1991. № 17.

Закон Российской Федерации от 05 марта 1992 года № 2446 – 1 « О безопасности » (в ред. Закона РФ от 25. 12. 1992 № 4235 – 1, Указа Президента РФ от 24. 12. 1993 № 2288, Федеральных законов от 25. 07. 2002 № 116 – ФЗ, от 07. 03. 2005 № 15 – ФЗ, от 25. 07. 2006 № 128 – ФЗ, от 02. 03. 2007 № 24 – ФЗ) //ВСНД и ВС РФ. 1992. № 15.

Конституция (Основной закон) Российской Федерации – России (принята на внеочередной седьмой сессии Верховного Совета РСФСР девятого созыва 12 апреля 1978 года).

Конституция Российской Федерации. М., 1993.

Регламент Государственной Думы, Принят постановлением Государственной Думы Федерального Собрания Российской Федерации от 22 января 1998 года № 2134 – II ГД.

Регламент Совета Федерации Федерального Собрания Российской Федерации, утверждена постановлениями Совета Федерации Федерального Собрания Российской Федерации от 30 января 2002 года № 33-СФ и от 29 марта 2002 года № 173-СФ, с изменениями и дополнениями, последние из которых внесены постановлением от 15 декабря 2010 года №

556-СФ.

Федеральный конституционный закон от 21 июля 1994 года № 1 – ФКЗ « О Конституционном Суде Российской Федерации » (в ред. Федеральных конституционных законов от 08. 02. 2001 № 1 – ФКЗ, от 15. 12. 2001 № 4 – ФКЗ, от 07. 06. 2004 № 3 – ФКЗ, от 05. 04. 2005 № 2 – ФКЗ, от 05. 02. 2007 № 2 – ФКЗ) //Собрание законодательства РФ. 1994. № 13.

Федеральный конституционный закон от 17 декабря 1997 года № 2 – ФКЗ « О Правительстве Российской Федерации » (в ред. Федеральных конституционных законов от 31. 12. 1997 № 3 – ФКЗ, от 19. 06. 2004 № 4 – ФКЗ, от 03. 11. 2004 № 6 – ФКЗ, от 01. 06. 2005 № 4 – ФКЗ, от 30. 01. 2007 № 1 – ФКЗ, от 02. 03. 2007 № 3 – ФКЗ) //СЗ РФ. 1997. № 51.

Федеральный закон от 31 мая 1996 года № 61 – ФЗ « Об обороне » (в ред. Федеральных законов от 30. 12. 1999 № 223 – ФЗ, от 30. 06. 2003 № 86 – ФЗ, от 11. 11. 2003 № 141 – ФЗ, от 29. 06. 2004 № 58 – ФЗ, от 22. 08. 2004 № 122 – ФЗ (ред. 29. 12. 2004), от 07. 03. 2005 № 15 – ФЗ, от 04. 04. 2005 № 31 – ФЗ, от 26. 12. 2005 № 185 – ФЗ, от 06. 07. 2006 № 105 – ФЗ, от 04. 12. 2006 № 201 – ФЗ, от 19. 06. 2007 № 103 – ФЗ, от 26. 06. 2007 № 118 – ФЗ, с изм., внесенными Федеральным законом от 03. 07. 2006 № 96 – ФЗ) //СЗ РФ. 1996. № 23.

Федеральный Закон « О правительстве РФ ». (включена с 31 декабря 2008 года Федеральным конституционным законом от 30 декабря 2008 года N 8 – ФКЗ.)

Федеральный закон от 06 октября 1999 года № 184 – ФЗ « Об общих принципах организации законодательных (представительных) и исполнительных органов государственной власти субъектов Российской Федерации » (с изм., внесенными Постановлениями Конституционно го Суда РФ от 07. 06. 2000 № 10 – П, от 12. 04. 2002 № 9 – П, Федеральным законом от 26. 04. 2007 № 63 – ФЗ) //СЗ РФ. 1999. № 42.

Федеральный закон от 5 августа 2000г. №113 – ФЗ « О порядке формирования Совет Федерации Федерального собрания Российской

Федерации »//Собрание Законодательства РФ. 2000. № 32.

Федеральный закон от 5 августа 2000 года № 113 – ФЗ " О порядке формирования Совета Федерации Федерального Собрания Российской Федерации " \ \ Собрание законодательства Российской Федерации, 2000, № 32.

Федеральный закон от 27 мая 2003 года № 58 – ФЗ " О системе государственной службы Российской Федерации " (в ред. Федеральных законов от 11. 11. 2003 № 141 – ФЗ, от 06. 07. 2006 № 105 – ФЗ) //СЗ РФ. 2003. № 22.

Федеральный закон от 4 апреля 2005 г. №32 – ФЗ " Об Общественной палате Российской Федерации " . http：//www. rg. ru/2005/04/07/obshestv – palata – dok. html.

Федеральный Конституционный Закон " О внесении изменений в ФКЗ О референдуме РФ " от 24. 04. 2008. №1 – ФКЗ. http：//document. kremlin. ru/doc. asp? ID = 045436.

Федеральный закон " О безопасности ", принят Государственной Думой 7 декабря 2010 года, одобрен Советом Федерации 15 декабря 2010 года. http：//www. scrf. gov. ru/documents/1/111. html.

Указ Президента Российской Федерации от 30 сентября 1992 года № 1149 " О координационных и консультативных органах, создаваемых Президентом Российской Федерации, Правительством Российской Федерации, министерствами и ведомствами Российской Федерации " (в ред. Указа Президента РФ от 18. 06. 1994 № 1256) //САПП РФ. 1992. № 14. (в ред. от 18 июня 1994 года № 1256) .

Указ Президента Российской Федерации от 10 января 1994 г. №66 " О структуре федеральных органов исполнительной власти "//Собрание актов Президента и Правительства Российской Федерации, 17 января 1994 г. №3.

Указ Президента РФ от 10 июня 1994 г. № 1185 (ред. от 26 ноября 2001 г.) " Об обеспечении взаимодействия Президента Российской Федерации и Правительства Российской Федерации " \ \ Собрание законодательства Ро-С. Федерации. – 2001. – № 49.

Указ Президента Российской Федерации от 13 мая 2000 года № 849 « О Полномочном представителе Президента Российской Федерации в федеральном округе » (в ред. Указов Президента РФ от 21. 06. 2000 № 1149, от 09. 09. 2000 № 1624, от 30. 01. 2001 № 97, от 06. 04. 2004 № 490, от 05. 10. 2004 № 1272, от 21. 03. 2005 № 316) //СЗ РФ. 2000. № 20.

Указ Президента Российской Федерации от 23 июля 2003 года № 824 « О мерах по проведению административной реформы в 2003 – 2004 годах »// СЗ РФ. 2003. № 30.

Указ Президента РФ от 24 февраля 2004 г. № 264 « О Правительстве Российской Федерации » \ \ Собрание законодательства РФ – 2004. – № 9.

Указ президента Российской Федерации « О системе и структуре федеральных органов исполнительной власти » от 9 марта 2004 г.

Указ Президента Российской Федерации от 20 мая 2004 г. « О системе и структуре федеральных органов исполнительной власти ». http：//document. kremlin. ru/doc. asp? ID = 021438.

Указ Президента Российской Федерации от 25 марта 2004 года № 400 « Об Администрации Президента Российской Федерации » (в ред. Указа Президента РФ от 22. 02. 2005 № 198) //СЗ РФ. 2004. № 13.

（二）俄罗斯的国家战略构想与相关理论文件

Военная доктрина Российской федерации, утверждена Указом Президента Российской Федерации от 21 апреля 2000 г. http：//www. ng. ru/politics/ 2000 – 04 – 22/5_ doktrina. html.

Концепция административной реформы в Российской Федерации в 2006 – 2008 гг. （Одобрена распоряжением Правительства Российской Федерации от 25 октября 2005г. №1789） \ \ Собрание законодательства РФ. 2005. №46.

Концепция внешней политики Российской Федерации, http：//www. ng. ru/ world/2000 – 07 – 11/1_ concept. html.

Концепция внешней политики Российской Федерации, http：//www. rg. ru/

2016/11/30/koncepciya – dok.

Концепция долгосрочного социально - экономического развития Россий ской Федерации на период до 2020 года, утверждена распоряжением Правительства Российской Федерации от 17 ноября 2008 г. N 1662 – p.

Концепция национальной безопасности Российской Федерации (утратила силу), утверждена Указом Президента Российской Федерации от 17 декабря 1997 г. № 1300.

Стратегия национальной безопасности Российской Федерации до 2020 года, утверждена Указом Президента Российской Федерации от 12 мая 2009 г. № 537.

（三）俄罗斯总统国情咨文

Полание Президента Российской Федерации Федеральному Собранию. М., （1994 – 2016）.

（四）俄罗斯领导人发言稿

Выступления Владимира Путина на расширенном заседании Госсовста 8 февраля 2008г. http：//www. rg. ru/2008/02/14/putin – slovar. html.

Ельцин. Б. Н, Россия: человек, семья, общество, государство. Программа действий на 1996 – 2000 годы. М., 1996.

Итог – шоу: Дмитрий Медведев решил поспорить с Владимиром Путиным по главным темам года. « Газета ». 24 декабря 2010. http：// www. gazeta. ru/politics/2010/12/24_ a_ 3476954. shtml.

Отчёт о деятельности Правительства РФ за 2010 год. http：//premier. gov. ru/ events/news/14898/.

Путин. В. В, От первого лица: Разговоры с Владимиром Путиным. – М., ВАГРИУС, 2000.

Путин. В. В, Ответы на вопросы на Всемирном конгрессе информацио нных агентств « Информация: вызовы XXI века » от 24 сентября 2004 г. http：//www. kremlin. ru/appears！ 2004/09/24/1 742 _ type6338 1 type 82634 _ 77326. shtml.

Стенографический отчёт о заседании Государственного совета по вопросам развития политической системы России. http://www.kremlin.ru/transcripts/6693.

二 俄文专著

Гаман-Голутвина О. В. , Политические элиты России: вехи исторической эволюции. , М. : РОССПЭН, 2006.

Глазунова Н. И. , Государственное управление как система. М. : ГУУ, 2001.

Дегтярев А. А. , принятие политических решений. М. УНИВЕРСИТЕТ, 2004.

Докторов Б. З. , Ослон А. А. , Е. С. Петренко, Эпоха Ельцина: мнения россиян: Социологические очерки. М. : Институт Фонда «Общественное мнение», 2002.

Курскова Г. Ю. , Политический режим Российской Федерации: правовой анализ: учеб. пособие для студентов вузов, обучающихся по специальностям Юриспруденция и Политология, М. : ЮНИТИ-ДАНА: Закон и право, 2007.

Лапин Н. Ю. , Два президентских срока В. В. Путина: Динамика перемен: Сборник научных трудов/РАН ИНИОН. Центр научн. -информ. исслед. глобал. и регион. пробл. М. : 2008.

Лесников Г. П. , Властные отношения в России в условиях экономических и политических реформ, М. : Луч, 1993.

Мухин А. А. , Тайный правитель, М. : ЦПИ, 2007.

Окуньков Л. А. , Президент Российской Федерации. Конституция и политическая практика. М. : НОРМА, 1996.

Омельченко Н. А. , История государственного управления в России. М. , ТК Велби, Изд-во Проспект, 2008.

Орлов А. И. , Теория принятия решений. Учебное пособие. М. : Изд-тво «Экзамен», 2005.

Павроз А. В. , Группы интересов и трансформация политического режима в России. Изд. -Петербургского университета. СПб. , 2008.

Панкова О. Н. , Страна после коммунизма: государственное управление в новой России. М. : Ин-т права и публичной политики, 2004.

Пикулькин А. В., Система государственного управления, : учебник для вузов. , 2-е издюМ. : ЮНИТИ-ДАНА, 2000.

Пугачев В. П., Соловьев А. И., Введение в политологию. М. : Лого с. 2000.

Пути российского посткоммунизма, под ред. Марии Липман и Андрея Рябова, Моск. Центр Карнеги. , изд. Р. Элинина, М. , 2007.

Сафонова О. Д., Властные механизмы минимизации конфликтного потенциала политической системы. //Вестник Санкт-петербургского университета, 2008, Сер. 6. №4. -С. 51 – 56.

Симонов К. В., Политический анализ: учеб. пособие . М. : Логос, 2002.

О. М. Рой, Система государственного и муниципального управления, 2 – е изд. . СПб. : Питер, 2007.

Соловьёв А. И., Принятие государственных решений: учебное пособие. М. : КНОРУС, 2006.

Сосунов Д. В., Процесс принятия политических решений в современной России. Воронеж: Научная книга, 2010.

Стргин Е. М., Владимир Путин: внедрение в Кремль. М. : Изд-во Алгоритм, 2006.

Сулакшин С. С., Погорелко М. Ю., Репин И. В., Источники и основания государственных политик в России. М. : Научный эксперт, 2010.

Толстых П. А. , практика лоббизма в Государственной Думе Федерального Собрания Российской Федерации: научное издание. М. : Канон +, 2006.

Топорни Б. М. , Комментарий к Конституции РФ. М. , 1997.

Циганков А. П., Современные политические режимы: структура, типология, динамика (учебное пособие), 1995.

Чернышев Б. В., Разработка и принятие государственных решений в России: уроки истории (XVIII-XXвв) . Саратов. : СЮИ МВД России, 2003.

Шевцова Л. Ф., Режим Бориса Ельцина, Моск. Центр Карнеги. М. :

РОССПЭН，1999.

Якунин В. И.，С. С. Сулакшин，Вилисов М. В.，Ахметзянова И. Р.，Погорелко М. Ю.，Сазонов Е. С.，Тимченко А. Н.，Политико-правовые источники и основания формирования и реализации государственных политик в России. http：//www. rusrand. ru/public/public_ 87. html

三 俄文论文

Алиуллов Р. Р.，Проблема механизма управления на современном этапе（вопросы теории и методологии）//Право и государство. 2005. №3.

Анохина Н. В.，Мелешкина Б. Ю.，Эволюция структуры партийного спектра России накануне парламентских выборов 2007 г. //Полис. 2008. №2.

Баврин А. В.，Пути совершенствования механизма государственного управления в современной России：политико-правовой аспект：Автореферат дис... канд. полит. наук，Москва，2007.

Барсукова С. Ю.，Власть и бизнес：новые правила игры. //Полис. 2006. №6.

Барсукова С. Ю.，В. И. Звягинцев，Механизмполитического инвестирования"，или как и зачем российский бизнес участвует в выборах и оплачивает партийную жизнь. //Полис. 2006. №2.

Белоусов А. Б.，Дискретная модель лоббистской коммуникации. //Полис. 2006. №4.

Беляева Н. Ю.，публичная политика в россии：сопротивление среды. //Полис. 2007，№1.

Бляхер Л. Е.，Моральная экономика и моральная политика，или игра в перепрятушки доходов. //Полис. 2001，№1.

Вавилов С. В.，Политические решения – объект методологического анализа. //Государственная служба. 3（29）сентября 2004.

Василенко И.，Новые подходы к разработке государственных программ：рекомендации экспертов ООН. //Проблемы теории и практики управления. 2003. №6.

Воробьев Д. М., Российская политическая традиция организации социального адреса Власти. //Полис. 2003. №5.

Галкин А. А., Корпоративизм как форма отношений между государством и обществом: пределы и опасности. //Полис. 2000. №6.

Гаман-Голутвина О. В., меняющаяся роль государства в контексте реформ государственного управления: отечественный и зарубежный опыт. //Полис. 2007. №4.

Гаман-Голутвина О. В., Процессы современного элитогенеза: мировой и отечественный опыт. //Полис. 2008. №6.

Гельман В. Я., институциональное строительство и неформальные институты в современной российской политике. //Полис. 2003. №4.

Гельман В. Я., Политическая оппозиция в россии: вымирающий вид? //Полис. 2004. №4.

Гельман В. Я., Политические партии в России: от конкуренции -к иерархии. //Полис. 2008. №5.

Глебова И. И., Политическая культура современной россии: облики новой русской власти и социальные расколы. //Полис. 2006. №1.

Голосов Г. В., Лихтенштейн А. В., Партии власти и российский институциональный дизайн: теоретический анализ. //Полис. 2001. №1.

Даугавет А. Б., Неформальные практики российской элиты. Апробация когнитивного подхода. //Полис. 2003. №4.

Дегтярев А. А., Процесс принятия и осуществления решений в публично-государственной политике: динамический цикл и его основные фазы. //Полис. 2004. №4.

Дегтярев А. А., Теория принятия политических решений в структуре социальных и управленческих дисциплин. //Полис. 2002. №2.

Дегтярев А. А., Методологические подходы и концептуальные модели в интерпретации политических решений (I). //Полис. 2003. №1.

Дегтярев А. А., Методологические подходы и концептуальные модели в интерпретации политических решений (II). //Полис. 2003. №2.

Дзиабаева Г. С., Российские бизнес-корпорации в формировании и реализации государственной энергетической политики, Автореферат дис. ... канд. полит. наук, Москва, 2009.

Дука А. В. , Эволюция константы: российские элиты в историческом контексте. //Полис. 2008. №6.

Дьякова Б. Г. , Массовая политическая коммуникация в теории установления повестки дня: от эффекта к процессу. //Полис. 2003. №3.

Жирнов А. Г. , Механизмы согласования интересов в политике: теория и российский опыт: Автореферат дис. ... канд. полит. наук, Тамбов, 2008.

Зазнаев О. И. , Типология форм правления: работа над ошибками. //Полис. 2006. №1.

Закупень Т. В. , О законопроектной деятельности федеральных органов исполнительной власти//Российское Право. 1997. №2.

Заславский С. Е. , Нефедова Т. И. , Лоббизм в России: исторический опыт и современные проблемы//Право и политика. 2000. №2.

Зорин В. А. , Модели политического лидерства российских президентов. //Полис. 2010. №4.

Зудин А. Ю. , Режим В. Путина: контуры новой политической системы// Общественные науки и современность. 2003. №2.

Ильин М. В. , Поколения конституций. //Полис. 2007. №3.

Ильин М. В. , Понятийная омонимия: конституции и режимы. //Полис. 2007, №5.

Капустин Б. Г. , Посткоммунизм как постсовременность (Российский вариант). //Полис. 2001, №5.

Киселев И. Ю. , Смирнова А. Г. , Образ государства как фактор принятия внешнеполитических решений. //Полис. 2004. №4.

Климова С. Г. , Якушева Т. В. , Россия сегодня. Образы политиков в представлениях россиян. //Полис. 2000. №6.

Климовой С. Г. , Якушевой Т. В. , Брицкий Г. О. , Дубов И. Г. , Климова С. Г. , Левинсон А. Г. , Преснякова Л. А. и т. д. , Оценка личностных качеств российских политических лидеров: проблемы измерения и интерпретации (круглый стол). //Полис. 2001. №1.

Комаровский В. С. , Формирование новой парадигмы политологическо го образования и модель специалиста в сфере государственного управления России. //Полис. 2001. №5. -С. 142 – 147.

Комаровский В. С. , Административная реформа в Российской Федерации. //Полис. 2005. №4. -С. 172 – 178.

Коргунюк Ю. Г. , Политическая элита современной России с точки зрения социального представительства. //Полис. 2001. №1.

Кочетков В. В. , Социология международных отношений: теоретические подходы и практические решения. //Вестн. Моск. Ун-та. Сер. 18. Социол огия и политология. , 2008, №3.

Крохина Е. Е. , Политические риски в механизме формирования государственной политики: Автореферат дис… канд. полит. наук, Санкт-Петербург, 2006.

Крыштановская О. В. , Форматы российской власти. //Полис. 2010. №1.

Лагутин О. В. , Влияние политического корпоративизма на принятие государственных решений в условиях советской и постсоветской России: Автореферат дис… канд. полит. наук, Санкт-Петербург, 2003.

Ледяев В. Г. , Формы власти: типологический анализ. //Полис. 2000. №2. -С. 6 – 18.

Липатов В. А. , Механизм согласования интересов государства и предпринимателей при разработке и реализации промышленной политики: Автореферат ди-С… канд. полит. наук, Москва, 2006.

Липкин А. И. , российская самодержавная система правления. //Полис. 2007. №3.

Лукин А. В. , Диктатура и жизнь. //Полис. 2004. №1.

Ляшук Ю. П. , Итоги 2010 года. Мониторинг парламентской активности думских фракций. 18 января 2011. http: //kprf. ru/rus_ soc/86745. html.

Мельвиль А. Ю. , О траекториях посткоммунистических трансформаци й. //Полис. 2004. №2.

Морозова Е. В. , Управление изменениями как проблема политического менеджмента. //Полис. 2010. №2.

Никонов В. , Конституционный дизайн. //Современная российская политика. Под ред. В. Никонова. М. , ОЛМА-ПРЕСС, 2003.

Окуньков Л. А. , Правительство и Президент (грани взаимодействия) // Журнал российского права. 1998.

Окуньков Л. А. , Перспективы перераспределения полномочий между Президентом, Правительством и Федеральным Собранием//Законод ательство, 2000. №9.

Павлова Т. В. , Паттерны развития институтов управления индустриал ьными отношениями в условиях глобализации. //Полис. 2004. №6.

Пастухов В. Б. , Медведев и Путин: Двоемыслие как альтернатива двоевластию. Послесловие политического циника к дискуссии о либеральном повороте. //Полис. 2009. №6.

Перегудов С. П. , Политическая система России после выборов 2007 – 2008 гг. : факторы стабилизации и дестабилизации//Полис. 2009. №2.

Перегудов С. П. , Крупная российская корпорация в системе власти. //Полис. 2001. №3.

Перегудов С. П. , Политическая система России: опыт коллективного проектирования. По материалам доклада ИНОП. //Полис. 2009. №6.

Перегудов С. П. , Корпоративный капитал и институты власти: кто в доме хозяин? //Полис. 2002. №5.

Пивоваров Ю. С. , Фурсов А. И. , « Русская система » как попытка понимания русской истории. //Полис. 2001. №4.

Пивоваров Ю. С. , Русская власть и публичная политика. заметки историка о причинах неудачи демократического транзита. //Полис. 2006. №1.

Пивоваров Ю. С. , Русская политическая традиция и современность. // Российская политическая наука. Т. 5. 1995 – 2006 гг. М. , РОССПЭН, 2008.

Плешакова Е. А. , Информационное иPR – сопровождение политических решений в системе государственного управления, Автореферат дис. . . канд. полит. наук, Саратов, 2009.

Пляйс Я. А. , партийное строительство в россии. //Полис. 2007. №5.

Подосинников Е. Ю. , Отличительные особенности деятельности и принятия решений в государственной думе четвертого и пятого созывов//Ученые записки. Электронный научный журнал Курского государственного университета. 2009. №3.

Подъячев К. В. , институт обращений граждан в органы власти в России: возможности возникновения нового канала влияния. //Полис. 2007. №5.

Политико-государственное управление: в поисках дисциплинарности. //Полис. 2005. №1.

Публичная политика в России. //Полис. 2005. №3.

Рац М. В. , Политика и управление. //Полис. 2010. №3.

Ривера Ш. , Ривера Д. , К более точным оценкам трансформаций в российской элите. //Полис. 2009. №5.

Римский В. Л. , Сунгуров А. Ю. , Российские центры публичной политики: опыт и перспективы. //Полис. 2002. №6.

Саква Р. , Дуалистичное государство в России: параконституционали зм и параполитика//Полис. 2010. №1.

Салменниеми С. , Бородина А. В. , Бородин Д. Ю. , Раутио В. , Логика развития общественных организаций в современной россии. //Полис. 2009. №1.

Самонова Е. А. , Исполнительная власть в постсоветских государствах. На примере России, Эстонии и Кыргызстана. //Полис. 2003. №3.

Селезнева А. В. , Рогозарь-Колпакова И. И. , Филистович Е. С. , Трофимова В. В. , Добрынина Е. П. , Стрелец И. Э. , Российская политическая элита: анализ с точки зрения концепции человеческого капитала. //Полис. 2010. №4.

Сергеев В. М. , Проблема власти. //Полис. 2008 , №2.

Серебрянникв В. , Политические решения в экстремальных ситуациях/ В. Серебрянников//Власть. 2003. No 2.

Смирнова А. Г. , Образ государства как инструмент познания угрозы в международных отношениях (на примере ядерной программы Ирана) .// Полис. 2008. №5.

Сморгунов Л. В. , Павроз А. В. , Принятие политических решений: теория и методология. //Полис. 2005. №4.

Сморгунов Л. В., Сетевой подход к политике и управлению. //Полис. 2001. №3.

Сморгунов Л. В., сравнительный анализ политико-административны х реформ: от нового государственного менеджмента к концепции "governance".//Полис. 2003. №4.

Соловьев А. И., Колебательно-маятниковый механизм принятия государственных решений: к обоснованию когнитивной модели (i). //Полис. 2005. №5.

Соловьев А. И., Колебательно-маятниковый механизм принятия государственных решений: к обоснованию когнитивной модели (ii). //Полис. 2005. №6.

Столетов О. В., Тренды трансформации властных отношений в мировой политике: smart power? //Полис. 2009. №4.

Суханова М. Л., Законодательные аспекты принятия государственны х решений//Без темы. 2006. № 2 (2).

Урбан М., Социальные отношения и политические практики в посткоммунистической России. //Полис. 2002. №4.

Фортескью С., Правит ли Россией олигархия? //Полис. 2002. №5.

Фурман Д., Политическая система современной России и ее жизненный цикл//Свободная мысль. 2003. №11.

Харламова Ю. В., Взаимоотношения законодательной и исполнительной ветвей власти в современной России (1993 – 2007гг.) //Вестник Моск. Ун – та. Сер. 18. Социология и Политология. 2008. №3.

Шадрин А. Б., направления и параметры российской административ ной реформы. //Полис. 2003. №4.

Шаулова Т.В., Политические игры в процессе принятия политических решений//Политический анализ: докл. Центраэмпири ч. полит. исслед. СПбГУ. Под ред. Артемова Г. П.. СПб, 2000. – Вып. 1.

Шевцова Л., От России Ельцина к России Путина (эволюция выборной монархии), http://www.ieras.ru/journal/journal4. 2000/3. htm.

Шувакович У., Политические партии как традиционный механизм репрезентации в современном обществе. //Полис. 2010. №2.

Яковлев А. А., Эволюция взаимоотношений между властью и бизнесом и движущие силы экономического развития в России: до и после " дела ЮКОСа »//Региональная элита в современной России. М., 2005.

Якунин В. И., процессы и механизмы формирования государственной политики в современном обществе России: Автореферат дис...докт. полит. наук, Москва, 2007.

Якунин В. И., Сулакшин С. С., Вилисов М. В., Ахметзянова И. Р., Погорелко М. Ю., Сазонова Е. С., Тимченко А. Н., Политико-правовые источники и основания формирования и реализации государственных политик в России.

Якунин В. И., О значении факторного анализа при формировании государственной политики//Журнал Власть. 2006. №9.

四 中文专著

冯玉军：《俄罗斯国家安全决策机制》，时事出版社2007年版。

冯玉军：《俄罗斯外交决策机制》，时事出版社2002年版。

海运、李静杰：《叶利钦时代的俄罗斯》（政治卷），人民出版社2001年版。

潘德礼、许志新：《俄罗斯十年：政治、经济、外交》，世界知识出版社2003年版。

庞大鹏：《观念与制度》，中国社会科学出版社2010年版。

邢广程、潘德礼、李雅君：《俄罗斯议会》，华夏出版社2002年版。

邢广程、张建国：《梅德维杰夫与普京——俄罗斯最高权力的组合》，长春出版社2008年版。

邢广程：《苏联高层决策70年》，世界知识出版社1998年版。

许志新：《重新崛起之路——俄罗斯发展的机遇与挑战》，世界知识出版社2005年版。

郑羽：《普京八年：俄罗斯复兴之路（政治卷）》，经济管理出版社2008年版。

五　中文论文

蒋莉:《俄罗斯的决策中枢机构简介》,《国际资料信息》2009年第4期。

孟文海、谢俏洁:《俄罗斯转轨过程中的政策选择与制度变迁互动模式》,《俄罗斯研究》2006年第4期。

邵峰:《国外国家决策咨询机制及启示》,《管理和社会科学前沿》2005年第1期。

［俄］弗·格尔曼:《中央—地区—地方自治:当代俄罗斯的中央再集权政策》,郝薇薇译,《俄罗斯研究》2009年第4期。

六　中文译著

［俄］鲍·叶利钦:《总统笔记》,李垂发等译,东方出版社1995年版。

［俄］鲍·叶利钦:《午夜日记》,曹缦西、张俊翔译,译林出版社2001年版。

［俄］罗·麦德维杰夫:《普京——克里姆林宫四年时光》,王晓玉、韩显阳译,社会科学文献出版社2005年版。

［俄］罗·麦德维杰夫:《普京总统的第二任期》,王尊贤译,社会科学文献出版社2007年版。

［俄］尼·斯瓦尼热:《大国思维——梅德韦杰夫总统访谈录》,外交学院俄罗斯研究中心译,法律出版社2010年版。

［俄］德·梅德韦杰夫:《俄罗斯国家发展问题》,陈玉荣、王生滋、李自国译,世界知识出版社2008年版。

［俄］叶·普里马科夫:《走过政治雷区——普里马科夫回忆录》,周立群译审,世界知识出版社2008年版。

七　英文文献

A. Y. Nazarkin, National security decision making: Formal vs. Informal procedures and structures, Geneva centre for the democratic control of armed forces, Working paper, №.123, 2003.

Daniel Kaufmann, Aart Kraay, Massimo Mastruzzi, Governance Matters VI: Aggregate and Individual Governance Indicators 1996 – 2006. 2007. http://econ.worldbank.org/external/default/main? entityID = 000016406 _ 20070710125923&menuPK = 64166093&pagePK = 64165259&piPK = 64165421&theSitePK =469372.

Kimura, Hiroshi, The Russian decision-making process toward Japan//Japan Review, 1996. No. 7.

Paul Chaisty, "Majority Control and Executive Dominance: Parliament – President Relations in Putin's Russia", *Leading Russia: Putin in Perspective*, edited by Alex Pravda, Oxford university press, New York, 2005.

P. Rutland, The State Duma, Wesleyan University, http://prutland.web.wesleyan.edu/Documents/Duma.pdf.

William E. Odom, "Protests against Choice: Decision making in Russian military policy", *The Collapse of the Soviet Army*, New Haven &London: Yale University Press, 1998.

Ю. С. Пивоваров, Power institutions in post-communist russia: official forms and hidden transcripts. http://www.nato.int/acad/fellow/97 – 99/pivovarov.pdf.

索 引

安全会议 23，24，26，49—52，54，55，76，77，97—99，119，121，146，159，163，164，169，172—174，181—185，187，189，209

安全决策 11，14，24

别列佐夫斯基 65—67，80，83，206

别斯兰事件 70，73，187，214

大众传媒 5，6，24，65，66，114，130，132，164，178，179，182，184，188，191，192，205，211，214，215，220，221，223，233，240

代表集团理论 11

代理人 4，13，14，21，22，26，28，191—193，196，202，203，206—209，212，222—224，226，239

单席位选区制度 73

地方精英 57，61—64，68，70，72，73，79，123，194，226，227，238

地方行政长官 72，73，89

杜马委员会 123，125

多元化 4，24，85，208

多元主义 11，12，20—22

俄共 48，56，57，59，62，68，70，71，80，83，90，91，109，116，194，197，217，218，226

俄联邦安全局 129

俄联邦对外侦查局 129，150，151

俄联邦国家机要通讯局 129

俄联邦控制毒品交易联邦局 129

俄联邦民防、紧急情况和消除自然灾害后果部 129，132—135

俄联邦内务部 129—132

俄联邦司法部 129，140，141

俄联邦外交部 129，134，137

俄联邦总统事务局 129

俄联邦总统专项计划总局 129，152

俄罗斯国防部 115，129，142

俄罗斯社会院 81，82

法团主义 11，12，20，21

非政府组织 76，82，83，86，114，133，140，164，184，197，228

盖达尔政府 40，67

公民社会 44，61，68，82，93，

130，132，175，178，179，184，
205，211，218，220，222，224，
230，240

公正俄罗斯党　94，109，110，197，
217，218

古辛斯基　65，66，81

观念　14，22，41，82，88，115，
229—233，235

官僚政治模型　19，20

官员　26，66，70，77，78，82，
86，98，105—107，130，131，
133，134，157—159，167，170，
175，182，183，191，192，196，
197，202—204，208，210，211，
224，239

国际关系行为体　228

国家杜马　24，26，43，45，46，
48，51，56—59，62，64，67—
71，73，74，77，81，83，85，
90—94，96，99，104—112，116，
118—120，122—128，136，149，
153，155，161—163，170，171，
173，179，184，186，196，197，
204，209，211，212，217，218，
220，221，226，227，238

国家杜马委员会　91，123，211

国家决策　1—7，9—11，13，16，
17，19—39，41—49，51，52，
56—67，69，70，72，73，76，
77，79—81，84，85，87，90—
92，94，96，97，102，111，117，
120—123，126—128，141，153—
163，165，166，168，169，172—
187，189—195，197，198，203，
205—207，209—214，216—221，
223，225—241

国家决策机制　1，4—7，11，20，
23—36，39，41—49，51，57，
61，63，65，67，69，70，72，
77，79，81，84，85，87，90—
92，96，97，102，111，117，
121，122，127，128，153—155，
157—159，161—163，165，166，
168，169，172，173，176—181，
187，189—195，197，203，205，
210，216，225—233，235—241

国家领导人　23，87，113，116，
137，157—159，166，168—171，
181，182，184，186，187，193，
194，197，224，229，234，
239，240

国家权力机关　4，25，27—29，
33—39，41，42，45—51，56，
59，61，62，68—70，79，80，
82，100，117—122，128，130，
132，136，138，141，149，152，
153，155—157，161—163，166，
168，169，172，173，177，180，
184，185，193，195，196，206，
209—211，214，215，227，230—
232，234

国家元首　5，34，38，39，52，
117，121，162，163，193

国情咨文　25，26，36，61，63，

· 260 ·

77，78，81，94，101，118，142，
156，169，170，178，183，184，
204，210，221，230，231
国务委员会　50，54，77，89，170，
212
混合扫描模型　19
霍多尔科夫斯基　67，76，79，81，
87，207，216
金融工业集团　76，191，192，202，
205，206，209，210，219，223，
224，240
金融工业巨头　65
紧急情况决策　180，186，187
经济寡头　61，64，65，67，79
精英理论　11，14，195
克里姆林宫　37，53，61，64，65，
72，74，78，79，87，107，115，
123，147，179，209，213，217
立法会议　72，74，161，196
立法机关　5，34，36，40，43，56，
57，70，89，149，153，157，
196，197
利益集团　5，6，11—13，18，20，
21，23，24，64，66，69，123，
166，203，209，210
联邦安全局　105，121，137，143—
149，167
联邦安全总局　55，74，80，155，
159，160，166，167，187
联邦会议　15，43，45，56—58，
61，76，94，118，119，122，
126—128，136，142，156，162—
164，183—185，189，190，194，
196，197
联邦金融监控局　129
联邦区　69，70，72，75，99，105，
106，108，158，180，187，189
联邦委员会　24，43，45，56—58，
60，63，64，68，70，72，81，
82，99，110，118—120，122，
125，126，136，149，153，154，
161，163，171，179，184，186，
188，189，196，211，212，218
联邦政府　6，55，57，63，72，92，
96，119，122，126—130，133，
136，138，141—143，155，160，
162，163，173，180，183，184，
189，194，210
联邦制改革　73，74，170，177，
238
联邦主体最高行政长官　72
联邦总统　6，32，34，35，38，49，
52，55，61，73，117—120，122，
125，126，129，130，133，134，
137，138，140—143，151，152，
154，156，163，173
领导人　2，20，21，23，26，30，
34，38，43，44，58，62—64，
72，74，82，83，87，92，93，
98，100，105，107，111，113，
116，123，126，133，134，137，
138，157—159，166—173，181，
182，184，186—188，192—198，
202，203，211—213，217，224，

229，233，234，239，240

梅普组合　23，27，85—88，90—92，96，97，100，104，158，163，173，181—183，190，194，213，216，226，227，231，238—240

普通民众　35，192，193，220，229，239，240

强力部门　43，80，86，88，103，105，121，157，159—161，172，174，187—189，197，202，209，211

人民代表大会　31—44，46，47，62

日常事务决策　180，184，185，187，203

社会民主党　94

社会群体　4，6，26—28，178，184，185，187，188，191，192，194，214，220，221，223，231，237，239

社会文化　16，28，229，231—233，236

社会组织　3，4，10，13，21，81，100，123，178，184，192，205，211，218，219，220，223

十月事件　27，29，43—46，60

司法机关　5，6，36，49，60，76，96，110，153，154，196，197，226

司法制度改革　78

"统一俄罗斯"党　70，71，78，83，85，86，89—94，96，107，109，110，111，112，115，122，123，171，197，203，204，212，213，216—218，224，231

网络主义　11—13

威权主义　111，157，221，229

委托人　10，11，13，26，28，191—193，205，223，224，235，239，240

现代化　86—88，94，115，209，212，213，228，229，231

宪法　5，6，25—29，31，33—48，50，51，54—64，67，72，73，78，82，83，85，86，88，89，102，107，108，111，117—122，125—128，130，136，140—142，144—146，153—157，161—163，178，180—182，185—188，190，193—195，218，220，226，227，230，232，235，237，238

宪法法院　43—45，57，58，60，78，118，119，125，141，153，154，156，220

心理认知模式　22

新普京时代　96，97，183，190

新社团主义　20—22

行为主义　16—18

行政改革　69，70，75，78，176，177，204

行政机关　5，60，77，82，90，149，163，176

颜色革命　76，82，83，178，221

议会党团　40，57，71，83，89，

92，110，122，123，218，226
尤科斯公司　81，207
有限理性模型　17，18
右翼政党　81，94
战略型国家决策　180—184
政党　5，6，12，18，21，37，44，46，57—59，67，70—73，76，80—82，86，89，91—94，96，103，106，109，111，112，120，123，140，157，160，164，170，172，173，178，179，184，191，192，196，197，203，205，212，216—221，223，226，235，240
政府工作会议　76，89
政府主席团　89，108
政权　3，5，6，29—31，33，35，39，42，43，45，46，48，56，57，59，61，62，66，68—71，73，75，76，79—83，85，90，91，93，96，97，100，102，110，111，113，114，116，150，158，166，168，173，178，179，186，191，193，194，197，205—210，212，214，216—221，223，224，226，227，229—235，238
政治传统　19，28，158，229，233，235—239
政治精英　14，23，24，28，35，69，85，159，179，191，192，195—198，201，203，209，223，224，229—231，236，239，240
政治决策　1—4，9—11，14，17，18，20，21
政治势力　11，27，40—42，71，79，118，159，217，226，238
政治体制　5，6，11，24—26，29—31，61，64，81，87，94，111，170，194，221
政治系统　4—7，111
支持率　69，88，110，111，115，116，179，189，194，195，213，216，217，232，233
执行权　36，99，118，121，127，142，239
执行权力机关　24，34—36，39—45，47，51，55，59，60，67，70，74，78，86，89，90，99，110，118，126，128，132—134，136，137，140—143，150，152，153，156，164，175—177，180，183—185，188，197，206，230
执政理念　28，74，229—231，236
直接受众　177，191，192，220
制度主义　16—18
智库　6，25，102，175，178，184，192，202，205，209—214，217，223，240
中产阶级　91，93，111，213，221
中央集权化　84，158，159
助理办公室　52—54，64
自由民主党　46，71，83，91，94，109，110
总统安全局　54，105
总统办公厅　15，24，40，44，49—

· 263 ·

52，54，66，71，74—78，86，89，97—101，103，105，107，119，121，160，163，167，169，174，177，181，183，185，186，189，198，202，210，211，213

总统附属燃料能源综合体和生态安全战略发展委员会　99，183

总统机构　30—33，38，47，49—52，70，76，77，119—121，163，166，170，185，190

总统制　6，32，35，41，42，45—48，50，51，57，69，162，167，183，194，227

总统驻联邦区全权代表　72，99

总统咨询委员会　53

组织过程模型　19

最高法院　35，44，60，119，125，153，154

最高苏维埃　30—36，38—44，47，54，61，62

最高仲裁法院　44，60，119，125，153，154

左翼政党　94

后　记

　　本书是在我的博士学位论文基础上初步增订而来。本书的第一批读者认为国家决策这个术语有些陌生，因为一般都是根据不同活动领域划分为政治决策、经济决策、外交决策。然而，本书希望探讨的是国家这个行为体，以国家的名义做出的一系列的行动方案，而不局限于某个具体活动领域，并且，政治、经济、外交等活动领域的界限已经越来越模糊了。所以，本书坚持使用了国家决策这个术语。需要指出的是，国家决策并不是我的发明，而是来自俄罗斯政治学家 А. И. Соловьев 先生的思想。

　　在查阅资料的过程中，我对俄罗斯国家决策问题越来越痴迷。理清俄罗斯这个有着特殊政治体系的决策机制是一项非常有意义的工作。政治学家 Berry（2007：223）说过，"如果不能解释政府通过新纲要的过程，就无法准确地理解政治决策"。本书从相对简单的决策机制入手。由于我想了解的是整个俄罗斯社会是怎么组织在国家决策机制这个有机体中，以此揭示俄罗斯社会资源的分配方式和流向。在框架设计中，我不仅梳理了国家权力机关是如何在正式制度和非正式制度的约束下进行决策，而且分析了不同社会群体在国家决策机制中的作用和分工。在解释了是什么和怎么样的问题后，本书对于俄罗斯国家决策机制的生成机制做出了探讨。我认为，除客观环境因素外，在国家决策机制中发挥不同职能的不同社会群体的文化认同，对于俄罗斯国家决策机制特征的形成发挥了主观作用。

　　学者们对决策理论非常感兴趣，决策理论也不断推陈出新，然而，对这个问题的理论解释经常会同政治实践相矛盾。大理论很难拿出一个具体的框架来解释国家决策，对于俄罗斯来说尤其如此。关于俄罗斯国家决策问题的研究尚需要进一步拓宽视野，我的研究希望能起到抛砖引玉的作用。

　　快乐的时光总是过得飞快，本书的写作接近尾声。在这段宝贵的学习生活中，我不仅学到了知识，更加体会到了人心的温暖和可贵。谨以最诚挚的尊敬之情和最质朴的感恩之心献给那些给予我无私帮助的人们。首先要感谢我的博士导师邢广程先生和对我关怀备至的师母肖义秀女士。本书从选题、提纲设计、写作和修改的整个过程，无不倾注了老师的心血。感谢我的博士后导师刘毅先生。在博士后工作期间，刘先生给予我高屋建瓴的指导，并大力支持我的研究和学习。在写作期间，我有幸得到了王海运将军和李雅君研究员的无私帮助和耐心指导，并毫无保留地赠予我相关的学术资料。感谢我博士论文答辩委员会的各位老师和博士后出站报告会的各位老师，他们对本书的框架结构、行文规范和观点阐释等方面提出了许多宝贵的批评建议，这些金玉良言对我今后的学习研究都具有重要的指导意义。在此，我真诚地向所有关爱我的师长们致谢。

我还要特别感谢如兄长般关爱我的师兄师姐们，他们是包毅博士、郝赫博士和杨进博士。他们从学习到生活都给予我最贴心的关心和最无私的帮助。求学期间，我有幸结识了一群志同道合的友人。他们慷慨地给予我宝贵的友谊，默默关心我，支持我。

父母和妹妹的关爱一直是我成长的强大动力和心灵的港湾。感谢姜大霖同学和乔治小朋友。感谢小雅，我的资深密友和编辑！拙言难表我对他们的感激之情，衷心祝愿我关爱的人幸福！

2017 年 9 月 1 日于北京